Hoffmann

Mathematische Grundlagen
für Betriebswirte

Betriebswirtschaft in Studium und Praxis

Mathematische Grundlagen für Betriebswirte

Mit
Fragen und Aufgaben
Antworten und Lösungen
Tests und Tabellen

Von
Diplom-Ingenieur
Sabine Hoffmann

5., überarbeitete Auflage

nwb

Verlag Neue Wirtschafts-Briefe
Herne/Berlin

Die Deutsche Bibliothek – CIP-Einheitsaufnahme

Hoffmann, Sabine:
Mathematische Grundlagen für Betriebswirte : mit Fragen und Aufgaben, Antworten und Lösungen, Tests und Tabellen / von Sabine Hoffmann. – 5., überarb. Aufl.
– Herne ; Berlin : Verl. Neue Wirtschafts-Briefe, 1999
(Betriebswirtschaft in Studium und Praxis)
ISBN 3-482-56675-5

ISBN 3-482-**56675**-5 – 5., überarbeitete Auflage 1999

Druck: Regensberg, Münster

VORWORT ZUR 5. AUFLAGE

Das vorliegende Buch gibt eine einführende Darstellung in das Gebiet der Wirtschaftsmathematik. Besonderer Wert wurde auf die methodisch-didaktische Aufbereitung des Stoffes und auf eine praxisorientierte Stoffauswahl gelegt. Bei allen Kapiteln wurde konsequent eine einheitliche Gliederung beachtet, nämlich

- Darstellung des jeweiligen mathematischen Gebietes
- ökonomische Anwendung des betreffenden Gebietes.

Die zahlreichen Beispiele und Graphiken erleichtern die Erarbeitung des Lehrstoffes. Am Ende eines jeden Kapitels stehen Aufgaben, die der Einübung und Sicherung des Gelernten dienen. Zur Selbstkontrolle können die Lösungen dem Kapitel 8 entnommen werden. Der Leser sollte die im Text enthaltenen Beispiele mit dem Bleistift in der Hand nachvollziehen, da sich das Gebiet der Mathematik nicht durch bloßes Lesen durchdringen läßt.

Die Konzeption des Buches konnte von mir im Rahmen meiner Lehrtätigkeit an der Fachhochschule Kiel und an der Wirtschaftsakademie Schleswig-Holstein erprobt werden. Des weiteren konnte ich auf Erfahrungen aus Veranstaltungen zur Aus- und Weiterbildung von Führungskräften der Praxis zurückgreifen. Das Werk richtet sich nicht nur an Studierende, sondern auch an den interessierten Wirtschaftspraktiker. Es eignet sich als einführende Literatur für das Studium an Fachhochschulen, Fachschulen und für die Ausbildung an Berufs-, Wirtschafts- und Verwaltungsakademien.

Der Lehrtext ist in sieben Abschnitte eingeteilt. Die ersten drei Kapitel beschäftigen sich mit der Potenz-, Wurzel- und Logarithmenrechnung. Nach der Erörterung dieser mathematischen Grundfertigkeiten behandelt der vierte Abschnitt das Gebiet der Gleichungslehre. Im fünften Abschnitt werden die wichtigsten elementaren Funktionen dargestellt. Im Bereich der Funktionenlehre existieren besonders viele ökonomische Anwendungsmöglichkeiten, von denen eine Auswahl beispielhaft dargestellt wird. Das sechste Kapitel behandelt die Reihenlehre und gibt eine ausführliche Darstellung des ökonomischen Anwendungsgebietes der Reihenlehre, der Rentenrechnung.

Der siebente Abschnitt enthält eine Einführung in das Gebiet der Differentialrechnung und wird abgeschlossen durch eine Hinführung zu ökonomischen Minimierungs- und Maximierungsproblemen.

Im Anschluß an den Stoffteil sind zur Lernkontrolle zwei Testklausuren mit ausführlichen Lösungen angefügt.

Die bewährte Konzeption der ersten vier Auflagen wird in der fünften Auflage beibehalten. Fehler aus den Vorauflagen wurden korrigiert und einige begriffliche Verbesserungen vorgenommen. Die Literaturangaben wurden aktualisiert.

Für die Anregungen und Hilfe bei der Erstellung des Manuskriptes danke ich den Herren Prof. K.-D. Däumler, Prof. Dr. H. Wiedling und Dipl.-Betriebswirt G. Ziegler sowie den aufmerksamen Lesern der vierten Auflage, die mich auf Fehler aufmerksam gemacht oder Vorschläge zur Verbesserung geliefert haben.

November 1998

Sabine Hoffmann
Oberdorf 12
24582 Brügge
email:
S.Hoffmann@t-online.de

Im Text verwendete Abkürzungen

B = Beispiel

D = Definition

R = Regel

INHALTSVERZEICHNIS

		Seite
1	POTENZRECHNUNG	11
1.1	Darstellung	11
1.1.1	Begriff	11
1.1.2	Vorzeichenregel	11
1.1.3	Addition und Subtraktion von Potenzen	12
1.1.4	Multiplikation von Potenzen	13
1.1.5	Division von Potenzen	14
1.1.6	Potenzieren von Potenzen	15
1.1.7	Potenzieren von Summen und Differenzen	16
1.2	Ökonomische Anwendung	19
1.3	Fragen und Aufgaben	21
2	WURZELRECHNUNG	24
2.1	Darstellung	24
2.1.1	Begriff	24
2.1.2	Addieren und Subtrahieren von Wurzeln	26
2.1.3	Radizieren von Produkten	27
2.1.4	Radizieren von Quotienten	28
2.1.5	Radizieren von Potenzen	28
2.1.6	Radizieren von Wurzeln	29
2.2	Ökonomische Anwendung	30
2.3	Fragen und Aufgaben	33
3	LOGARITHMENRECHNUNG	35
3.1	Darstellung	35
3.1.1	Begriff	35
3.1.2	Logarithmensysteme	36
3.1.3	Logarithmieren von Produkten	37
3.1.4	Logarithmieren von Brüchen	37
3.1.5	Logarithmieren von Potenzen und Wurzeln	38
3.1.6	Rechnen mit Logarithmen	38
3.2	Ökonomische Anwendung	41
3.3	Fragen und Aufgaben	43

4 GLEICHUNGEN 43
4.1 Begriff 43
4.2 Darstellung von Lösungsverfahren 45
4.2.1 Umformung von Gleichungen 45
4.2.2 Lineare Gleichungen mit einer Unbekannten 46
4.2.3 Lineare Gleichungssysteme mit mehreren Unbekannten 50
4.2.4 Quadratische Gleichungen 54
4.2.4.1 Begriff 54
4.2.4.2 Lösen von reinquadratischen Gleichungen 55
4.2.4.3 Lösen von gemischtquadratischen Gleichungen 57
4.2.5 Gleichungen höheren Grades 62
4.2.6 Wurzelgleichungen 64
4.2.7 Exponentialgleichungen 65
4.3 Ökonomische Anwendung 66
4.4 Fragen und Aufgaben 73

5 FUNKTIONENLEHRE 77
5.1 Begriff 77
5.2 Lineare Funktionen 81
5.2.1 Darstellung 81
5.2.2 Aufstellen von Funktionsgleichungen 87
5.2.3 Ökonomische Anwendung 91
5.2.3.1 Nachfrage- und Angebotsfunktion 91
5.2.3.2 Kostenfunktion 100
5.2.3.3 Umsatzfunktion und Gewinnfunktion 104
5.3 Parabeln 108
5.3.1 Darstellung von Parabeln 2. Grades 108
5.3.2 Darstellung von Parabeln 3. Grades 115
5.3.3 Parabeln höherer Ordnung 117
5.3.4 Ökonomische Anwendung 119
5.4 Hyperbeln 126
5.4.1 Darstellung 126
5.4.2 Ökonomische Anwendung 133
5.5 Wurzelfunktionen 136
5.5.1 Darstellung 136
5.5.2 Ökonomische Anwendung 138
5.5.2.1 Die Rendite im Zweizahlungsfall dargestellt als Funktion von K_n 138

5.5.2.2 Degressive Kostenfunktionen 140
5.6 Exponential- und Logarithmusfunktionen 142
5.6.1 Darstellung von Exponentialfunktionen 142
5.6.2 Darstellung von Logarithmusfunktionen 144
5.6.3 Ökonomische Anwendung 146
5.7 Fragen und Aufgaben 151

6 REIHENLEHRE 156
6.1 Arithmetische Folge und arithmetische Reihe 156
6.2 Geometrische Folge und geometrische Reihe 159
6.3 Unendliche geometrische Reihe 161
6.4 Ökonomische Anwendung 163
6.4.1 Aufzinsen und Abzinsen einmaliger Zahlungen 163
6.4.2 Kapitalisieren einer Rente (Abzinsen und Aufsummieren) 165
6.4.3 Verrentung eines heute fälligen Betrages 171
6.4.4 Verrentung eines in n Jahren fälligen Betrages 176
6.4.5 Endwertermittlung einer Rente 181
6.5 Fragen und Aufgaben 185

7 EINFÜHRUNG IN DIE DIFFERENTIALRECHNUNG 187
7.1 Problemstellung 187
7.2 Grundbegriffe der Differentialrechnung 188
7.2.1 Steigung von Funktionen 188
7.2.2 Differenzenquotient 190
7.2.3 Differentialquotient 194
7.3 Differenzierungsregeln 198
7.3.1 Potenzregel 198
7.3.2 Konstantenregel 201
7.3.3 Summenregel 202
7.3.4 Ableitungen höherer Ordnung 203
7.4 Extremwertbestimmung 204
7.5 Ökonomische Anwendung 212
7.5.1 Grenzkosten 212
7.5.2 Grenzumsatz 219
7.5.3 Gewinnmaximierung 223
7.5.4 Die optimale Bestellmenge 235
7.5.5 Optimale Lagerauffüllung vor Preiserhöhungen 238
7.6 Fragen und Aufgaben 241

TESTKLAUSUR I 243
TESTKLAUSUR II 245
KURZANTWORTEN UND KURZLÖSUNGEN 247
LÖSUNGEN ZUR TESTKLAUSUR I 291
LÖSUNGEN ZUR TESTKLAUSUR II 297
TABELLENANHANG 304
Anhang 1: Logarithmentafel 304
Anhang 2: Finanzmathematische Tabellen 306
LITERATURVERZEICHNIS 308

1 POTENZRECHNUNG

1.1 DARSTELLUNG

1.1.1 BEGRIFF

Ein Produkt aus mehreren gleichen Faktoren läßt sich verkürzt als Potenz[1] schreiben.

B 1 $$4 \cdot 4 \cdot 4 \cdot 4 = 4^4 = 256$$

D 1

$$\underbrace{a \cdot a \cdot a \cdot a \ldots \cdot a}_{n \text{ Faktoren}} = a^n = c$$

a^n (sprich: a hoch n) ist das Produkt von n gleichen Faktoren a. Man nennt a^n die n-te Potenz von a; a heißt Basis oder Grundzahl, n heißt Exponent[2] oder Hochzahl und ist seiner Bedeutung entsprechend eine natürliche Zahl. Das Ergebnis heißt Potenzwert.

Basis → a, Exponent → n, Potenzwert → c:

$$a^n = c$$

Durch die obige Definition ist a^1 nicht erklärt, es ist aber sinnvoll festzusetzen:

D 2 $$a^1 = a$$

1.1.2 VORZEICHENREGEL

B 2 $$(+2)^3 = (+2) \cdot (+2) \cdot (+2) = +8$$

---

1 Potenz = lat. potentia, Macht, Kraft

2 Exponent = lat. exponere, heraussetzen, herausstellen

R 1

$$(+\,a)^n = +\,a^n$$

Ist die Basis einer Potenz positiv, so ist auch der Potenzwert positiv.

B 3 $(-\,2)^2 = (-\,2) \cdot (-\,2) = +\,4$

B 4 $(-\,2)^3 = (-\,2) \cdot (-\,2) \cdot (-\,2) = (+\,4) \cdot (-\,2) = -\,8$

R 2

$$\left.\begin{aligned}(-\,a)^{2n} &= +\,a^{2n}\\ (-\,a)^{2n-1} &= -\,a^{2n-1}\end{aligned}\right\} \text{ für } n = 1, 2, 3, \ldots$$

Ist die Basis einer Potenz negativ und der Exponent eine gerade Zahl, so ist der Potenzwert positiv. Ist die Basis einer Potenz negativ und der Exponent eine ungerade Zahl, so ist der Potenzwert negativ.

1.1.3 ADDITION UND SUBTRAKTION VON POTENZEN

Im allgemeinen sind Potenzen nicht addierbar, es sei denn, es handelt sich um identische Potenzen.

R 3 Potenzen mit gleicher Basis und gleichem Exponenten werden addiert oder subtrahiert, indem man ihre Koeffizienten addiert oder subtrahiert.

B 5 $3a^2 + 5a^2 = 8a^2$

B 6 $2a^3 + 6a^4 + 2a^3 + 5a^4$ — 1. Schritt: Ordnen nach fallenden Potenzen

$= 6a^4 + 5a^4 + 2a^3 + 2a^3$ — 2. Schritt: Zusammenfassen

$= \underline{\underline{11a^4 + 4a^3}}$

B 7 $26ac^3 + 20a^2c + 12ac^3 + 17a^2c + 3ac^2$

$= 20a^2c + 17a^2c + 3ac^2 + 26ac^3 + 12ac^3$

$= \underline{\underline{37a^2c + 3ac^2 + 38ac^3}}$

Beachte, daß nur Potenzen mit gleicher Basis und gleichem Exponenten durch Addition oder Subtraktion zusammengefaßt werden können.

1.1.4 MULTIPLIKATION VON POTENZEN

R 4

$$a^n \cdot a^m = a^{n+m}$$

Potenzen mit gleicher Basis werden multipliziert, indem man die gemeinsame Basis mit der Summe der Exponenten potenziert.

B 8 $2^2 \cdot 2^4 = (2 \cdot 2)(2 \cdot 2 \cdot 2 \cdot 2) = 2 \cdot 2 \cdot 2 \cdot 2 \cdot 2 \cdot 2 = 2^{2+4} = \underline{\underline{2^6}}$

B 9 $5a^2n \cdot 6a^3n^7 = 5 \cdot 6 \cdot a^{2+3} \cdot n^{1+7} = \underline{\underline{30a^5n^8}}$

B 10 $x^{6n+7b} \cdot x^{7n-3b} = x^{6n+7n+7b-3b} = \underline{\underline{x^{13n+4b}}}$

R 5

$$a^n \cdot b^n = (ab)^n$$

Potenzen mit gleichem Exponenten werden multipliziert, indem man die Basen multipliziert und das Ergebnis mit dem gemeinsamen Exponenten potenziert.

Umkehrung: Ein Produkt wird potenziert, indem man jeden Faktor potenziert.

B 11 $2^2 \cdot 3^2 = 2 \cdot 2 \cdot 3 \cdot 3 = (2 \cdot 3) \cdot (2 \cdot 3) = 6^2 = \underline{\underline{36}}$

B 12 $(5a)^3 = 5^3a^3 = \underline{\underline{125a^3}}$

1.1.5 DIVISION VON POTENZEN

R 6

$$a^n : a^m = a^{n-m}$$

Potenzen mit gleicher Basis werden dividiert, indem man die gemeinsame Basis mit der Differenz der Exponenten potenziert.

B 13 $2^4 : 2^2 = \frac{2 \cdot 2 \cdot \not{2} \cdot \not{2}}{\not{2} \cdot \not{2}} = 2^{4-2} = \underline{\underline{2^2}}$

Damit R 6 auch dann gilt, wenn n = m oder n < m setzt man fest:

D 3 $a^0 = 1$ für $a \neq 0$

B 14 $b^5 : b^5 = b^{5-5} = b^0 = \underline{\underline{1}}$

D 4

$$a^{-n} = \frac{1}{a^n}$$

Jeder echte Bruch läßt sich als Potenz mit negativem Exponent darstellen.

B 15 $a^2 : a^4 = \frac{\not{a} \cdot \not{a}}{a \cdot a \cdot \not{a} \cdot \not{a}} = \frac{1}{a^2} = a^{2-4} = \underline{\underline{a^{-2}}}$

B 16 $15x^3n^2b : 5x^4n^3b^2 = (15 : 5) \cdot x^{3-4} \cdot n^{2-3} \cdot b^{1-2} = 3x^{-1} \cdot n^{-1} \cdot b^{-1}$

$= \underline{\underline{\frac{3}{bnx}}}$

R 7

$$\frac{a^n}{b^n} = \left(\frac{a}{b}\right)^n$$

Potenzen mit gleichen Exponenten werden dividiert, indem man den Quotienten der Basen mit dem gemeinsamen Exponenten potenziert.

Umkehrung: Ein Bruch wird potenziert, indem man Zähler und Nenner potenziert.

B 17 $\frac{6^2}{2^2} = \frac{36}{4} = \underline{\underline{9}}$ $\qquad \frac{6^2}{2^2} = \left(\frac{6}{2}\right)^2 = 3^2 = \underline{\underline{9}}$

B 18 $\left(\frac{2}{3}\right)^4 = \frac{2^4}{3^4} = \underline{\underline{\frac{16}{81}}}$

B 19 $\frac{16^2}{4^2} = \left(\frac{16}{4}\right)^2 = 4^2 = \underline{\underline{16}}$

1.1.6 POTENZIEREN VON POTENZEN

B 20 $\left(2^3\right)^2 = (2 \cdot 2 \cdot 2)(2 \cdot 2 \cdot 2) = 2^{3 \cdot 2} = \underline{\underline{2^6}}$

R 8

$$\left(a^n\right)^m = a^{n \cdot m}$$

Eine Potenz wird potenziert, indem man die Basis mit dem Produkt der Exponenten potenziert.

B 21 $\left(b^3\right)^4 = \underline{\underline{b^{12}}}$

B 22 $\left(n^x\right)^2 = \underline{\underline{n^{2x}}}$

B 23 $\left(b^x\right)^{-n} = b^{-nx} = \underline{\underline{\frac{1}{b^{nx}}}}$

B 24 $\left[\left(-\frac{1}{2}\right)^2\right]^{-3} = \left(-\frac{1}{2}\right)^{-6} = -2^6 = \underline{\underline{64}}$

1.1.7 POTENZIEREN VON SUMMEN UND DIFFERENZEN

R 9

> Eine Summe oder Differenz wird potenziert, indem man die Potenz in ein Produkt verwandelt und dieses ausmultipliziert.

B 25 $(a + b)^2 = (a + b)(a + b) = a^2 + ab + ab + b^2 = \underline{\underline{a^2 + 2ab + b^2}}$

B 26 $(a - b)^2 = (a - b)(a - b) = a^2 - ab - ab + b^2 = \underline{\underline{a^2 - 2ab + b^2}}$

B 27 $(a + b)^3 = (a + b)(a + b)(a + b) = (a^2 + 2ab + b^2)(a + b)$

$= a^3 + 2a^2b + b^2a + a^2b + 2ab^2 + b^3$

$= \underline{\underline{a^3 + 3a^2b + 3ab^2 + b^3}}$

B 28 $(a - b)^3 = (a - b)(a - b)(a - b) = (a^2 - 2ab + b^2)(a - b)$

$= a^3 - 2a^2b + b^2a - a^2b + 2ab^2 - b^3$

$= \underline{\underline{a^3 - 3a^2b + 3ab^2 - b^3}}$

Die in B 25 bis B 28 abgeleiteten Formeln werden häufig benötigt. Eine Summe aus zwei Gliedern nennt man Binom[1]. Die abgeleiteten Formeln werden daher auch als binomische Formeln bezeichnet.

---

1 binominis = lat. zweinamig.

Schreibt man die Koeffizienten der aus $(a + b)^n$ für n = 0, 1, 2, 3, ... abgeleiteten Formeln untereinander, so erhält man das Pascalsche[1] Dreieck.

$(a + b)^0 = 1$	1
$(a + b)^1 = a + b$	1 1
$(a + b)^2 = a^2 + 2ab + b^2$	1 2 1
$(a + b)^3 = a^3 + 3a^2b + 3ab^2 + b^3$	1 3 3 1
$(a + b)^4 =$	1 4 6 4 1
$(a + b)^5 =$	1 5 10 10 5 1
$(a + b)^6 =$	1 6 15 20 15 6 1
....	. . . .

Folgende Gesetzmäßigkeiten lassen sich aus dem Pascalschen Dreieck ableiten:

(1) Die k'te Zeile im Pascalschen Dreieck enthält die Koeffizienten der einzelnen Summanden von $(a + b)^k$. Jede Zeile beginnt und endet mit einer 1.

(2) Man erhält die (k + 1)'te Zeile, indem man die jeweils benachbarten Koeffizienten der vorangehenden Zeile addiert.

(3) Die Summanden sind nach fallenden Potenzen des 1. Gliedes a und nach steigenden Potenzen des Gliedes b geordnet. Bei jedem Summanden ist die Summe der Exponenten gleich dem Exponenten k von $(a + b)^k$.

VORZEICHENREGEL:

Ist das Binom eine Differenz, so wechseln die Vorzeichen ab. Das erste Glied hat immer ein positives Vorzeichen.

B 28 Berechne den Ausdruck $(a - b)^6$ mit Hilfe des Pascalschen Dreiecks.

LÖSUNG

1. Schritt: Ermittle die Koeffizienten und schreibe sie auf.

1 Benannt nach dem französischen Mathematiker und Philosophen Blaise Pascal (1623 - 1662), der als Begründer der Wahrscheinlichkeitsrechnung gilt.

2. Schritt: Schreibe darunter die fallenden Potenzen des ersten Gliedes und darunter die steigenden Potenzen des zweiten Gliedes.

3. Schritt: Multipliziere die Zahlen in den Spalten miteinander.

4. Schritt: Verbinde die so gefundenen Ausdrücke bei einer Summe mit positiven Vorzeichen, bei einer Differenz mit wechselnden Vorzeichen.

1.	1	6	15	20	15	6	1
2.	a^6	a^5	a^4	a^3	a^2	a^1	a^0
	b^0	b^1	b^2	b^3	b^4	b^5	b^6
3.	a^6	$6a^5b$	$15a^4b^2$	$20a^3b^3$	$15a^2b^4$	$6ab^5$	b^6
4.	a^6	$-\ 6a^5b$	$+\ 15a^4b^2$	$-\ 20a^3b^3$	$+\ 15a^2b^4$	$-\ 6ab^5$	$+\ b^6$

Häufig ist es für den weiteren Rechengang von Vorteil, aus gegebenen Ausdrücken Faktoren auszuklammern.

B 29 $15x^3 + 10x^6 = \underline{\underline{5x^3(3 + 2x^3)}}$

Der gemeinsame Faktor kann auch eine Summe oder Differenz sein.

B 30 $2x(7a + 10) + 3(7a + 10) = \underline{\underline{(7a + 10)(2x + 3)}}$

Die Differenz zweier Quadrate läßt sich wie folgt zerlegen:

R 10 $\boxed{a^2 - b^2 = (a + b)(a - b)}$

BEWEIS

$$(a + b)(a - b) = a^2 + ab - ab - b^2 = a^2 - b^2$$

B 31 $\frac{16a^2 - 4x^2}{4a + 2x} = \frac{(4a + 2x)(4a - 2x)}{4a + 2x} = \underline{\underline{4a - 2x}}$

1.2 Ökonomische Anwendung

Das Potenzieren gehört zu den elementaren Rechenarten. Die Kenntnis der Rechenregeln bei Potenzen ist daher auch bei vielen wirtschaftsmathematischen Fragestellungen nötig. Ein besonderes Anwendungsgebiet der Potenzrechnung liegt in der rechnerischen Erfassung von Wachstumsvorgängen.

B 32 DER AUFZINSUNGSFAKTOR

Ein Sparer zahlt heute 100 DM bei seiner Bank ein. Die Bank zahlt ihm auf das Kapital 5 % Zinsen pro Jahr. Der Sparer möchte gerne wissen, auf welchen Betrag sein Kapital in 10 Jahren unter Berücksichtigung von Zins und Zinseszins angewachsen ist. Die Zinsen werden jeweils am Ende eines Jahres dem Kapital zugeschlagen und sodann mitverzinst.

GEGEBEN: $K_o = 100,\text{-- DM}$ Kapitaleinlage im Zeitpunkt 0

$i = \frac{5}{100} = 0{,}05$ Zinssatz in Dezimalschreibweise

$n = 10$ Jahre Anlagezeitraum

GESUCHT: $K_n = ?$ Kapital nach 10 Jahren

Das Problem läßt sich am Zeitstrahl folgendermaßen darstellen:

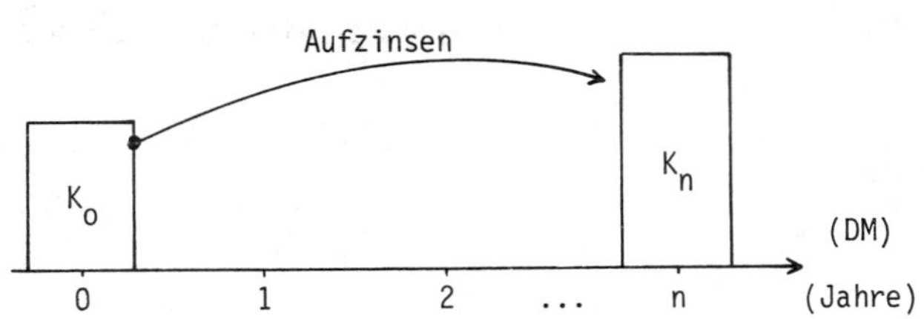

Wir wollen nun die Entwicklung des Kapitals im Zeitablauf verfolgen. Das Kapital am jeweiligen Jahresende ergibt sich aus der Summe des Kapitals am Jahresanfang und den Zinsen auf das Kapital.

LÖSUNG

Zeitpunkt	Kapital
0	K_0
1	$K_1 = K_0 + K_0 \cdot i = \underline{K_0(1+i)}$
2	$K_2 = K_1 + K_1 \cdot i = K_1(1+i)$ $= K_0(1+i)(1+i) = \underline{K_0(1+i)^2}$
3	$K_3 = K_2 + K_2 \cdot i = K_2(1+i)$ $= K_0(1+i)^2(1+i) = \underline{K_0(1+i)^3}$
. . .	
n	$K_n = K_0 \boxed{(1+i)^n}$ → Aufzinsungsfaktor (AuF)

Auf das Beispiel angewandt ergibt sich:

$$K_n = 100(1 + 0{,}05)^{10} = 100 \cdot 1{,}05^{10} = 100 \cdot 1{,}6289 = 162{,}89$$

Der Sparer kann nach 10 Jahren über einen Betrag von 162,89 DM verfügen.

1.3 Fragen und Aufgaben

Fasse so weit wie möglich zusammen:

1.1 $2a^2 + 5b^2 + 4a^2 + 10b^2$

1.2 $22ac^3 + 10ab^2 + 35ac^3$

1.3 $10a^2n \cdot 7an^5$

1.4 $a^{b+c} \cdot a^{b-c}$

1.5 $36a^{1-m} \cdot \frac{1}{2}a^{m-1}$

1.6 $c^8 : c^5$

1.7 $a^2x^5 : a^3x^6$

1.8 $x^5 \cdot b^5$

1.9 $\left(\frac{1}{3}\right)^5$

1.10 $\left[\left(-\frac{5}{2}\right)^{-3}\right]^{-3}$

1.11 $\frac{b^{7x+5y}}{b^{4x-5y}} - \frac{b^{6y+8x}}{b^{5x-4y}}$

1.12 $\left(\frac{20a}{12x}\right)^3 \cdot \left(\frac{12x}{4x}\right)^4$

1.13 $\frac{4a^{5x}}{5a^4} - \frac{10a^{5x+n}}{12a^{n+4}}$

1.14 $\left(\frac{2a^4}{3b^5}\right)^3 \cdot \left(\frac{b^2}{a^2}\right)^2 : \left(\frac{2a}{3b}\right)^3$

1.15 $\left(\frac{a^2}{x^3}\right)^{-2} \cdot \left(\frac{2x^2}{5a^{-3}}\right)^{-1} \cdot 2ax^{-4}$

Potenzieren von Summen:

1.16 $(a + b)^5$

1.17 $(2x + 3a^2)^2$

1.18 $(y + x - z)^2$

1.19 $(x - y)^4$

Zerlege in Faktoren:

1.20 $a^2 - 16$

1.21 $4a^2 + 72ab + 81b^2$

1.22 $3x^2b - 12xb^2$

1.23 $\frac{9m + 9mx}{1 - x^2}$

1.24 $\frac{(x + y)^2}{x^2 - y^2}$

1.25 Leite ausführlich den Aufzinsungsfaktor ab. Erläutere alle verwendeten Symbole.

1.26 Auf welchen Betrag wäre ein Pfennig bis 1985 angewachsen, wenn man ihn im Jahre Null zu 3 % Zinsen angelegt hätte?

1.27 Das Sozialprodukt eines Staates betrage heute eine Billion DM. Auf welche Höhe wächst das Sozialprodukt in 20 Jahren, wenn man ein Wachstum von 2 % unterstellt und der Zuwachs jeweils am Jahresende zugerechnet wird?

1.28 Ein Heizölhändler hat mit einem Jahresabsatz von 32 000 Tonnen Heizöl einen regionalen Marktanteil von 25 %. Für die nächsten 5 Jahre wird mit einer jährlichen Steigerung des eigenen Absatzes von 2 % gerechnet. Wie hoch ist der Marktanteil des Heizölhändlers, wenn

a) der Gesamtabsatz in der Region über die betrachteten 5 Jahre konstant bleibt?

b) der Gesamtabsatz jährlich um 1 % schrumpft?

1.29 Man rechnet in den nächsten 20 Jahren mit einem Anstieg der Weltbevölkerung um 2 % jährlich und einem Wachstum der Weltgetreideproduktion um jährlich 1 %. Die Weltbevölkerung beträgt zur Zeit ca. 4,2 Mrd. und die Weltgetreideproduktion 1,2 Mrd. Tonnen.

a) Wie groß ist die Weltbevölkerung nach 20 Jahren?

b) Wie groß ist die Weltgetreideproduktion nach 20 Jahren?

c) Um wieviel Prozent ist der Pro-Kopf-Verbrauch an Getreide nach 20 Jahren gesunken?

1.30 Ein Unternehmen der Fahrzeugbranche stellt Güllewagen vom Typ "Frühlingsduft" her. In den nächsten Jahren rechnet man mit einem Anstieg der Preise um 5 % pro Jahr und einer Zunahme der Absatzzahl um 2 % pro Jahr. Um wieviel Prozent ist der Umsatz nach 5 Jahren angestiegen?

1.31 Ein Unternehmen führt einen Erfolgsvergleich seiner Produkte A, B und C durch. Es liegen folgende Daten vor:

	Mai		Juni	
Produkt	Preis (DM/Stck)	Absatz (Stck/Mon)	Preis (DM/Stck)	Absatz (Stck/Mon)
A	20	10 000	21	10 500
B	100	2 000	103	2 200
C	420	1 600	432	1 580

a) Welches Produkt weist die größte prozentuale Umsatzsteigerung auf?

b) Um wieviel Prozent steigt der Gesamtumsatz des Unternehmens in 6 Monaten (Basismonat: Mai), wenn man gleichbleibendes Wachstum unterstellt?

2 WURZELRECHNUNG

2.1 Darstellung

2.1.1 Begriff

Wie die Subtraktion eine Umkehrung der Addition und die Division eine Umkehrung der Multiplikation ist, so ist die Wurzelrechnung eine Umkehrung der Potenzrechnung.

Bei der Berechnung einer Potenz sind die Basis und der Exponent bekannt. Gesucht ist der Potenzwert.

$$2^3 = ?$$

oder $$b^n = ?$$

Bei der Berechnung einer Wurzel ("Radizieren"[1]) sind der Potenzwert und der Exponent bekannt. Gesucht ist die Basis.

$$(?)^3 = 8$$

oder $$(?)^n = a$$

Gesucht ist die positive Zahl, die mit 3 potenziert 8 ergibt, oder allgemein, gesucht ist die positive Zahl b, die mit n potenziert, a ergibt. In der Darstellungsweise der Wurzelrechnung schreibt man:

$$\sqrt[3]{8} = ? \qquad \text{statt } (?)^3 = 8$$

$$\sqrt[n]{a} = ? \qquad \text{statt } (?)^n = a$$

1 Radizieren: lat. radix = die Wurzel.

D 1

$$\sqrt[n]{a} = b \leftrightarrow b^n = a \qquad a, b \geq 0$$

und n ist eine natürliche Zahl

Die n-te Wurzel aus einer positiven Zahl a ist die positive Zahl b, die mit n potenziert a ergibt.

Wurzelexponent → $\sqrt[n]{a} = b$
↑ Radikand

Aus der Wurzeldefinition folgt:

R 1

$$\left(\sqrt[n]{a}\right)^n = a \qquad \text{und} \qquad \sqrt[n]{a^n} = a$$

Wurzelziehen und nachfolgendes Potenzieren mit dem gleichen Exponenten heben sich auf.

Wegen $0^n = 0$ ergibt sich aus D 1:

R 2 $\sqrt[n]{0} = 0$

Für negative a ist der Ausdruck $\sqrt[n]{a}$ nicht definiert.

Die Zahl 2 ist der häufigste Wurzelexponent. Man läßt sie zur Vereinfachung meist weg.

$$\sqrt{a} = \sqrt[2]{a}$$

B 1 $\sqrt{4} = \underline{\underline{2}}$ denn $2^2 = 4$

B 2 $\sqrt[3]{8} = \underline{\underline{2}}$ denn $2^3 = 8$

B 3 $\sqrt{81} = \underline{\underline{9}}$ denn $9^2 = 81$

Zur Berechnung von Quadratwurzeln gibt es Rechenverfahren, die vor dem Siegeszug der Taschenrechner Pflichtstoff waren. Wir verzichten auf die Erörterung dieser Rechenverfahren und schlagen vor, die Berechnung von Wurzelwerten mit einem Taschenrechner durchzuführen.

Allgemein setzt man fest:

D 2

$$\sqrt[n]{a} = a^{\frac{1}{n}} \quad \text{und} \quad \sqrt[n]{a^k} = a^{\frac{k}{n}}$$

n und k sind natürliche Zahlen und $n \neq 1$.

Jede Wurzel läßt sich als Potenz mit gebrochenem Exponenten schreiben. Für Potenzen mit gebrochenen Exponenten gelten die gleichen Rechenregeln wie für Potenzen mit ganzzahligen Exponenten.

B 4 $\sqrt{a} = \underline{\underline{a^{\frac{1}{2}}}}$

B 5 $\sqrt[3]{b^2} = \underline{\underline{b^{\frac{2}{3}}}}$

B 6 $\sqrt[3]{a} \cdot \sqrt[5]{a} = a^{\frac{1}{3}} \cdot a^{\frac{1}{5}} = a^{\frac{1}{3}+\frac{1}{5}} = a^{\frac{8}{15}} = \underline{\underline{\sqrt[15]{a^8}}}$

2.1.2 ADDIEREN UND SUBTRAHIEREN VON WURZELN

Wurzeln und Potenzen lassen sich durch Addition und Subtraktion nur zusammenfassen, indem man die Zahlenwerte berechnet und zusammenfaßt.

B 7 $\sqrt[3]{8} + \sqrt{25} = 2 + 5 = \underline{\underline{7}}$

B 8 $\sqrt{2} + \sqrt{3} = 1{,}41 + 1{,}73 = \underline{\underline{3{,}14}}$

Eine Ausnahme bilden identische Wurzeln.

R 3 | Wurzeln mit gleichen Exponenten und gleichen Radikanden werden addiert oder subtrahiert, indem man ihre Koeffizienten addiert oder subtrahiert.

B 9 $\sqrt{2} + \sqrt{2} = \underline{\underline{2\sqrt{2}}}$

B 10 $3\sqrt[3]{6} + 2\sqrt[3]{6} = \underline{\underline{5\sqrt[3]{6}}}$

B 11 $2\sqrt{a} - 8\sqrt{a} = \underline{\underline{-6\sqrt{a}}}$

2.1.3 RADIZIEREN VON PRODUKTEN

Wegen $\sqrt[n]{ab} = (ab)^{\frac{1}{n}} = a^{\frac{1}{n}} \cdot b^{\frac{1}{n}} = \sqrt[n]{a} \cdot \sqrt[n]{b}$ gilt:

R 4

$$\sqrt[n]{ab} = \sqrt[n]{a} \cdot \sqrt[n]{b}$$

Ein Produkt wird radiziert, indem man jeden Faktor radiziert und die Wurzelwerte multipliziert.

B 12 $\sqrt{4 \cdot 16} = \sqrt{64} = \underline{\underline{8}}$

$\sqrt{4 \cdot 16} = \sqrt{4} \cdot \sqrt{16} = 2 \cdot 4 = \underline{\underline{8}}$

Manchmal läßt sich der Radikand so in Faktoren zerlegen, daß man aus dem Produkt teilweise die Wurzel ziehen kann.

B 13 $\sqrt{12} = \sqrt{4 \cdot 3} = \sqrt{4} \cdot \sqrt{3} = \underline{\underline{2\sqrt{3}}}$

B 14 $\sqrt{72} - \sqrt{18} = \sqrt{2 \cdot 36} - \sqrt{2 \cdot 9} = 6\sqrt{2} - 3\sqrt{2} = \underline{\underline{3\sqrt{2}}}$

B 15 $5\sqrt{\frac{1}{2}} \cdot 6\sqrt{2} = 5 \cdot 6\sqrt{\frac{1}{2} \cdot 2} = 30\sqrt{1} = \underline{\underline{30}}$

2.1.4 RADIZIEREN VON QUOTIENTEN

Wegen $\sqrt[n]{\frac{a}{b}} = \left(\frac{a}{b}\right)^{\frac{1}{n}} = \frac{a^{\frac{1}{n}}}{b^{\frac{1}{n}}} = \frac{\sqrt[n]{a}}{\sqrt[n]{b}}$ gilt:

R 5

$$\sqrt[n]{\frac{a}{b}} = \frac{\sqrt[n]{a}}{\sqrt[n]{b}}$$

Ein Bruch wird radiziert, indem man Zähler und Nenner radiziert und den Wurzelwert des Zählers durch den Wurzelwert des Nenners dividiert.

B 16 $\sqrt{\frac{16}{4}} = \sqrt{4} = \underline{\underline{2}}$ $\qquad \sqrt{\frac{16}{4}} = \frac{\sqrt{16}}{\sqrt{4}} = \frac{4}{2} = \underline{\underline{2}}$

B 17 $\sqrt{\frac{9}{4}} = \frac{\sqrt{9}}{\sqrt{4}} = \underline{\underline{\frac{3}{2}}}$

B 18 $\sqrt{\frac{3}{4}} : \sqrt{\frac{27}{4}} = \sqrt{\frac{3}{4} : \frac{27}{4}} = \sqrt{\frac{3 \cdot 4}{27 \cdot 4}} = \sqrt{\frac{1}{9}} = \underline{\underline{\frac{1}{3}}}$

2.1.5 RADIZIEREN VON POTENZEN

Wegen $\sqrt[n]{a^k} = a^{\frac{k}{n}} = \left(a^{\frac{1}{n}}\right)^k = (\sqrt[n]{a})^k$ gilt:

R 6

$$\sqrt[n]{a^k} = (\sqrt[n]{a})^k$$

Potenzen werden radiziert, indem man die Wurzel aus der Basis zieht und mit dem Exponenten der Basis potenziert.

B 19 $\sqrt{4^4} = 4^{\frac{4}{2}} = \left(4^{\frac{1}{2}}\right)^4 = \underline{\underline{(\sqrt{4})^4}}$

$\sqrt{4^4} = \sqrt{4 \cdot 4 \cdot 4 \cdot 4} = \sqrt{4} \cdot \sqrt{4} \cdot \sqrt{4} \cdot \sqrt{4} = \underline{\underline{(\sqrt{4})^4}}$

Wegen $a^{\frac{k}{n}} = a^{\frac{bk}{bn}}$ gilt:

R 7

$$\sqrt[n]{a^k} = \sqrt[bn]{a^{bk}}$$

Wurzelexponent und Exponent des Radikanden lassen sich kürzen und erweitern.

B 20 $\sqrt{4} = 2 = \sqrt[2 \cdot 2]{4^2} = \sqrt[4]{16} = \underline{\underline{2}}$

B 21 $\sqrt[4]{a^8} = a^{\frac{8}{4}} = \underline{\underline{a^2}}$

B 22 $\sqrt[6]{b^{18}} = b^{\frac{18}{6}} = \underline{\underline{b^3}}$

2.1.6 RADIZIEREN VON WURZELN

Wegen $\sqrt[n]{\sqrt[m]{a}} = \sqrt[n]{a^{\frac{1}{m}}} = \left(a^{\frac{1}{m}}\right)^{\frac{1}{n}} = a^{\frac{1}{m \cdot n}} = \sqrt[n \cdot m]{a}$ gilt:

R 8

$$\sqrt[n]{\sqrt[m]{a}} = \sqrt[n \cdot m]{a}$$

Eine Wurzel wird radiziert, indem man die Wurzelexponenten multipliziert und die Basis mit dem Produkt radiziert.

B 23 $\sqrt[2]{\sqrt[3]{a}} = \left(a^{\frac{1}{3}}\right)^{\frac{1}{2}} = a^{\frac{1}{3}\cdot\frac{1}{2}} = a^{\frac{1}{3\cdot 2}} = \sqrt[2\cdot 3]{a} = \underline{\underline{\sqrt[6]{a}}}$

B 24 $\sqrt[3]{\sqrt[2]{64}} = \sqrt[6]{64} = 2 \qquad \sqrt[3]{\sqrt[2]{64}} = \sqrt[3]{8} = \underline{\underline{2}}$

2.2 Ökonomische Anwendung

Wurzeln kommen in einer Vielzahl betriebswirtschaftlicher Formeln vor. Einige Beispiele seien im folgenden aufgeführt.

B 25 RENDITEBESTIMMUNG IM ZWEIZAHLUNGSFALL

Ein Kunstsammler kauft ein Stilleben für 10 000 DM. Er glaubt, das Bild nach 10 Jahren für 20 000 DM weiterverkaufen zu können. Der Kunstsammler möchte gerne wissen, wie hoch die Verzinsung seines Kapitaleinsatzes ist.

GEGEBEN ist eine Zahlung K_0 = 10 000 DM zum Zeitpunkt 0 und eine Zahlung K_n = 20 000 DM zum Zeitpunkt n = 10. GESUCHT ist der Zinssatz, mit welchem man K_0 aufzinsen muß, um nach n Jahren den Betrag K_n zu erhalten[1].

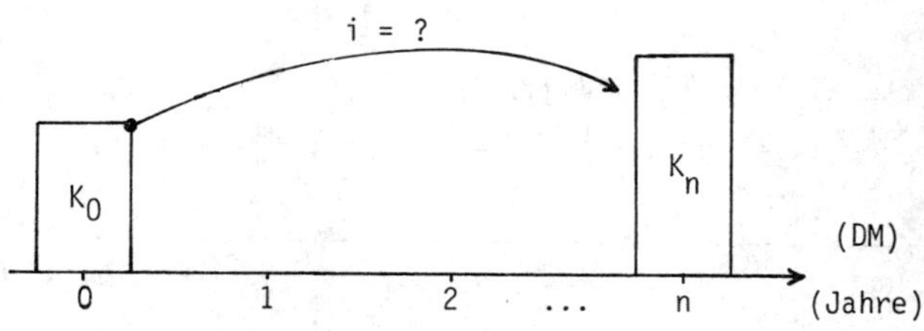

1 Zur Effektivzinsbestimmung und zu den Methoden der Investitionsrechnung vgl. etwa: K.-D. DÄUMLER, Grundlagen der Investitions- und Wirtschaftlichkeitsrechnung, 9., neubearbeitete und erweiterte Aufl., Herne/Berlin 1998.

Unter 1.2 wurde der Aufzinsungsfall betrachtet. Danach gilt:

$$K_n = K_0(1+i)^n$$

Durch Auflösen der Gleichung nach i erhält man folgende Formel[1]:

$$i = \sqrt[n]{\frac{K_n}{K_0}} - 1 \quad \text{oder in Potenzschreibweise}^2 \quad i = \left(\frac{K_n}{K_0}\right)^{\frac{1}{n}} - 1$$

Für das Beispiel gilt danach:

$$i = \sqrt[10]{\frac{20\,000}{10\,000}} - 1 = \sqrt[10]{2} - 1 = 1{,}072 - 1 = \underline{\underline{0{,}072}}$$

Der Kunstsammler erhält eine Verzinsung des eingesetzten Kapitals von 7,2 %.

B 26 ERMITTLUNG DES KALKULATORISCHEN UNTERNEHMERLOHNES

Einzelunternehmer und Gesellschafter von Personengesellschaften erhalten für ihre unternehmerische Tätigkeit kein Gehalt, sondern sie haben Anspruch auf den Gewinn. Zur Ermittlung der Selbstkosten ist es jedoch notwendig, ihre Tätigkeit zu bewerten. Man steht vor dem Problem der Ermittlung eines kalkulatorischen Unternehmerlohnes. Ein sinnvoller Ansatz zur Ermittlung des kalku-

---

1 Herleitung: $K_n = K_0(1+i)^n \quad |: K_0$

$$\frac{K_n}{K_0} = (1+i)^n \quad |\sqrt[n]{\ }$$

$$\sqrt[n]{\frac{K_n}{K_0}} = 1+i \quad |- 1$$

$$i = \sqrt[n]{\frac{K_n}{K_0}} - 1$$

2 Diese Formel eignet sich zur Effektivzinsbestimmung bei unterjährigen Zweizahlungsfällen (wie Lieferantenkredite, Kundenanzahlungen).

3 Berechnung der 10. Wurzel durch Taschenrechner.

latorischen Unternehmerlohnes besteht in der Beantwortung der Fragen:

- wie hoch wäre das Gehalt eines leitenden Angestellten, der den Unternehmer ersetzt?

- wieviel würde der Unternehmer in vergleichbarer Position außerhalb des Betriebes selbst verdienen?

Dem Umstand, daß diese Fragen häufig nicht einfach zu beantworten sind, ist es wohl zuzuschreiben, daß in der Praxis und auch in der neueren Literatur immer noch folgende, als Seifenformel[1] bekanntgewordene Faustregel zur Bestimmung des kalkulatorischen Unternehmerlohnes herangezogen wird[2].

$$\text{kalkulatorischer Unternehmerlohn/Jahr} = 18\sqrt{\text{Jahresumsatz}}$$

In der Formel wird ein Zusammenhang zwischen Unternehmerlohn und Umsatzhöhe unterstellt, der sich nicht begründen läßt. Die Formel führt nur selten zu vernünftigen Ergebnissen und ist daher abzulehnen. Folgende Fälle mögen das verdeutlichen:

1. Fall: Jahresumsatz = 1,-- DM

$$\text{kalkulatorischer Unternehmerlohn/Jahr} = 18\sqrt{1} = \underline{\underline{18}}$$

2. Fall: Jahresumsatz = 100 000,-- DM

$$\text{kalkulatorischer Unternehmerlohn/Jahr} = 18\sqrt{100\,000} = \underline{\underline{5\,692}}$$

3. Fall: Jahresumsatz = 1 000 000,-- DM

$$\text{kalkulatorischer Unternehmerlohn/Jahr} = 18\sqrt{1\,000\,000} = \underline{\underline{18\,000}}$$

---

1 Die Formel wurde zuerst in der Seifenindustrie verwendet.

2 Vgl. hierzu: W. KILGER, Einführung in die Kostenrechnung, 3., durchges. Aufl., Wiesbaden 1987, S. 151. - H. HAHN, Rechnungswesen der Industriebetriebe, 10., überarb. und erw. Auflage, Bad Homburg 1995, S. 209 f. - B. HUCH, Einführung in die Kostenrechnung, 8. Aufl., Heidelberg 1986, S. 54 f. - K.-D. DÄUMLER/J. GRABE, Kostenrechnungs- und Controllinglexikon, 2., neubearbeitete und wesentlich erw. Aufl., Herne/Berlin 1997, S. 163 f.

In allen drei Fällen ergibt sich kein adäquater Lohn für die Tätigkeit eines Unternehmers.

2.3 Fragen und Aufgaben

Fasse so weit wie möglich zusammen:

2.1 $5\sqrt[3]{2} + 8\sqrt[5]{2} + 2\sqrt[3]{2}$

2.2 $6\sqrt{18} + 2\sqrt{8} + \sqrt{72}$

2.3 $3\sqrt{96x} - 2\sqrt{150x}$

2.4 $2ab\sqrt{72} + 5ab\sqrt{98} - 2b\sqrt{162a^2}$

2.5 $\sqrt{12} \cdot \sqrt{3}$

2.6 $\sqrt{\frac{1}{2}} \cdot \sqrt{2}$

2.7 $\sqrt[7]{8} \cdot \sqrt[7]{2} \cdot \sqrt[7]{8}$

2.8 $\sqrt{\frac{12}{8}} : \sqrt{\frac{2}{3}}$

2.9 $\left(\frac{16}{36}\right)^{-\frac{1}{2}}$

2.10 $\frac{2}{a^{-3}} + \left(a^{\frac{1}{4}}\right)^{-\frac{4}{3}}$

Schreibe als Potenz und fasse zusammen:

2.11 $\sqrt[6]{a^5} \cdot \sqrt[18]{a}$

2.12 $\sqrt[3]{b^5} : \sqrt[9]{b^6}$

2.13 $\frac{1}{\sqrt{a}} \cdot a$

2.14 $\sqrt[2a-4b]{(x - y)^2} : \sqrt[3a-6b]{(x - y)^3}$

2.15 $\sqrt[a]{\frac{x^{a+4}}{y^{a+3}}} + \sqrt[b]{\frac{x^{b+5}}{y^{b+6}}} + \sqrt[a]{\frac{x^{a+7}}{y^{8+a}}}$

2.16 Ein Geldanleger kauft einen Kilobarren Gold für 24 000 DM. Nach 5 Jahren ist der Goldpreis auf 28 000 DM/kg geklettert. Wie hoch wäre die Verzinsung des eingesetzten Kapitals, wenn der Goldkäufer zu diesem Preis verkauft?

2.17 Wie hoch wäre der kalkulatorische Unternehmerlohn nach der Seifenformel bei einem Umsatz von 500 000 DM, 5 000 000 DM, 50 000 000 DM?

Wie ist eine derartige Festlegung des kalkulatorischen Unternehmerlohnes zu bewerten?

2.18 Die Bevölkerung einer Stadt ist in den letzten 10 Jahren von 52 000 auf 65 000 Einwohner angewachsen.

a) Wie hoch war der durchschnittliche prozentuale Zuwachs pro Jahr?

b) Wie hoch wird die Einwohnerzahl in zehn Jahren sein, wenn man gleichbleibendes Wachstum unterstellt?

2.19 Der Halter eines Autos hat die Wahl, seine Beiträge zur Kfz-Versicherung jährlich oder halbjährlich zu zahlen. Bei halbjährlicher Zahlungsweise erhebt die Versicherung einen Aufschlag von 3 % auf den Jahresbeitrag. Der Beitrag betrage 500 DM.

a) Stelle die Zahlungsalternativen und das Kreditverhältnis, das sich bei halbjährlicher Zahlung ergibt, am Zeitstrahl dar.

b) Wie hoch ist die Effektivverzinsung dieses Versicherungskredites?

3 LOGARITHMENRECHNUNG

3.1 DARSTELLUNG

3.1.1 BEGRIFF

Das Logarithmieren ist eine zweite Umkehrung der Potenzrechnung.

Beim Potenzieren sind die Basis und der Exponent bekannt. Gesucht ist der Potenzwert.

$$2^2 = ?$$

oder $$a^n = ?$$

Beim Wurzelziehen sind Potenzwert und Exponent bekannt. Gesucht ist die Basis.

$$(?)^3 = 8 \iff \sqrt[3]{8} = ?$$

oder $$(?)^n = b \iff \sqrt[n]{b} = ?$$

Beim Logarithmieren sind Potenzwert und Basis bekannt. Gesucht ist der Exponent.

$$2^? = 8$$

oder $$a^? = b$$

Gesucht ist der Exponent, mit dem man die Basis 2 potenzieren muß, um 8 zu erhalten, oder allgemein, gesucht ist der Exponent n, mit dem man die Basis a potenzieren muß, um b zu erhalten. In der Logarithmenschreibweise sieht das folgendermaßen aus:

$$2^? = 8 \iff \log_2 8 = ?$$

oder $$a^? = b \iff \log_a b = ?$$

D 1

$$\log_a b = x \quad \longleftrightarrow \quad a^x = b \qquad a, b > 0, \quad a \neq 1$$

Der Logarithmus von b zur Basis a ist der Exponent x, mit dem man a potenzieren muß, um b zu erhalten.

Numerus ↓

$$\log_a b = x$$

↑ Basis ↑ Logarithmus

Merke:

$\log_a a = 1$ da wegen D 1 gleichbedeutend mit $a^1 = a$

$\log_a 1 = 0$ da wegen D 1 gleichbedeutend mit $a^0 = 1$

$\log_a (a^x) = x$ da wegen D 1 gleichbedeutend mit $a^x = a^x$

B 1 $\log_4 16 = \underline{\underline{2}}$ $4^2 = 16$

B 2 $\log_3 27 = \underline{\underline{3}}$ $3^3 = 27$

3.1.2 LOGARITHMENSYSTEME

Die Logarithmen mit gleicher Basis bilden zusammen ein Logarithmensystem. Als Basis können alle positiven Zahlen außer 0 und 1 auftreten. Am häufigsten wird die Basis 10 verwendet. Die Logarithmen zur Basis zehn werden als dekadische Logarithmen oder nach dem Engländer Henry Briggs als Briggssche Logarithmen bezeichnet. Folgende Schreibweise ist für Logarithmen zur Basis zehn üblich:

R 1

$$\log_{10} b = \lg b$$

Neben der Basis 10 spielt noch die Basis e (Eulersche Zahl e = 2,71828...) eine besonders wichtige Rolle[1]. Die Logarithmen zur Basis e heißen natürliche Logarithmen.

R 2 $\log_e b = \ln b$

3.1.3 LOGARITHMIEREN VON PRODUKTEN

R 3

$$\log_a(u \cdot v) = \log_a u + \log_a v$$

Ein Produkt wird logarithmiert, indem man die Logarithmen der Faktoren addiert.

B 3 $\log_2(4 \cdot 8) = \log_2 4 + \log_2 8 = 2 + 3 = \underline{\underline{5}}$

$\log_2(4 \cdot 8) = \log_2 32 = \underline{\underline{5}}$

B 4 $\lg 300 = \lg(100 \cdot 3) = \underline{\underline{2 + \lg 3}}$

3.1.4 LOGARITHMIEREN VON BRÜCHEN

R 4

$$\log_a \frac{u}{v} = \log_a u - \log_a v$$

Ein Bruch wird logarithmiert, indem man vom Logarithmus des Zählers den Logarithmus des Nenners subtrahiert.

B 5 $\log_2 \frac{4}{8} = \log_2 4 - \log_2 8 = 2 - 3 = \underline{\underline{-1}}$

$\log_2 \frac{4}{8} = \log_2 \frac{1}{2} = \underline{\underline{-1}}$ denn $2^{-1} = \underline{\underline{\frac{1}{2}}}$

1 Zur Herleitung der Zahl e siehe 5.6.3, S. 146 ff.

3.1.5 LOGARITHMIEREN VON POTENZEN UND WURZELN

R 5

$$\log_a(b^n) = n \cdot \log_a b$$

Eine Potenz wird logarithmiert, indem man den Logarithmus der Basis mit dem Exponenten potenziert.

B 6 $\log_2(4^3) = 3 \cdot \log_2 4 = 3 \cdot 2 = \underline{\underline{6}}$

R 6

$$\log_a \sqrt[n]{b^m} = \log_a b^{\frac{m}{n}} = \frac{m}{n} \log_a b$$

Eine Wurzel wird logarithmiert, indem man die Wurzel in eine Potenz verwandelt und dann nach R 5 vorgeht.

B 7 $\log_2 \sqrt[6]{4^3} = \log_2(4^{\frac{3}{6}}) = \frac{1}{2} \cdot \log_2 4 = \frac{1}{2} \cdot 2 = 1$

3.1.6 RECHNEN MIT LOGARITHMEN

Vor dem Zeitalter des Taschenrechners konnte man komplizierte Zahlenausdrücke nur mit Hilfe von Logarithmen berechnen. Man rechnete nicht mit den gegebenen Zahlen selbst, sondern mit deren Logarithmen, die man aus Tabellen, den sogenannten Logarithmentafeln ermittelte. In der Regel benutzte man Zehnerlogarithmen.

B 8

$1 = 10^1$	$\lg 10 = 1$
$54 = 10^{1,7324}$	$\lg 54 = 1,7324$
$100 = 10^2$	$\lg 100 = 2$
$540 = 10^{2,7324}$	$\lg 540 = 2,7324$
$1\,000 = 10^3$	$\lg 1\,000 = 3$
$5\,400 = 10^{3,7324}$	$\lg 5\,400 = 3,7324$

(bei $\lg 5\,400 = 3,7324$: 3 → Kennzahl, 7324 → Mantisse)

Die Zahl vor dem Komma heißt Kennzahl, die Zahlenfolge hinter dem Komma heißt Mantisse. Nur die Mantisse kann man der Logarithmentafel[1] entnehmen. Bei Zahlen größer 1 ist die Kennzahl positiv und um 1 kleiner als die Stellenzahl des Numerus vor dem Komma.

B 9 $\lg 0{,}54 = \lg \frac{54}{100} = \lg 54 - \lg 100 = 1{,}7324 - 2 = \underline{\underline{0{,}7324 - 1}}$

Bei Zahlen kleiner als 1 erhalten wir negative Logarithmen, die wir in der Form des B 9 stehen lassen. Bei Zahlen kleiner 1 ist die Kennzahl negativ und gleich der Anzahl Nullen vor der ersten Ziffer des Numerus ohne Berücksichtigung des Kommas.

B 10 $\lg 0{,}054 = 0{,}7324 - 2$

$\lg 0{,}0054 = 0{,}7324 - 3$

Mit Hilfe der Logarithmen kann man Zahlenausdrücke berechnen. Der vor der Erfindung elektronischer Rechner äußerst wichtige Vorteil des Rechnens mit Logarithmen besteht darin, daß die Rechengänge jeweils um eine Stufe erniedrigt werden, d. h. anstatt die Numeri zu multiplizieren, werden ihre Logarithmen addiert, anstatt zu potenzieren, werden die Logarithmen multipliziert usw. Heute berechnet wohl kaum jemand Zahlenausdrücke mit Hilfe von Logarithmen. Trotzdem soll diese Methode im folgenden kurz dargestellt werden, da man an ihr den Umgang mit Logarithmen recht gut üben kann.

B 11 $105 \cdot 0{,}367 \cdot 2{,}73 =$

1. Schritt: Zahlenausdruck logarithmieren

   $\lg (105 \cdot 0{,}367 \cdot 2{,}73) = \lg 105 + \lg 0{,}367 + \lg 2{,}73$

2. Schritt: Logarithmen bestimmen

3. Schritt: Logarithmen addieren

4. Schritt: Numerus aufsuchen

---

1 Logarithmentafel siehe Anhang 1.

Numerus	Logarithmus
105	2,0212
0,367	+ 0,5647 - 1
2,73	+ 0,4362
	3,0221 - 1
≈ 105	= 2,0221

ERGEBNIS: $105 \cdot 0{,}367 \cdot 2{,}73 \approx 105$

B 12 $\sqrt[12]{1\,810} =$

$$\lg \sqrt[12]{1\,810} = \frac{1}{12} \cdot \lg 1\,810$$

Numerus	Logarithmus
1 810	3,2577 : 12
≈ 1,87	= 0,2715

ERGEBNIS: $\sqrt[12]{1\,810} \approx 1{,}87$

B 13 $$\frac{10\,300 \cdot 1{,}02 \cdot 33\,000}{1\,130\,000}$$

In manchen Fällen empfiehlt es sich, zuerst in Zehnerpotenzen zu zerlegen und, wenn möglich, zu kürzen.

$$= \frac{1{,}03 \cdot 10^4 \cdot 1{,}02 \cdot 3{,}3 \cdot 10^4}{1{,}13 \cdot 10^6} = \frac{1{,}03 \cdot 1{,}02 \cdot 3{,}3 \cdot 10^2}{1{,}13}$$

$$\lg \frac{1{,}03 \cdot 1{,}02 \cdot 3{,}3 \cdot 10^2}{1{,}13}$$

$$= \lg 1{,}03 + \lg 1{,}02 + \lg 3{,}3 + \lg 10^2 - \lg 1{,}13$$

Numerus	Logarithmus
1,03	0,0128
1,02	+ 0,0086
3,3	+ 0,5185
10^2	+ 2,0000
	2,5399
1,13	- 0,0531
≈ 307	= 2,4868

ERGEBNIS: $\frac{10\,300 \cdot 1{,}02 \cdot 33\,000}{1\,130\,000} \approx 307$

In den vorangegangenen Beispielen wurde der Numerus dadurch bestimmt, daß man diejenige Mantisse zugrundelegte, die der errechneten Mantisse am nächsten lag. Ein genaueres Ergebnis erhält man durch Interpolation.

B 14 Wie groß ist der Numerus von 0,3360?

Der Logarithmus 0,3360 liegt zwischen den Logarithmen 0,3345 und 0,3365. Der Numerus liegt danach zwischen 2,16 und 2,17. Ändert sich der Logarithmus um 0,002 Einheiten (von 0,3345 auf 0,3365), so wächst der Numerus um 0,01 (von 2,16 auf 2,17). Ändert sich der Logarithmus um 0,0015 (von 0,3360 auf 0,3345), so wächst der Numerus um

$$\frac{0{,}01}{0{,}002} \cdot 0{,}0015 = 0{,}0075.$$

Der Numerus von 0,3360 ist also 2,16 + 0,0075 = 2,1675.

3.2 Ökonomische Anwendung

Im Zeitalter des Taschenrechners spielen Logarithmen als Rechenhilfe keine Rolle. Das Logarithmieren wird aber benötigt beim Lösen von Exponentialgleichungen. In der Statistik verwendet man Logarithmen im Bereich der nicht linearen Regressionsrechnung, in der Volkswirtschaftslehre zur Beschreibung von Wachstumsprozessen.
Eine weitere Anwendung der Logarithmenrechnung aus dem Bereich der Finanzmathematik zeigt B 15.

B 15 Frieda Geierblick möchte gern Millionärin werden. Sie hat 100 000 DM geerbt und zu 8 % Zinsen angelegt. Sie möchte gern wissen, nach wieviel Jahren der Betrag auf 1 000 000 DM angewachsen ist.

GEGEBEN ist der Betrag K_0, der zum Zinssatz i angelegt wird. GESUCHT ist die Zeit n in Jahren, in der der Betrag K_0 auf den Betrag K_n angewachsen ist.

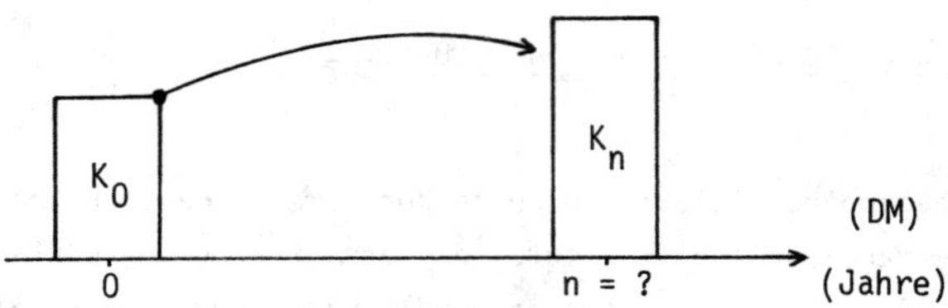

Nach 1.2 gilt: $K_n = K_0 \, (1+i)^n$

Durch Auflösen der Gleichung nach n ergibt sich[1]:

$$n = \frac{\lg K_n - \lg K_0}{\lg (1+i)}$$

Für das Beispiel erhält man:

$$n = \frac{\lg 1\,000\,000 - \lg 100\,000}{\lg 1{,}08} = \frac{6 - 5}{0{,}0334} = \underline{\underline{29{,}9}}$$

Nach 29,9 Jahren darf sich Frieda Geierblick zu den Millionären rechnen.

1 Ableitung:

$$K_n = K_0(1+i)^n \qquad |\lg$$

$$\lg K_n = \lg K_0 + n \lg(1+i) \qquad |- \lg K_0$$

$$n \lg(1+i) = \lg K_n - \lg K_0 \qquad |: \lg(1+i)$$

$$n = \frac{\lg K_n - \lg K_0}{\lg(1+i)}$$

3.3 Fragen und Aufgaben

Berechne folgende Zahlenausdrücke mit Hilfe von Logarithmen:

3.1 $\frac{110\,000 \cdot 321}{11\,200}$

3.2 $14^{28} : 136^{6}$

3.3 $\sqrt[19]{300\,000}$

3.4 $\sqrt[4]{127 + \sqrt[3]{38}}$

3.5 $\sqrt[3]{\frac{120 \cdot 5,94}{21,6}}$

3.6 Nach wieviel Jahren sind 100 DM bei 10 % Zinsen auf 100 000 DM angewachsen?

3.7 Die Zahl der Gefängnisinsassen in den USA nimmt jährlich um 10 % zu. Zur Zeit sind 200 000 Personen inhaftiert. Die Gesamtbevölkerung beträgt 210 Millionen.

In wieviel Jahren wären alle Einwohner der USA inhaftiert, wenn man von konstanter Gesamtbevölkerung und gleichbleibendem Anwachsen der Zahl der Gefängnisinsassen ausgeht?

4 GLEICHUNGEN

4.1 Begriff

Gleichungen spielen eine große Rolle in Naturwissenschaft, Technik und Wirtschaft. Eine Gleichung ist eine Aussage. Unter einer Aussage versteht man einen Satz, der entweder wahr oder falsch ist.

Gleichungen lassen sich am Bild einer Waage veranschaulichen, die auf beiden Seiten gleich belastet ist.

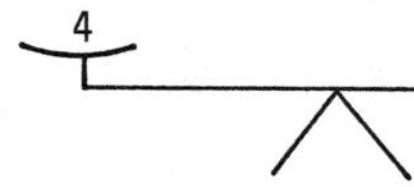

B 1

$$\left.\begin{array}{l} 4 = 2 + 2 \\ 9 = 13 - 4 \\ 6 = 3 \cdot 2 \\ 8 = 32 : 4 \end{array}\right\} \text{Gleichungen}$$

Gleichungen können auch Leerstellen enthalten. Man spricht dann von Aussageformen oder von Bestimmungsgleichungen.

B 2

$$15 + \square = 33$$
$$\square : 20 = 6$$

Die Leerstellen oder Lösungsvariablen werden in der Mathematik mit den letzten Buchstaben des Alphabets, meist x, y oder z gekennzeichnet. Ziel ist es, die Zahl zu bestimmen, die die Gleichung erfüllt, d. h. zu einer wahren Aussage macht.

B 3

$15 + x = 33$ Lösung: $x = 18$

$y : 20 = 6$ Lösung: $y = 120$

Bestimmungsgleichungen sind Hilfsmittel, die es erlauben, gesuchte Größen zu ermitteln.

B 4 Der Umsatz U errechnet sich aus dem Preis p eines Produktes multipliziert mit der abgesetzten Stückzahl x. Es gilt folgende Gleichung:

$$U = p \cdot x.$$

Sind zwei Größen bekannt, so läßt sich die dritte Größe aus der Gleichung bestimmen.

z. B.: BEKANNT: U = 100 DM und p = 20 DM

GESUCHT: x = ?

Die Bestimmungsgleichung lautet dann:

$$100 = 20 \cdot x$$

Wie man aus verschiedenen Bestimmungsgleichungen die gesuchte Lösung bestimmt, wird in den folgenden Abschnitten behandelt.

4.2 Darstellung von Lösungsverfahren

4.2.1 Umformung von Gleichungen

Zur Umformung von Gleichungen sind folgende Operationen[1] erlaubt:

- Vertauschen beider Seiten,
- Addition oder Subtraktion der gleichen Zahl auf beiden Seiten,
- Multiplikation beider Seiten mit dem gleichen Faktor,
- Division beider Seiten durch die gleiche Zahl,
- Potenzieren beider Seiten mit dem gleichen Exponenten,
- Radizieren beider Seiten mit dem gleichen Exponenten,
- Logarithmieren beider Seiten zur gleichen Basis.

Bei den Umformungen ist zu beachten, daß stets die gleiche Rechenoperation auf beiden Seiten der Gleichung durchgeführt wird, entsprechend einer Waage, die nur dann im Gleichgewicht bleibt, wenn auf beiden Seiten die gleiche Veränderung durchgeführt wird.

---

1 Eine Ausnahme bilden Rechenoperationen mit der Zahl Null.

4.2.2 LINEARE GLEICHUNGEN MIT EINER UNBEKANNTEN

Als lineare Gleichungen oder Gleichungen ersten Grades bezeichnet man Gleichungen, bei denen die Lösungsvariable nur in 1. Potenz auftritt. Beim Lösen von linearen Gleichungen benötigt man nur die Grundrechenarten, Addition, Subtraktion, Multiplikation und Division.

R 1

> Ein Summand (Subtrahend) auf der Seite der Variablen wird beseitigt, indem man auf beiden Seiten den Summanden (Subtrahenden) subtrahiert (addiert).

B 5

$$x + 9 = 27 \qquad | - 9$$

$$x + 9 - 9 = 27 - 9$$

$$\underline{\underline{x = 18}}$$

B 6

$$x - 15 = 32$$

$$x - 15 + 15 = 32 + 15 \qquad | + 15$$

$$\underline{\underline{x = 47}}$$

R 2

> Ein Faktor wird beseitigt, indem man beide Seiten der Gleichung durch den Faktor dividiert.

B 7

$$3x = 15 \qquad | : 3$$

$$\frac{3x}{3} = \frac{15}{3}$$

$$\underline{\underline{x = 5}}$$

R 3

> Ein Divisor wird beseitigt, indem man beide Seiten der Gleichung mit dem Divisor multipliziert.

B 8

$$\frac{x}{5} = 30 \qquad | \cdot 5$$

$$\frac{x}{5} \cdot 5 = 30 \cdot 5$$

$$\underline{\underline{x = 150}}$$

Häufig kommt die Lösungsvariable in mehreren Gliedern der Gleichung vor.

B 9

$$3x + 5 = 95 - 7x$$

1. Schritt: Alle Glieder, in denen x vorkommt, auf eine Seite bringen und zusammenfassen.

$$3x + 5 = 95 - 7x \qquad | + 7x$$

$$7x + 3x + 5 = 95$$

$$10x + 5 = 95 \qquad | - 5$$

2. Schritt: Alle Glieder, in denen x nicht vorkommt, auf die andere Seite bringen und zusammenfassen.

$$10x = 95 - 5$$

$$10x = 90 \qquad | : 10$$

3. Schritt: Durch den Faktor 10 dividieren.

$$\underline{\underline{x = 9}}$$

Kommen in der Gleichung Brüche vor, so werden diese zuerst beseitigt.

B 10

$$3x + \frac{3}{4} = \frac{5}{2}x + \frac{11}{4}$$

1. Schritt: Alle Glieder der Gleichung durch Erweitern auf den Hauptnenner bringen.

$$HN = 4$$

$$\frac{3 \cdot 4x}{4} + \frac{3}{4} = \frac{5 \cdot 2x}{4} + \frac{11}{4}$$

$$\frac{12x + 3}{4} = \frac{10x + 11}{4} \qquad | \cdot 4$$

2. Schritt: Mit dem HN multiplizieren.

$$12x + 3 = 10x + 11 \qquad | - 10x$$

$$2x + 3 = 11 \qquad | - 3$$

$$2x = 8 \qquad | : 2$$

$$\underline{\underline{x = 4}}$$

B 11

$$\frac{14}{x} + \frac{8}{3} = \frac{46 - 2x}{3x} - \frac{1}{2x}$$

$$HN = 6x$$

$$\frac{14 \cdot 6}{6x} + \frac{8 \cdot 2x}{6x} = \frac{(46 - 2x)2}{6x} - \frac{3}{6x} \qquad | \cdot 6x$$

$$84 + 16x = 92 - 4x - 3 \qquad | + 4x$$

$$84 + 20x = 89 \qquad | - 84$$

$$20x = 5 \qquad | : 20$$

$$\underline{\underline{x = \frac{1}{4}}}$$

B 12

$$\frac{9(x + 1)}{4x - 32} - 6 + \frac{6(x + 1)}{2x - 16} = \frac{9(x - 1)}{2x - 16}$$

$$HN = 4x - 32$$

$$\frac{9(x+1) - 6(4x - 32) + 2 \cdot 6(x + 1)}{4x - 32} = \frac{2 \cdot 9(x - 1)}{4x - 32} \qquad | \cdot (4x - 32)$$

$$9x + 9 - 24x + 192 + 12x + 12 = 18x - 18$$

$$-3x + 213 = 18x - 18 \quad | + 3x$$

$$213 = 21x - 18 \quad | + 18$$

$$231 = 21x \quad | : 21$$

$$\underline{\underline{11 = x}}$$

Anstelle von Zahlen können auch Formvariablen in Gleichungen vorkommen. Für Formvariablen können beliebige Zahlen eingesetzt werden. Als Symbole für Formvariablen benutzt man meist die ersten Buchstaben des Alphabets, a, b, c usw..

B 13

$$\frac{3x + 45}{a + 1} - \frac{3x - 18}{a - 1} = \frac{21a - 27}{(a + 1)(a - 1)}$$

$$HN = (a + 1)(a - 1)$$

$$\frac{(3x + 45)(a - 1) - (3x - 18)(a + 1)}{(a + 1)(a - 1)} = \frac{21a - 27}{(a + 1)(a - 1)}$$

$$3ax + 45a - 3x - 45 - 3ax + 18a - 3x + 18 = 21a - 27$$

$$-6x + 63a - 27 = 21a - 27 \quad | - 63a$$

$$-6x - 27 = -42a - 27 \quad | + 27$$

$$-6x = -42a \quad | : -6$$

$$\underline{\underline{x = 7a}}$$

B 14

$$\frac{abx}{m} + \frac{abx}{n} = \frac{m + n}{mn}$$

$$HN = m \cdot n$$

$$\frac{abnx}{mn} + \frac{abmx}{mn} = \frac{m + n}{mn} \quad | \cdot mn$$

$$abnx + abmx = m + n \quad | x \text{ ausklammern}$$

$$x(abn + abm) = m + n \quad | : (abn + abm)$$

$$x = \frac{m + n}{abn + abm} \qquad | \text{ ab ausklammern}$$

$$x = \frac{m + n}{ab(m + n)} \qquad | \text{ kürzen}$$

$$\underline{\underline{x = \frac{1}{ab}}}$$

4.2.3 LINEARE GLEICHUNGSSYSTEME MIT MEHREREN UNBEKANNTEN

Eine Gleichung mit mehreren Unbekannten hat unendlich viele Lösungen.

B 15 $x + y = 15$

Setzt man für x eine beliebige Zahl ein, so ist y bestimmt.

x	y
10	5
8	7
2	13
⋮	⋮

Sind mehrere Gleichungen mit mehreren Unbekannten gegeben und sind die Zahlenpaare, Tripel, Quadrupel oder allgemein N-Tupel gesucht, die alle Gleichungen gleichzeitig erfüllen, spricht man von einem Gleichungssystem.

B 16

$$x + y = 15$$
$$x - y = 5$$

Es gibt nur ein Zahlenpaar, das beide Gleichungen gleichzeitig erfüllt: $x = 10$; $y = 5$. Dieses Zahlenpaar ist die Lösung des gegebenen Gleichungssystems.

Verfahren zur Bestimmung der Lösungen aus Gleichungssystemen sind:

1. Additions- oder Subtraktionsverfahren
2. Einsetzungsverfahren
3. Gleichsetzungsverfahren

Alle drei Verfahren gehen nach einem einheitlichen Schema vor:

- Reduzierung des Gleichungssystems auf eine Gleichung mit einer Unbekannten,
- Bestimmung der Lösung der abgeleiteten Gleichung,
- und sukzessive Bestimmung der übrigen Lösungen durch Einsetzen der bereits bestimmten Lösungen.

1. ADDITIONSVERFAHREN

B 17

I	$x + 2y = 15$	
II	$x - y = 12$	$\vert \cdot 2$

1. Schritt: Multiplikation der Gleichung II mit 2, um bei der Variablen y den gleichen Koeffizienten wie in Gleichung I zu erhalten. Man erhält die Gleichung IIa.

I	$x + 2y = 15$	
IIa	$2x - 2y = 24$	

2. Schritt: Addition von I und IIa. Anschließend Auflösen nach x.

I + IIa	$x + 2x + 2y - 2y = 15 + 24$	
	$3x = 39$	$\vert : 3$
	$\underline{\underline{x = 13}}$	

3. Schritt: Einsetzen der gefundenen Lösung in Gleichung I oder II. Anschließend Auflösen nach y.

I	$13 + 2y = 15$	$\vert - 13$
	$2y = 2$	$\vert : 2$
	$\underline{\underline{y = 1}}$	

2. EINSETZUNGSVERFAHREN

B 18

I		$x + 2y = 15$	$\mid - 2y$
II		$x - y = 12$	

1. Schritt: Auflösen der Gleichung I nach der Variablen x. Man erhält die Gleichung Ia.

Ia	$x = 15 - 2y$	
II	$x - y = 12$	

2. Schritt: Einsetzen von Ia in II und Auflösen nach y.

Ia in II	$(15 - 2y) - y = 12$	
	$15 - 3y = 12$	$\mid - 15$
	$- 3y = - 3$	$\mid : (- 3)$
	$\underline{\underline{y = 1}}$	

3. Schritt: Einsetzen der gefundenen Lösung in Gleichung Ia.

Ia	$x = 15 - 2 \cdot 1$
	$\underline{\underline{x = 13}}$

3. GLEICHSETZUNGSVERFAHREN

B 19

I	$x + 2y = 15$
II	$x - y = 12$

1. Schritt: Auflösen beider Gleichungen nach der gleichen Variablen. Man erhält die Gleichungen Ia und IIa.

Ia	$x = 15 - 2y$
IIa	$x = 12 + y$

2. Schritt: Gleichsetzen der rechten Seiten von Ia und IIa und Auflösen nach y

Ia = IIa	$15 - 2y = 12 + y$	$\mid + 2y - 12$
	$3 = 3y$	$\mid : 3$
	$\underline{\underline{1 = y}}$	

3. Schritt: Einsetzen der gefundenen Lösung in Ia.

Ia	$x = 15 - 2 \cdot 1$
	$\underline{\underline{x = 13}}$

Bei Gleichungssystemen aus 3 Gleichungen mit 3 Unbekannten geht man analog vor.

1. Schritt: Reduzierung des Gleichungssystems auf ein System aus 2 Gleichungen mit 2 Unbekannten.

2. Schritt: Reduzierung des Gleichungssystems aus 2 Gleichungen mit 2 Unbekannten auf eine Gleichung mit einer Unbekannten und Bestimmung der 1. Unbekannten.

3. Schritt: Einsetzen der Lösung in eine Gleichung mit 2 Unbekannten und Bestimmung der 2. Unbekannten.

4. Schritt: Einsetzen der bereits ermittelten Unbekannten in eine der Ausgangsgleichungen und Bestimmung der 3. Unbekannten.

B 20	I	$2x + 3y - 4z = 10$	$\mid \cdot 2 \rightarrow$ Ia
	II	$4x + 5y - 3z = 3$	$\mid \cdot 3 \rightarrow$ IIa
	III	$-3x - 2y + 5z = -7$	$\mid \cdot 4 \rightarrow$ IIIa
	Ia	$4x + 6y - 8z = 20$	
	- II	$4x + 5y - 3z = 3$	
	= IV	$y - 5z = 17$	

$$\begin{array}{lrl}
\text{IIa} & 12x + 15y - 9z = & 9 \\
+\ \text{IIIa} & -12x - 8y + 2z = & -28 \\
\hline
=\ \text{V} & 7y + 11z = & -19
\end{array}$$

$$\begin{array}{lrll}
\text{IV} & y - 5z = & 17 & |\cdot 7 \rightarrow \text{IVa} \\
\text{V} & 7y + 11z = & -19 & \\
\text{IVa} & 7y - 35z = & 119 & \\
-\ \text{V} & 7y + 11z = & -19 & \\
\hline
 & -46z = & 138 & |:(-46) \\
 & \underline{\underline{z = }} & \underline{\underline{-3}} &
\end{array}$$

$$\begin{array}{lrll}
\text{in IV} & y - 5(-3) = & 17 & \\
 & y + 15 = & 17 & |-15 \\
 & \underline{\underline{y = }} & \underline{\underline{2}} &
\end{array}$$

$$\begin{array}{lrll}
\text{in I} & 2x + 3 \cdot 2 - 4(-3) = & 10 & \\
 & 2x + 18 = & 10 & |-18 \\
 & 2x = & -8 & |:2 \\
 & \underline{\underline{x = }} & \underline{\underline{-4}} &
\end{array}$$

4.2.4 QUADRATISCHE GLEICHUNGEN

4.2.4.1 BEGRIFF

Man spricht von einer quadratischen Gleichung, bzw. von einer Gleichung zweiten Grades, wenn die Variable x in 2. Potenz auftritt. Man spricht von einer reinquadratischen Gleichung, wenn neben x^2 keine weiteren Glieder mit x vorkommen.

B 21 $\quad 2x^2 - 18 = 0$

Die allgemeine Form einer reinquadratischen Gleichung lautet:

$$ax^2 - b = 0 \qquad \text{REINQUADRATISCH}$$

Kommt neben dem quadratischen Glied zusätzlich ein Glied mit x vor, so spricht man von einer gemischtquadratischen Gleichung.

B 22 $$-3x^2 + 33x = 90 \qquad \text{GEMISCHTQUADRATISCH}$$

Die allgemeine Form einer gemischtquadratischen Gleichung lautet:

$$ax^2 + bx + c = 0 \qquad \text{GEMISCHTQUADRATISCH}$$

Glieder, in denen x nicht vorkommt, heißen absolute Glieder. Hat das quadratische Glied den Koeffizienten eins und steht auf einer Seite der Gleichung eine Null, so hat man die Normalform der quadratischen Gleichung vor sich. Allgemein lautet die Normalform:

$$x^2 + px + q = 0 \qquad \text{NORMALFORM}$$

Jede gemischtquadratische Gleichung läßt sich auf die Normalform bringen.

B 23
$$\begin{aligned} -3x^2 + 33x &= 90 && \mid -90 \\ -3x^2 + 33x - 90 &= 0 && \mid : (-3) \\ \underline{\underline{x^2 - 11x + 3}} &\underline{\underline{= 0}} && \text{NORMALFORM} \end{aligned}$$

4.2.4.2 LÖSEN VON REINQUADRATISCHEN GLEICHUNGEN

B 24 $$2x^2 - 18 = 0 \qquad \mid : 2$$

1. Schritt: Auflösen nach x^2.

$$\begin{aligned} x^2 - 9 &= 0 && \mid +9 \\ x^2 &= 9 && \mid \sqrt{} \end{aligned}$$

2. Schritt: Gesucht sind die Zahlen x_i, deren Quadrat 9 ergibt. Dazu werden beide Seiten radiziert. Es ist dabei zu beachten, daß es zwei Zahlen gibt, die die Gleichung erfüllen.

$$\underline{\underline{x_1 = +\sqrt{9} = 3}}$$

$$\underline{\underline{x_2 = -\sqrt{9} = -3}}$$

B 25

$$\frac{2x^2}{18} = 576 \qquad |\cdot 18 \quad |:2$$

$$x^2 = 5\,184 \qquad |\sqrt{}$$

$$\underline{\underline{x_1 = +\sqrt{5\,184} = 72}}$$

$$\underline{\underline{x_2 = -\sqrt{5\,184} = -72}}$$

B 26

$$\frac{7x}{3} = \frac{1\,050}{2x}$$

$$HN = 6x$$

$$\frac{7x \cdot 2x}{6x} = \frac{3\,150}{6x} \qquad |\cdot 6x$$

$$14x^2 = 3\,150 \qquad |:14$$

$$x^2 = 225 \qquad |\sqrt{}$$

$$\underline{\underline{x_1 = +\sqrt{225} = 15}}$$

$$\underline{\underline{x_2 = -\sqrt{225} = -15}}$$

4.2.4.3 LÖSEN VON GEMISCHTQUADRATISCHEN GLEICHUNGEN

Fehlt das absolute Glied, lassen sich die Lösungen einer gemischtquadratischen Gleichung dadurch bestimmen, daß man x ausklammert und die Faktoren anschließend Null setzt.

R 4

Ein Produkt ist gleich Null, wenn mindestens einer der Faktoren Null ist.

B 27

$$x^2 - 6x = 0$$

1. Schritt: x ausklammern.

$$x(x - 6) = 0$$

2. Schritt: Faktoren einzeln Null setzen.

$$\underbrace{x}_{=0}\underbrace{(x - 6)}_{=0} = 0$$

$$\underline{\underline{x_1 = 0}}$$

$$x_2 - 6 = 0 \qquad |+ 6$$

$$\underline{\underline{x_2 = 6}}$$

B 28

$$16x^2 - 10x = 0$$

$$x(16x - 10) = 0$$

$$\underline{\underline{x_1 = 0}}$$

$$16x_2 - 10 = 0 \qquad |+ 10 \;|: 16$$

$$\underline{\underline{x_2 = \frac{5}{8}}}$$

Ist in der Gleichung ein absolutes Glied vorhanden, führt das Ausklammern von x nicht zum Ziel. Bei dem folgenden Beispiel bildet jedoch die rechte Seite ein vollständiges Quadrat.

B 29 $$x^2 + 2x + 1 = 0$$

Nach der binomischen Formel $a^2 + 2ab + b^2 = (a + b)^2$ läßt sich die linke Seite der Gleichung wie folgt faktorisieren.

$$\underbrace{(x + 1)}_{\substack{\shortparallel \\ 0}}\underbrace{(x + 1)}_{\substack{\shortparallel \\ 0}} = 0$$

$$x_1 + 1 = 0 \qquad | - 1$$

$$\underline{\underline{x_1 = -1}}$$

$$x_2 + 1 = 0 \qquad | - 1$$

$$\underline{\underline{x_2 = -1}}$$

In B 29 fallen die beiden Lösungen der Gleichung zusammen. Im folgenden Beispiel ist kein vollständiges Quadrat vorhanden.

B 30 $$x^2 + 7x + 6 = 0 \qquad | - 6$$

1. Schritt: Subtraktion des absoluten Gliedes.

$$x^2 + 7x = -6 \qquad \left| + \left(\frac{7}{2}\right)^2\right.$$

2. Schritt: Ergänzung der linken Seite zum vollständigen Quadrat. Um den Inhalt der Gleichung nicht zu verändern, wird die quadratische Ergänzung $\frac{49}{4}$ auf beiden Seiten addiert.

$$x^2 + 7x + \frac{49}{4} = -6 + \frac{49}{4}$$

$$\left(x + \frac{7}{2}\right)^2 = \frac{25}{4} \qquad |\sqrt{}$$

3. Schritt: Radizieren beider Seiten.

$$x + \frac{7}{2} = \pm\sqrt{\frac{25}{4}} \qquad \Big| - \frac{7}{2}$$

$$\underline{\underline{x_1 = \frac{5}{2} - \frac{7}{2} = -1}}$$

$$\underline{\underline{x_2 = -\frac{5}{2} - \frac{7}{2} = -6}}$$

Durch Lösen der allgemeinen Gleichung $x^2 + px + q = 0$ läßt sich eine allgemeingültige Lösungsformel für gemischtquadratische Gleichungen ableiten.

$$x^2 + px + q = 0 \qquad \Big| - q$$

$$x^2 + px = -q \qquad \Big| + \left(\frac{p}{2}\right)^2$$

$$x^2 + px + \left(\frac{p}{2}\right)^2 = -q + \left(\frac{p}{2}\right)^2$$

$$\left(x + \frac{p}{2}\right)^2 = \left(\frac{p}{2}\right)^2 - q \qquad \Big| \sqrt{}$$

$$x + \frac{p}{2} = \pm\sqrt{\left(\frac{p}{2}\right)^2 - q} \qquad \Big| - \frac{p}{2}$$

R 5

$$\boxed{x_{1,2} = -\frac{p}{2} \pm \sqrt{\left(\frac{p}{2}\right)^2 - q}}$$

Der Ausdruck unter dem Wurzelzeichen $\left(\frac{p}{2}\right)^2 - q$ heißt Diskriminante. Es gilt folgendes:

Diskriminantenwert	Anzahl der Lösungen
$D > 0$	2
$D = 0$	1
$D < 0$	keine

Nach dem Satz von Vieta[1] läßt sich die Lösung einer quadratischen Gleichung leicht überprüfen. Es gilt:

R 6

$$x_1 + x_2 = -p$$

und

$$x_1 \cdot x_2 = q$$

B 31

$$-3x^2 + 33x = 90 \qquad |-90 \quad |:(-3)$$

1. Schritt: Auf die Normalform bringen.

$$x^2 - 11x + 30 = 0$$

2. Schritt: Einsetzen in die Lösungsformel.

$$x_{1,2} = \frac{11}{2} \pm \sqrt{\frac{121}{4} - 3}$$

$$x_{1,2} = \frac{11}{2} \pm \sqrt{\frac{1}{4}}$$

$$\underline{\underline{x_1 = \frac{11}{2} + \frac{1}{2} = 6}}$$

$$\underline{\underline{x_2 = \frac{11}{2} - \frac{1}{2} = 5}}$$

3. Schritt: Probe.

$$x_1 + x_2 = -p \qquad x_1 \cdot x_2 = q$$

$$5 + 6 = 11 \qquad 5 \cdot 6 = 30$$

1 Francois Viête (latinisiert Vieta), französischer Mathematiker (1540 - 1603).

B 32

$$\frac{3x - 5}{2x - 2} + \frac{2x - 2}{3x - 5} = \frac{5}{2}$$

$$HN = 2(x - 1)(3x - 5)$$

$$\frac{(3x - 5)^2 + (2x - 2)^2}{2(x - 1)(3x - 5)} = \frac{5(x - 1)(3x - 5)}{2(x - 1)(3x - 5)} \quad |\cdot HN$$

$$9x^2 - 30x + 25 + 4x^2 - 8x + 4 = 5(3x^2 - 8x + 5)$$

$$13x^2 - 38x + 29 = 15x^2 - 4ox + 25 \quad |- 13x^2 \quad |+ 38x \quad |- 29$$

$$0 = 2x^2 - 2x - 4 \quad |: 2$$

$$x^2 - x - 2 = 0$$

$$x_{1,2} = \frac{1}{2} \pm \sqrt{\frac{1}{4} + \frac{8}{4}}$$

$$\underline{\underline{x_1 = 2}}$$

$$\underline{\underline{x_2 = - 1}}$$

B 33

$$\frac{2a^2 - 1}{ax + x^2} + \frac{x - 2a}{a + x} = \frac{x^2}{ax + x^2} - \frac{x - a}{x} \quad |\cdot HN$$

$$HN = x(a + x)$$

$$2a^2 - 1 + x^2 - 2ax = x^2 - (x - a)(a + x)$$

$$x^2 - 2ax + 2a^2 - 1 = x^2 - x^2 + a^2 \quad |- a^2$$

$$x^2 - \underbrace{2a}_{p}x + \underbrace{a^2 - 1}_{q} = 0$$

$$x_{1,2} = a \pm \sqrt{a^2 - a^2 + 1}$$

$$\underline{\underline{x_1 = a + 1}}$$

$$\underline{\underline{x_2 = a - 1}}$$

4.2.5 GLEICHUNGEN HÖHEREN GRADES

Die Lösungen von Gleichungen höheren Grades lassen sich normalerweise rechnerisch nicht, oder nur unter großem Aufwand bestimmen. Man greift dann zu Näherungsverfahren, wie z. B. der graphischen Darstellung. In den folgenden Beispielen werden einige Sonderfälle erörtert, in denen es möglich ist, auch bei Gleichungen höheren Grades, die Lösungen rechnerisch zu bestimmen.

B 34 Gegeben ist eine Gleichung in Faktorenschreibweise.

$$\underbrace{(x-2)}_{\substack{\parallel \\ 0}}\underbrace{(x+3)}_{\substack{\parallel \\ 0}}\underbrace{(x+5)}_{\substack{\parallel \\ 0}} = 0$$

Die einzelnen Faktoren werden Null gesetzt. Man erhält:

$$\underline{\underline{x_1 = 2}}$$

$$\underline{\underline{x_2 = -3}}$$

$$\underline{\underline{x_3 = -5}}$$

B 35 Gegeben ist eine Gleichung 3. Grades ohne Absolutglied.

$$3x^3 + 6x^2 + 3x = 0$$

1. Schritt: Ausklammern von x.

$$x(3x^2 + 6x + 3) = 0$$

2. Schritt: Faktoren Null setzen.

$$\underline{\underline{x_1 = 0}}$$

$$3x^2 + 6x + 3 = 0 \qquad |:3$$

$$x^2 + 2x + 1 = 0$$

$$x_{2,3} = -1 \pm \sqrt{1-1}$$

$$\underline{\underline{x_{2,3} = -1}}$$

B 36 Gegeben ist eine Gleichung 4. Grades der Form $ax^4 + bx^2 + c$.

$$x^4 - 13x^2 + 36 = 0$$

1. Schritt: Setze $x^2 = z$ und bestimme z.

$$z^2 - 13z + 36 = 0$$

$$z_{1,2} = \frac{13}{2} \pm \sqrt{\frac{169}{4} - \frac{144}{4}}$$

$$z_1 = 9$$

$$z_2 = 4$$

2. Schritt: Bestimme die Lösungen für x.

$$x = \pm\sqrt{z}$$

$$\underline{\underline{x_{1,2} = \pm 3}}$$

$$\underline{\underline{x_{3,4} = \pm 2}}$$

B 37 Gegeben ist eine Gleichung der Form $ax^n = c$.
(n ist eine natürliche Zahl)

$$3x^5 = 96 \qquad |:3$$

$$x^5 = 32$$

$$x^5 = \sqrt[5]{32}$$

$$\underline{\underline{x = 2}}$$

MERKE: Eine Gleichung der Form $ax^n = c$ hat eine Lösung, wenn n ungerade ist und zwei Lösungen (für $c > 0$), wenn n gerade ist.

4.2.6 WURZELGLEICHUNGEN

Bei Wurzelgleichungen steht die Variable x unter dem Wurzelzeichen. Kommen in einer Gleichung Wurzeln vor, so versucht man, die Wurzeln durch Potenzieren zu beseitigen. Dabei ist zu beachten, daß durch Potenzieren Lösungen hinzukommen können, die die Ursprungsgleichung nicht erfüllen. Bei der Lösung von Wurzelgleichungen ist eine Probe daher unerläßlich.

B 38

$$3\sqrt{x} + 2 = 17 \qquad |-2 \quad |:3$$

1. Schritt: Auflösen nach $\sqrt{x}$.

$$\sqrt{x} = 5 \qquad |()^2$$

2. Schritt: Quadrieren der Gleichung.

$$x = 25$$

3. Schritt: Probe.

$$3\sqrt{25} + 2 = 3 \cdot 5 + 2 = 17$$

LÖSUNG $\underline{\underline{x = 25}}$

B 39

$$\frac{1}{\sqrt{x+5}} = \frac{4}{x}$$

$$HN = x\sqrt{x+5}$$

$$x = 4\sqrt{x+5} \qquad |\,()^2$$

$$x^2 = 16(x+5)$$

$$x^2 = 16x + 80 \qquad |-16x \quad |-80$$

$$x^2 - 16x - 80 = 0$$

$$x_{1,2} = 8 \pm \sqrt{64 + 80}$$

$$x_1 = 20$$

$$x_2 = -4$$

Probe: 1. $x_1 = 20$ 2. $x_2 = -4$

$$\frac{1}{\sqrt{20+5}} = \frac{4}{20} \qquad \frac{1}{\sqrt{-4+5}} \neq \frac{4}{-4}$$

$$\frac{1}{5} = \frac{1}{5} \qquad 1 \neq -1$$

LÖSUNG $\underline{\underline{x = 20}}$

4.2.7 EXPONENTIALGLEICHUNGEN

Steht in einer Gleichung die Variable x im Exponenten, so spricht man von einer Exponentialgleichung. Exponentialgleichungen können in manchen Fällen mit Hilfe der Logarithmenrechnung gelöst werden.

B 40

$$2^x = 8 \qquad |\,\lg$$

$$\lg 2^x = \lg 8$$

$$x \lg 2 = \lg 8 \qquad |:\lg 2$$

$$x = \frac{\lg 8}{\lg 2} \qquad |\text{ Logarithmen aufsuchen}$$

$$x = \frac{0{,}9031}{0{,}3010}$$

$$\underline{\underline{x = 3}}$$

B 41

$$4^{x-3} = \frac{1}{16} \qquad | \lg$$

$$(x - 3)\lg 4 = \lg 1 - \lg 16 \qquad | : \lg 4$$

$$x - 3 = \frac{\lg 1 - \lg 16}{\lg 4} \qquad | + 3$$

$$x = \frac{\lg 1 - \lg 16}{\lg 4} + 3$$

$$x = \frac{0 - 1{,}2041}{0{,}6020} + 3$$

$$\underline{\underline{x = 1}}$$

Lassen sich beide Seiten einer Exponentialgleichung als Potenz mit gleicher Basis ausdrücken, so kann die Lösung durch Exponentvergleich erfolgen. Es gilt:

R 7

> Sind zwei Potenzen mit gleicher Basis gleich, dann sind auch die Exponenten gleich.

B 42

$$4^{x-3} = \frac{1}{16}$$

$$4^{x-3} = \frac{1}{4^2}$$

$$4^{x-3} = 4^{-2} \qquad | \text{Exponenten gleichsetzen}$$

$$x - 3 = -2 \qquad | + 3$$

$$\underline{\underline{x = 1}}$$

4.3 Ökonomische Anwendung

Gleichungen sind ein unerläßliches Werkzeug in der betriebswirtschaftlichen Theorie und Praxis. Viele Probleme lassen sich mit Hilfe von Gleichungen lösen. Gleichungen werden insbesondere zur Darstellung betriebswirtschaftlicher Funktionen benötigt (vgl. daher auch Kapitel 5). Auch das, was man gemeinhin als Formeln bezeichnet, sind Gleichungen, die man je nach Fragestellung umformen kann (siehe 1.2, 2.2 B 22, 3.2). Im folgenden wird eine betriebswirtschaftliche Anwendungsmöglichkeit linearer Gleichungssysteme dargestellt.

INNERBETRIEBLICHE LEISTUNGSVERRECHNUNG

Eine innerbetriebliche Leistungsverrechnung[1] wird immer dann notwendig, wenn in einem Betrieb nicht nur Leistungen für den Markt erzeugt werden, sondern auch solche Leistungen erstellt werden, die im Betrieb selbst verbraucht werden. Man spricht dann von innerbetrieblichen oder Eigenleistungen. Beispiele für Eigenleistungen sind selbsterstellte Anlagen und Maschinen, Erzeugung von Strom, Gas oder Dampf, eigene Reparatur- oder Transportleistungen.

Handelt es sich um Eigenleistungen, die mehrjährig nutzbar sind (selbsterstellte Anlagen, Gebäude, Maschinen), so werden diese aktiviert[2] und damit wie Marktleistungen behandelt. Werden die innerbetrieblichen Leistungen jedoch in der Periode ihrer Erstellung verbraucht (selbsterzeugter Strom, Reparaturleistungen usw.), ist eine Verrechnung der Leistung zwischen den Kostenstellen notwendig.

Die innerbetriebliche Leistungsverrechnung ist in der Regel mittels eines linearen Gleichungssystems möglich und dient nicht nur der exakten Bestimmung der Kosten verschiedener einander gegenseitig beliefernder Kostenstellen, sondern auch einer genauen Quantifizierung der Leistungen dieser Kostenstelle und damit einer präzisen Stückkostenermittlung. Die innerbetrieblichen Verrechnungspreise geben darüberhinaus einen Hinweis, ob die Erstellung von Eigenleistungen oder der Fremdbezug wirtschaftlicher ist.

Im Zusammenhang mit der Ermittlung innerbetrieblicher Verrechnungspreise unterscheidet man zwischen primären Kosten, die durch den Verzehr von außen bezogener Kostengüter entstehen (Löhne, Material usw.) und sekundären Kosten, die dadurch entstehen, daß innerbetriebliche Leistungen verbraucht werden.

1 Eine ausführliche Darstellung der innerbetrieblichen Leistungsverrechnung findet sich etwa bei: K.-D. DÄUMLER/J. GRABE, Kostenrechnung 1, Grundlagen, 6., vollst. neubearb. Aufl., Herne/Berlin 1993, S. 264 ff.

2 aktivieren = Erfassen von Vermögensgegenständen in der Bilanz.

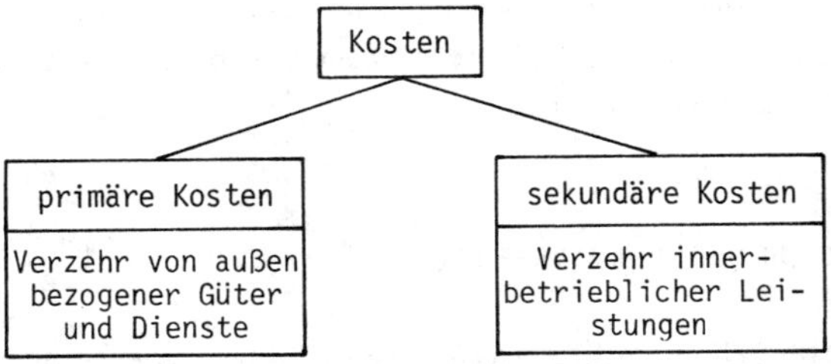

An den folgenden Beispielen soll dargestellt werden, wie man mit Hilfe eines linearen Gleichungssystems die Verrechnungspreise für innerbetriebliche Leistungen ermittelt.

B 43 In einem Betrieb stehen zwei Hilfskostenstellen A und B in ständigem Leistungsaustausch. Bei der Hilfskostenstelle A handelt es sich um eine Reparaturschlosserei, die Reparaturstunden zur Verfügung stellt. Bei der Hilfskostenstelle B handelt es sich um die Transportabteilung. Die Leistungsabgabe dieser Abteilung wird in Tonnenkilometern (tkm) gemessen.

In der letzten Abrechnungsperiode sind in der Reparaturschlosserei 7 500 DM primäre Kosten angefallen. Daneben wurden 500 tkm der Transportabteilung beansprucht. Insgesamt leistete die Reparaturschlosserei 200 Stunden. Die Gesamtleistung der Transportabteilung betrug im gleichen Zeitraum 20 000 tkm. Es entstanden primäre Kosten von 18 000 DM. Außerdem wurden 50 Reparaturstunden verbraucht. Graphisch läßt sich die Leistungsverflechtung wie folgt darstellen:

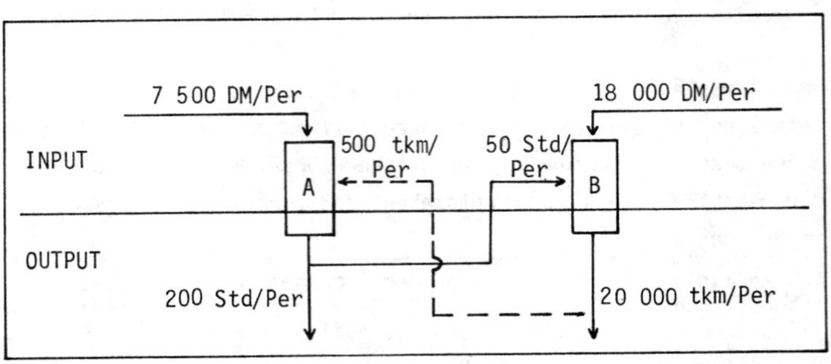

Bei der Ermittlung der innerbetrieblichen Verrechnungspreise geht man von dem Prinzip aus, daß der Wert des Inputs gleich dem Wert des Outputs ist ("Istkostenabwälzverfahren").

Inputwert = Outputwert

Bezeichnet man die Verrechnungspreise für eine Reparaturstunde mit a und für einen Tonnenkilometer mit b, so erhält man:

Inputwert von A = 7 500 + 500b
Outputwert von A = 200a

Inputwert von B = 18 000 + 50a
Outputwert von B = 20 000b

Nach dem Prinzip des Istkostenabwälzverfahrens ergibt sich daraus ein Gleichungssystem mit zwei Gleichungen und zwei Unbekannten. Aus diesem Gleichungssystem lassen sich die Verrechnungspreise a und b bestimmen.

$$\begin{array}{lrl}
\text{I} & 7\,500 + 500b = 200a & \mid - 200a \;\mid - 7\,500 \\
\text{II} & 18\,000 + 50a = 20\,000b & \mid - 20\,000b \;\mid - 18\,000 \\
\\
\text{I} & -200a + 500b = -7\,500 & \\
\text{II} & 50a - 20\,000b = -18\,000 & \mid \cdot 4 \\
\\
\text{I} & -200a + 500b = -7\,500 & \\
\text{IIa} & 200a - 80\,000b = -72\,000 & \\
\hline
\text{I + IIa} & -79\,500b = -79\,500 & \mid : 79\,500 \\
 & \underline{\underline{b = 1}} & \\
\\
\text{in II} & 18\,000 + 50a = 20\,000 & \mid - 18\,000 \\
 & 50a = 2\,000 & \mid : 50 \\
 & \underline{\underline{a = 40}} &
\end{array}$$

ERGEBNIS: Der innerbetriebliche Verrechnungspreis für eine Reparaturstunde beträgt 40 DM, der Preis für einen Tonnenkilometer 1 DM.

Mit Hilfe der innerbetrieblichen Verrechnungspreise läßt sich auch die Frage nach den Gesamtkosten, die auf die verschiedenen Kostenstellen entfallen, beantworten.

Gesamtkosten bei A = 7 500 + 500 · 1 = 8 000 (DM/Per)

Gesamtkosten bei B = 18 000 + 50 · 40 = 20 000 (DM/Per)

B 44 In einem Betrieb arbeiten 3 Kostenstellen, A, B und C zusammen. Für den abgelaufenen Monat wurden folgende Daten ermittelt:

	Leistungsabgabe an (in Stck)			primäre Kosten	Leistungs-abgabe
	A	B	C	(in DM/Mon)	(in E[1]/Mon)
A	-	200	100	1 500	800
B	-	-	200	700	2 000
C	100	300	-	3 800	500

1 E = Mengeneinheiten

In der graphischen Darstellung sieht die Leistungsverflechtung der drei Kostenstellen A, B, C folgendermaßen aus:

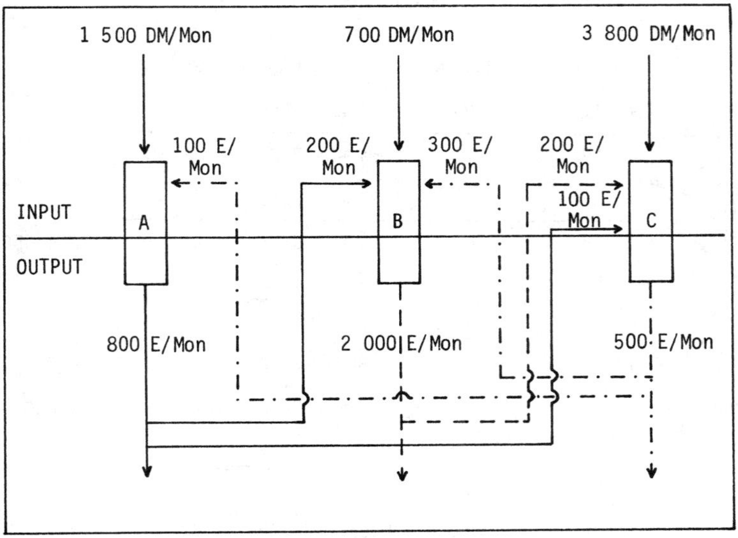

a) Ermittle die innerbetrieblichen Verrechnungspreise für je eine Einheit der Leistungsabgabe der Kostenstellen A, B, C.

b) Ermittle die Gesamtkosten jeder Kostenstelle.

zu a)

Die Verrechnungspreise seien a, b und c. Das Gleichungssystem lautet dann:

I	$1\,500 + 100c = 800a$	$\mid - 800a$	$\mid - 1\,500$
II	$700 + 200a + 300c = 2\,000b$	$\mid - 2\,000b$	$\mid - 700$
III	$3\,800 + 100a + 200b = 500c$	$\mid - 500c$	$\mid - 3\,800$

I	$-800a + 100c = -1\,500$	$\|\cdot 1{,}5$
II	$200a - 2\,000b + 300c = -700$	
III	$100a + 200b - 500c = -3\,800$	$\|\cdot 10$
IIIa	$1\,000a + 2\,000b - 5\,000c = -38\,000$	
+ II	$200a - 2\,000b + 300c = -700$	
= IV	$1\,200a - 4\,700c = -38\,700$	
+ Ia	$-1\,200a + 150c = -2\,250$	
= V	$-4\,550c = -40\,950$	$\|: -4\,550$
	$\underline{\underline{c = 9}}$	

in I	$-800a + 900 = -1\,500$	$\|- 900$
	$-800a = -2\,400$	$\|: -800$
	$\underline{\underline{a = 3}}$	
in II	$600 - 2\,000b + 2\,700 = -700$	$\|- 3\,300$
	$-2\,000b = -4\,000$	$\|: -2\,000$
	$\underline{\underline{b = 2}}$	

Die Verrechnungspreise betragen für eine Einheit der Leistungsabgabe von

A: $a = 3$ (DM/E)
B: $b = 2$ (DM/E)
C: $c = 9$ (DM/E)

zu b)

Die Gesamtkosten der Kostenstellen betragen bei

A: $K_a = 800 \cdot 3 = 2\,400$ (DM/Mon)
B: $K_b = 2\,000 \cdot 2 = 4\,000$ (DM/Mon)
C: $K_c = 500 \cdot 9 = 4\,500$ (DM/Mon)

4.4 FRAGEN UND AUFGABEN

Lineare Gleichungen

4.1 $\frac{x + 1}{12} + \frac{7 - x}{6} + \frac{3}{2} = 3 - \frac{x + 3}{12}$

4.2 $\frac{x + 4}{8} = \frac{12x + 14}{12}$

4.3 $\frac{x + 2}{7} + \frac{x - 2}{3} = 2$

4.4 $\frac{ax}{bc} - \frac{x}{2c} = \frac{2a}{bd} - \frac{1}{d}$

4.5 $\frac{2x + 15}{b + 1} - \frac{7b - 9}{(b + 1)(b - 1)} = \frac{2x - 6}{b - 1}$

4.6 $\frac{10x + 1}{3x + 3} = 1 + \frac{x - 2}{x + 1}$

4.7 $\frac{2x}{a} + 4 + \frac{4a + 4b}{ab} = \frac{4b + 2x}{b} + \frac{4x}{a}$

Lineare Gleichungssysteme

4.8 $3x + 7y = 60$
$x + 9y = 40$

4.9 $x - 1 = 3y$
$7y - 6 = 3x$

4.10 $2x + 14 = -3y$
$x + 2y = -8$

4.11 $2x + y = 11$
$x - y = 1$

4.12 $7x - 3y - 11z = 38$
$9x + 2y - 60z = 4$
$x - y - z = 2$

4.13 $x + y + z = 1\ 000$
$x : y : z = 6 : 3 : 1$

4.14 $7x + 4y + z = 89$
$4x + y + 7z = 74$
$x + 7y + 4z = 77$

4.15 $3x - y - 11 = 0$
$7y + 5z - 33 = 0$
$8z - 7x + 27 = 0$

Quadratische Gleichungen

4.16 $8x^2 - 24x = 0$

4.17 $(6x - 42)^2 = 0$

4.18 $10x^2 - 55x - 30 = 0$

4.19 $3x^2 - 27 = 0$

4.20 $\frac{10x}{3x + 7} + \frac{4}{x + 3} = 2$

4.21 $\frac{ab}{a - x} - b = \frac{b}{ax - 1}$

4.22 $2x + \frac{5}{3 - 2x} = 3 + \frac{11}{2x - 3}$

4.23 $\frac{ax + b}{ax} - 2 = \frac{2ax}{b}$

4.24 $\frac{x - a}{b} + 2 = \frac{a}{x + b}$

4.25 $\frac{a}{x - b} + \frac{b}{x - a} = 2$

Wurzelgleichungen

4.26 $b\sqrt{x + a} = a$

4.27 $2\sqrt{x} - 4 = 18$

4.28 $\sqrt{x} + 6 = 9$

4.29 $5\sqrt[3]{x} - 2 = 18$

4.30 $\frac{1}{2}\sqrt{x(a + b)} - x = -\frac{a + b}{2}$

Exponentialgleichungen

4.31 $4^{x-1} = 16$

4.32 $3 \cdot 4^{3x-3} = 3 \cdot 8^{x}$

4.33 $3^{4x-4} = \frac{3^{x-1}}{3}$

4.34 $81^{\frac{x+2}{x+12}} = \frac{1}{3}$

4.35 $\sqrt[x-3]{32^{x+17}} = \sqrt[x-7]{(0,25 \cdot 128)^{x+5}}$

4.36 In einem Betrieb stehen zwei Kostenstellen A und B in gegenseitigem Leistungsaustausch. Für die letzte Abrechnungsperiode wurde folgendes ermittelt:

	Leistungsabgabe in ME an		Gesamtleistung in ME	primäre Kosten in DM
	A	B		
A	-	100	250	750
B	50	-	150	1 000

a) Stelle die Leistungsverflechtung graphisch dar.

b) Ermittle die innerbetrieblichen Verrechnungspreise für je eine Mengeneinheit (ME) von A und B.

4.37 In einem Betrieb stehen drei Kostenstellen in gegenseitigem Leistungsaustausch. Für die letzte Abrechnungsperiode wurde folgendes ermittelt:

	Leistungsabgabe in ME an			Gesamtleistung in ME	primäre Kosten in DM
	A	B	C		
A	-	40	10	400	10 880
B	20	-	60	880	34 080
C	5	30	-	235	10 340

a) Stelle die Leistungsverflechtung graphisch dar.

b) Ermittle die innerbetrieblichen Verrechnungspreise für je eine Mengeneinheit von A, B und C.

c) Wie hoch sind die Gesamtkosten jeder Kostenstelle?

4.38 Gegeben ist folgende Gleichung für den Aufzinsungsfall (vgl. 1.2, S. 19 f.):

$$K_n = K_0(1+i)^n$$

a) Löse die Gleichung auf nach K_0 und gib ein Anwendungsbeispiel für die abgeleitete Gleichung.

b) Löse die Gleichung auf nach i und gib ein Anwendungsbeispiel.

c) Löse die Gleichung auf nach n und formuliere die Fragestellung, bei der die abgeleitete Gleichung anzuwenden ist.

5 FUNKTIONENLEHRE

5.1 BEGRIFF

In der Ökonomie werden durch Funktionen Abhängigkeitsverhältnisse zwischen Größen beschrieben und quantifiziert. Dabei versteht man unter einer Funktion oder Abbildung eine Zuordnungsvorschrift, die jedem Wert einer Variablen genau einen Wert einer anderen Variablen zuordnet. Wird den Werten der Variablen x je ein Wert der Variablen y zugeordnet, dann ist y eine Funktion von x. Man schreibt $y = f(x)$ (sprich: y gleich f von x). In der Wirtschaft findet man viele Beispiele für solche Abhängigkeitsverhältnisse zwischen Variablen, die sich durch Funktionen beschreiben lassen.

- Die Gesamtkosten K eines Produktionsverfahren hängen ab von der produzierten Stückzahl x des hergestellten Produktes.

$$K = K(x)$$

- Die nachgefragte Menge x eines Produktes hängt ab von seinem Preis p.

$$x = x(p)$$

- Die gezahlte Einkommensteuer t eines Erwerbstätigen hängt ab von seinem Einkommen Y.

$$t = t(Y)$$

- Der Getreideertrag pro Hektar e ist abhängig von der Düngermenge pro Hektar d.

$$e = e(d)$$

Die Variable, die durch die Funktion beschrieben wird, heißt abhängige Variable (Funktionswert). Die Variable, von der der Funktionswert abhängt, heißt unabhängige Variable.

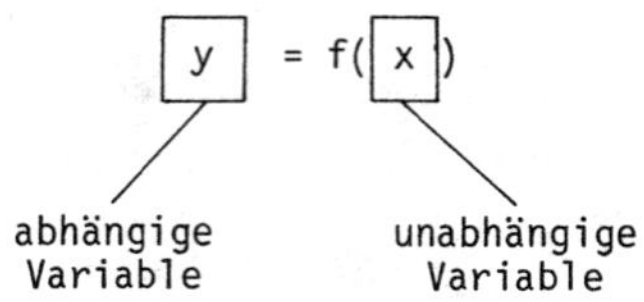

Häufig hängt die betrachtete Größe nicht nur von einer Variablen ab, sondern von mehreren. So ist der Endwert K_n eines Geldbetrages K_0, den man auf ein Sparbuch einzahlt, abhängig von der Höhe des Zinssatzes, von der Länge der Laufzeit und von der Höhe des Betrages K_0.

$$K_n = K_n(K_0, i, n)$$

Es ist jedoch schwierig, den Einfluß aller drei unabhängigen Variablen gleichzeitig zu untersuchen. Daher betrachtet man in vielen Fällen nur den Einfluß einer Variablen und setzt die anderen als konstant voraus[1].

1. $K_n = K_n(K_0)$ $\quad$ i, n = konstant
2. $K_n = K_n(i)$ $\quad$ K_0, n = konstant
3. $K_n = K_n(n)$ $\quad$ K_0, i = konstant

Weitere wichtige Begriffe in der Funktionenlehre sind Definitionsbereich und Wertebereich. Unter dem Definitionsbereich versteht man die Menge der

1 Dieses als ceteris paribus Methode bezeichnete Verfahren wurde in den Wirtschaftswissenschaften zuerst von Johann Heinrich von Thünen (1783 - 1850) angewandt. Vgl. hierzu: J. H. VON THÜNEN, Der isolierte Staat in Beziehung auf Landwirtschaft und Nationalökonomie, Neudruck nach der Ausgabe letzter Hand, eingel. von H. Waentig, 3. Aufl., Jena 1930. Thünen sprach damals von der Isoliermethode.

Zahlenwerte, die die abhängige Variable annehmen kann. Unter dem Wertebereich versteht man die Menge der Zahlenwerte, die die unabhängige Variable annehmen kann. Wirtschaftliche Variablen können in der Regel nur bestimmte Zahlenwerte annehmen. So können beispielsweise keine negativen Stückzahlen produziert werden und die Kapazitätsgrenze kann nicht überschritten werden. Soweit der Sachverhalt klar ist, wird im folgenden auf eine Angabe des Werte- und Definitionsbereiches verzichtet.

Funktionen lassen sich unterschiedlich darstellen. Möglichkeiten der Darstellung sind:

- Gleichungen
- Wertetafeln
- graphische Darstellungen.

Die graphische Darstellung erfolgt üblicherweise in einem rechtwinkligen Koordinatensystem.

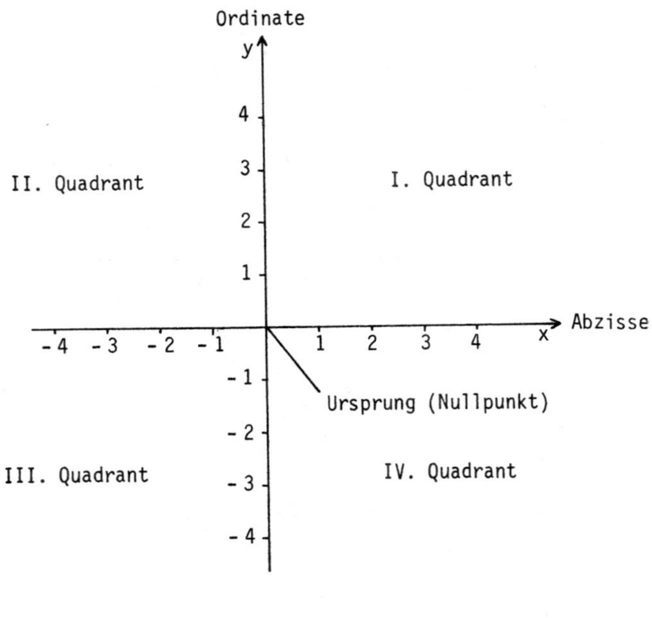

Die waagerechte Achse heißt Abszisse. An ihr wird in der Regel die unabhängige Variable abgetragen. Die senkrechte Achse heißt Ordinate. An ihr steht die abhängige Variable. Der Schnittpunkt von Ordinate und Abzisse heißt Koordinatenursprung. Zwischen den Achsen liegen vier Bereiche, die als Quadranten bezeichnet werden. Für die Vorzeichen der Variablen in den Quadranten gilt:

	I	II	III	IV
x	+	-	-	+
y	+	+	-	-

Da wirtschaftliche Variablen häufig nur positive Werte annehmen können, verlaufen die Graphen wirtschaftlicher Funktionen meist im ersten Quadranten.

Ein Wertepaar (x_1/y_1) wird im Koordinatensystem als Punkt dargestellt. Der Punkt $P(x_1/y_1)$ hat die Koordinaten x_1 und y_1.

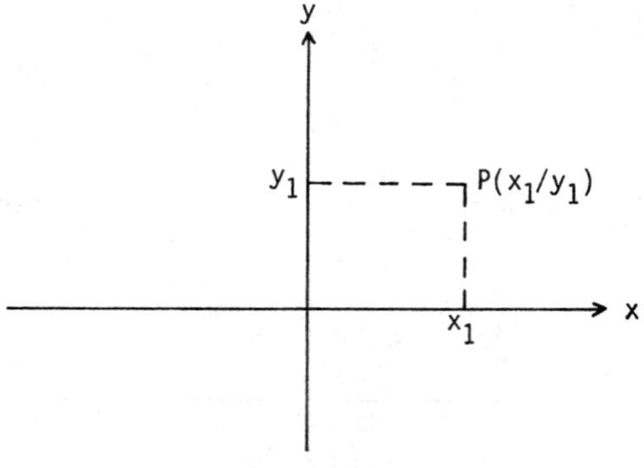

Die graphische Darstellung von Funktionen ist meist anschaulicher als die formelmäßige Darstellung. Graphische Funktionsauswertungen geben einen guten Gesamteindruck vom Zusammenhang der betrachteten Größen, haben jedoch den Nachteil der geringeren Genauigkeit gegenüber dem rechnerischen Ansatz. Häufig reicht diese Genauigkeit für die angestrebten Aussagen jedoch voll aus[1].

5.2 LINEARE FUNKTIONEN

5.2.1. DARSTELLUNG

B 1 Gegeben ist eine lineare Funktion mit der Gleichung

$$y = \frac{3}{2}x + 3$$

Ist die Zuordnungsvorschrift einer Funktion durch eine Gleichung bestimmt, so lassen sich die Funktionswerte für vorgegebene x-Werte berechnen. Die Ergebnisse solcher Berechnungen lassen sich in einer Wertetafel zusammenfassen.

x	- 3	- 2	- 1	0	1	2
y	- 1,5	0	1,5	3	4,5	6

Zur graphischen Darstellung trägt man die durch die Wertepaare bestimmten Punkte in ein Koordinatenkreuz ein und verbindet sie. Man erhält das Bild der Funktion.

1 Vgl.: H. MÜLLER-MERBACH, Mathematik für Wirtschaftswissenschaftler I, München 1974, S. 154 ff.

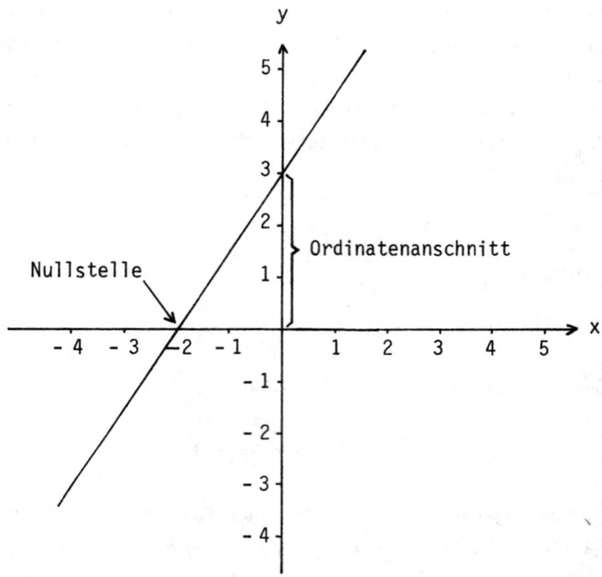

Das Bild der Funktion $y = \frac{3}{2}x + 3$ ist eine Gerade. Die Gerade schneidet die Abzisse im Punkt (- 2/0). Der Schnittpunkt mit der Abszisse heißt Nullstelle der Funktion. Rechnerisch erhält man die Nullstelle, indem man y gleich Null setzt.

$$0 = \frac{3}{2}x_0 + 3$$

$$x_0 = -2$$

Die Gerade schneidet die Ordinate im Punkt (3/0). Die Strecke vom Ursprung zum Ordinatenschnittpunkt heißt Ordinatenabschnitt. Den Ordinatenabschnitt erhält man, indem man x gleich Null setzt.

$$y_0 = \frac{3}{2} \cdot 0 + 3$$

$$y_0 = 3$$

Wenn x um eine Einheit wächst, wächst y um $\frac{3}{2}$ Einheiten. Das Verhältnis

$$\frac{\text{Änderung der abhängigen Variablen}}{\text{Änderung der unabhängigen Variablen}} = \frac{\Delta y}{\Delta x}$$

nennt man Steigung. Die betrachtete Gerade hat die Steigung $\frac{3}{2}$.

Die allgemeine Form einer linearen Funktion lautet:

$$\boxed{y = mx + b}$$

y = abhängige Variable
x = unabhängige Variable
m = Steigung
b = Ordinatenabschnitt

Das Bild einer linearen Funktion ist stets eine Gerade. Der Verlauf einer Geraden ist durch zwei Punkte genau bestimmt. Um das Bild einer linearen Funktion zeichnen zu können, genügt es also, zwei Punkte der Geraden zu bestimmen. Als ersten Punkt nimmt man zweckmäßigerweise den Ordinatenschnittpunkt, der unmittelbar aus der Geradengleichung y = mx + b abgelesen werden kann. Er hat die Koordinaten (0/b). Dann ermittelt man die Koordinaten eines zweiten Punktes und legt die Gerade durch beide Punkte. Um eine hohe Genauigkeit der Zeichnung zu erreichen, sollten die beiden Punkte nicht zu eng zusammenliegen.

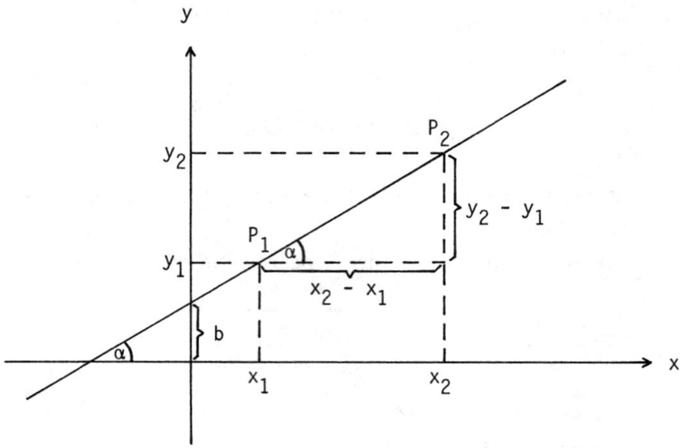

Die Steigung m einer Geraden ist eine Konstante, d. h. die Steigung ändert sich im Verlauf der Geraden nicht. Es gilt:

$$m = \frac{\text{Änderung der abhängigen Variablen}}{\text{Änderung der unabhängigen Variablen}} = \frac{y_2 - y_1}{x_2 - x_1}$$

Das rechtwinklige Dreieck, das durch die Strecken $\overline{P_1P_2}$, $\overline{y_2 - y_1}$ und $\overline{x_2 - x_1}$ begrenzt wird, heißt Steigungsdreieck.

B 2 Zeichne: $y = 2x + 2$ $y = \frac{1}{2}x + 2$

$y = -2x + 2$ $y = -\frac{1}{2}x + 2$

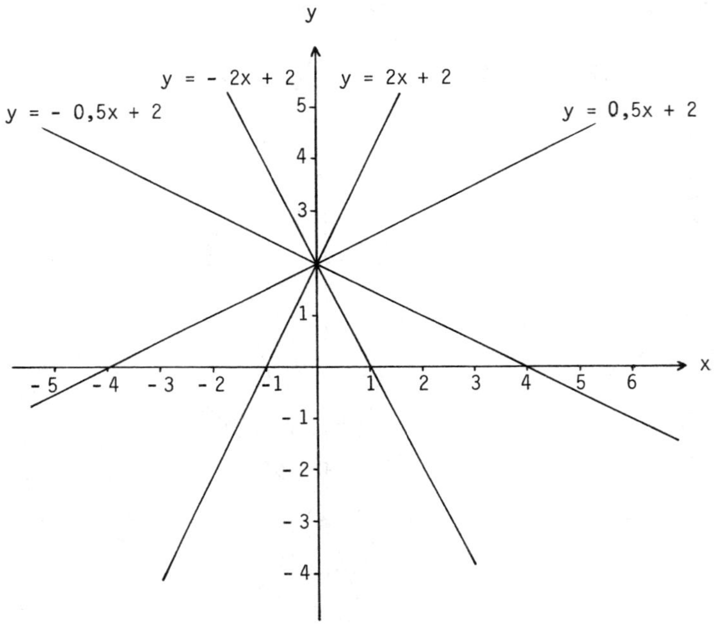

Je größer der Betrag von m, desto steiler verläuft die Gerade. Für die Abhängigkeit der Variablen gilt folgendes:

	Änderungsrichtung der Variablen	
m > 0	x↑ → y↑	x↓ → y↓
m < 0	x↑ → y↓	x↓ → y↑

↑,↓ = steigt, fällt → daraus folgt

SONDERFÄLLE:

B 3 Zeichne: $y = x$, $y = -x$, $y = 3x$, $y = -3x$

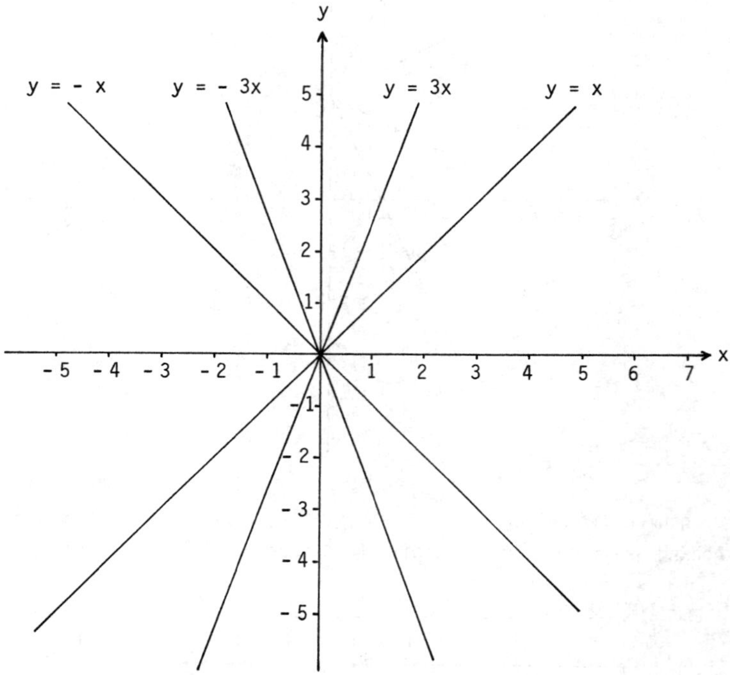

Das Bild einer Funktion der Form $y = mx$ ist eine Gerade, die die Koordinatenachsen in ihrem Ursprung, also im Punkt (0/0) schneidet. Eine solche Gerade bezeichnet man auch als Ursprungsgerade. Die Geraden mit der Gleichung $y = x$ und $y = -x$ heißen 1. und 2. Winkelhalbierende.

B 4 Zeichne: $y = 4$, $x = 4$

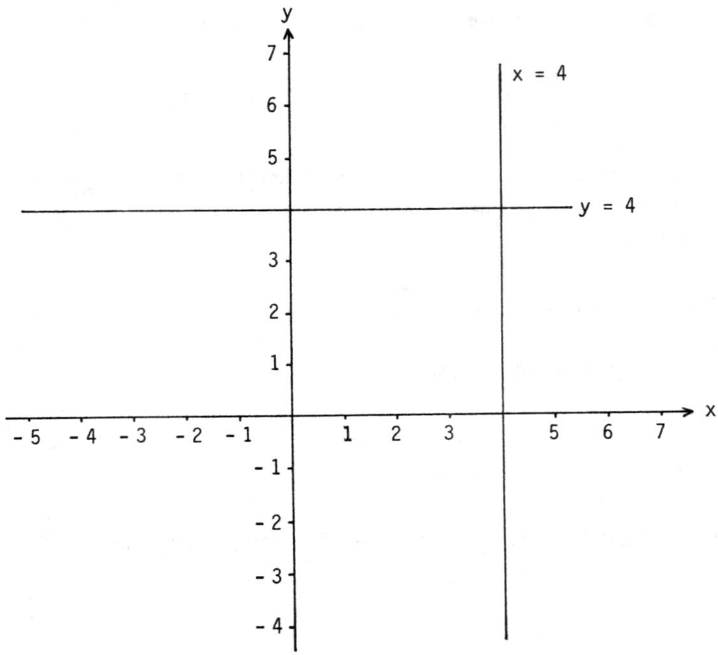

Das Bild einer Funktion mit der Gleichung $y = c$ ist eine Parallele zur x-Achse im Abstand c.

Das Bild der Gleichung $x = c$ ist eine Parallele zur y-Achse im Abstand c. Man darf in diesem Fall nicht von einer Funktion sprechen, da hier einem x-Wert mehr als ein y-Wert zugeordnet ist.

5.2.2 AUFSTELLEN VON FUNKTIONSGLEICHUNGEN

Häufig ist die Funktionsgleichung nicht von vornherein bekannt, sondern muß nach vorhandenen Informationen aufgestellt werden.

1. FALL: NORMALFORM (EXPLIZITE FORM)

Bekannt sind der Ordinatenabschnitt b und die Steigung m. Sind b und m gegeben, läßt sich die Funktionsgleichung einfach aufstellen. Es gilt:

$$\boxed{y = mx + b} \qquad \text{NORMALFORM}$$

Diese Form der Geradengleichung heißt Normalform oder explizite Form. Alle übrigen Formen der Geradengleichung lassen sich in die Normalform überführen.

B 5 GEGEBEN: $b = -3$, $m = 2$

FUNKTIONSGLEICHUNG: $y = 2x - 3$

2. FALL: PUNKTSTEIGUNGSFORM

Bekannt sind die Koordinaten eines Punktes $p(x_1/y_1)$ und die Steigung m.

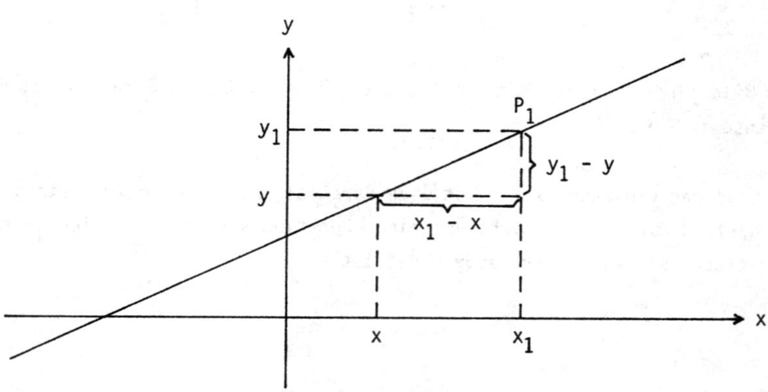

Für jeden beliebigen Punkt (x/y), der auf der Geraden liegt, gilt:

$$\boxed{\frac{y_1 - y}{x_1 - x} = m}$$

PUNKTSTEIGUNGSFORM

B 6 GEGEBEN: P(4/4), m = 0,5

Durch Einsetzen in die Punktsteigungsform erhält man:

$$\frac{4 - y}{4 - x} = 0,5 \qquad | \cdot (4 - x)$$

Die Normalform erhält man, indem man die Gleichung nach y auflöst.

$$4 - y = - 0,5x + 2 \qquad |- 4$$

$$- y = - 0,5x - 2 \qquad |- 1$$

$$\underline{\underline{y = 0,5x + 2}}$$

3. FALL: 2-PUNKTEFORM

Bekannt sind die Koordinaten zweier Punkte $P_1(x_1/y_1)$ und $P_2(x_2/y_2)$.

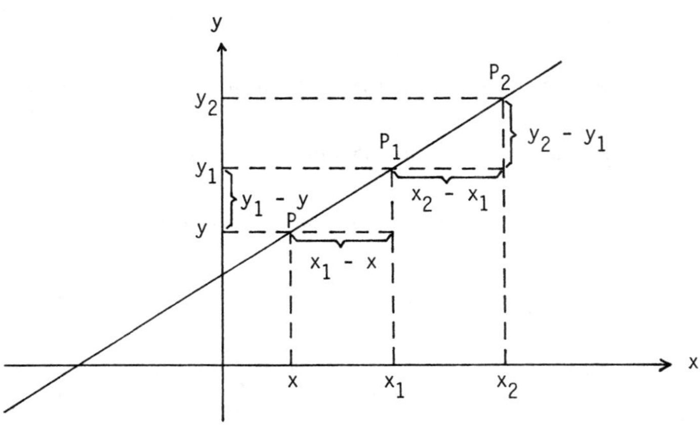

Die Steigung dieser Geraden ist $m = \frac{y_2 - y_1}{x_2 - x_1}$. Analog zur Punktsteigungsform gilt dann für jeden beliebigen Punkt P(x/y) der Geraden:

$$\boxed{\frac{y_2 - y_1}{x_2 - x_1} = \frac{y_1 - y}{x_1 - x}}$$ 2-PUNKTEFORM

B 7 GEGEBEN: $P_1(5/3)$, $P_2(6{,}5/4)$

Durch Einsetzen in die 2-Punkteform erhält man:

$$\frac{4 - 3}{6{,}5 - 5} = \frac{3 - y}{5 - x}$$

Nach y aufgelöst erhält man die Normalform.

$$\frac{2}{3} = \frac{3 - y}{5 - x} \qquad | \cdot (5 - x)$$

$$\frac{10}{3} - \frac{2}{3}x = 3 - y \qquad | - 3 \quad | \cdot (-1)$$

$$\underline{\underline{y = \frac{2}{3}x - \frac{1}{3}}}$$

4. FALL: ACHSENABSCHNITTSFORM

Bekannt sind der Ordinatenabschnitt b und die Nullstelle x_0 der Geraden.

Die zugehörigen Punkte haben die Koordinaten $P_1(0/b)$ und $P_2(x_0/0)$.

Eingesetzt in die 2-Punkteform der Geradengleichung erhält man:

$$\frac{0 - b}{x_0 - 0} = \frac{0 - y}{x_0 - x} \qquad | \, (x_0 - x)x_0$$

$$- bx_0 + bx = - yx_0 \qquad | + yx_0 \quad | + bx_0$$

$$yx_0 + bx = bx_0 \qquad |: bx_0$$

$$\boxed{\frac{y}{b} + \frac{x}{x_0} = 1} \qquad \text{ACHSENABSCHNITTSFORM}$$

b = y-Achsenabschnitt

x_0 = x-Achsenabschnitt

B 8 GEGEBEN: $b = 5$, $x_0 = 15$

Eingesetzt in die Achsenabschnittsform erhält man:

$$\frac{y}{5} + \frac{x}{15} = 1$$

Durch Auflösen der Gleichung nach y ergibt sich die Normalform.

$$y = 5 - \frac{1}{3}x$$

5.2.3 ÖKONOMISCHE ANWENDUNG

5.2.3.1 NACHFRAGE- UND ANGEBOTSFUNKTION

Zusammenhänge zwischen wirtschaftlichen Funktionen lassen sich sehr häufig durch lineare Funktionen beschreiben. Lineare Funktionen werden auch dann benutzt, wenn sich die betrachteten Größen nur annähernd proportional oder in bestimmten Bereichen proportional verhalten. Geradengleichungen lassen sich mit Hilfe der linearen Regressionsrechnung aus empirischen Daten ermitteln. Die Bestimmung nichtlinearer Funktionen gestaltet sich ungleich schwieriger. Benutzt man lineare Funktionen zur Beschreibung nicht streng linearer Zusammenhänge, so ist zu beachten, daß die ermittelte Funktionsgleichung den Zusammenhang bestenfalls in einem mehr oder weniger engen Bereich, dem relevanten Bereich, mit hinreichender Genauigkeit beschreibt.

Eine Nachfragefunktion beschreibt den Zusammenhang zwischen der nachgefragten Menge eines Produktes und den sie beeinflussenden Faktoren. Je nachdem unter welchem Gesichtspunkt man die nachgefragte Menge betrachtet, spricht man von

- individueller Nachfragefunktion
- Gesamtnachfragefunktion
- Preis-Absatz-Funktion.

Die Menge, die ein Haushalt von einem bestimmten Produkt nachfragt, hängt i. a. ab von dem Preis dieses Produktes, von den Preisen aller anderen Produkte, die von dem Haushalt nachgefragt werden, von dem Einkommen und der Bedarfsstruktur. Betrachtet man ceteris paribus nur die Abhängigkeit der nachgefragten Menge des Gutes von seinem Preis, so erhält man die individuelle Nachfragefunktion

$$x_{in} = f(p)$$

x_{in} = nachgefragte Menge eines Haushaltes

p = Preis des betrachteten Gutes

Summiert man für jeden möglichen Preis die bei diesem Preis nachgefragten Mengen aller Haushalte, so kommt man von den individuellen Nachfragefunktionen zur Gesamtnachfragefunktion.

$$x_n = f(p)$$

x_n = nachgefragte Menge eines Gutes in einer Volkswirtschaft

p = Preis des Gutes

Betrachtet man die Abhängigkeit der nachgefragten Menge eines Gutes (abgesetzte Menge) vom Verkaufspreis aus betrieblicher Sicht, spricht man von einer Preis-Absatz-Funktion. Wird die nachgefragte Menge im voraus geschätzt (erwartete Absatzmenge), spricht man von konjekturaler[1] Preis-Absatz-Funktion.

$$x_{bn} = f(p)$$

x_{bn} = abgesetzte Menge eines Betriebes von einem bestimmten Gut

p = Preis dieses Gutes

Die im folgenden gemachten Ausführungen beziehen sich sowohl auf individuelle- und Gesamtnachfragefunktionen als auch auf Preis-Absatz-Funktionen. Vereinfacht wird nur noch von Nachfragefunktionen gesprochen.

Im Normalfall steigt die nachgefragte Menge mit sinkendem Preis, bzw. sinkt die nachgefragte Menge mit steigendem Preis. Die Steigung der Nachfragefunktion ist daher negativ. In der betrieblichen Praxis unterstellt man der Einfachheit halber häufig einen linearen Verlauf der Nachfragefunktion

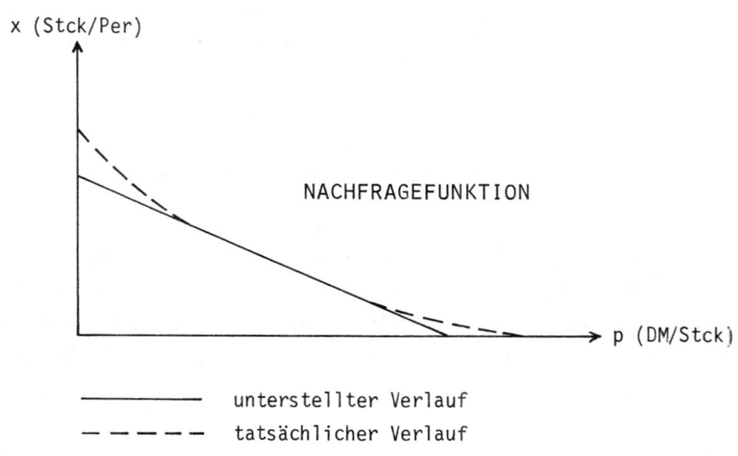

Zu beachten ist dabei, daß die tatsächliche Nachfragefunktion in der Nähe der x-Achse häufig steiler und in der Nähe der p-Achse häufig flacher verläuft als die unterstellte Funktion.

1 coniectere (lat.) = vermuten

Nach einer Konvention schreibt man in den Wirtschaftswissenschaften die monetäre Größe p an die Ordinate und die naturale Größe x an die Abzisse. Man stellt also den Preis p als Funktion von x dar. Die allgemeine Form einer linearen Nachfragefunktion lautet dann:

$$p = m_n x_n + p_{max}$$

p = Preis (Geldeinheiten/Mengeneinheit)

m_n = Steigung der Nachfragefunktion

x_n = nachgefragte Menge eines Gutes (Mengeneinheiten/Periode)

p_{max} = Maximalpreis, d. h. der Preis, bei dem die Nachfrage null wird

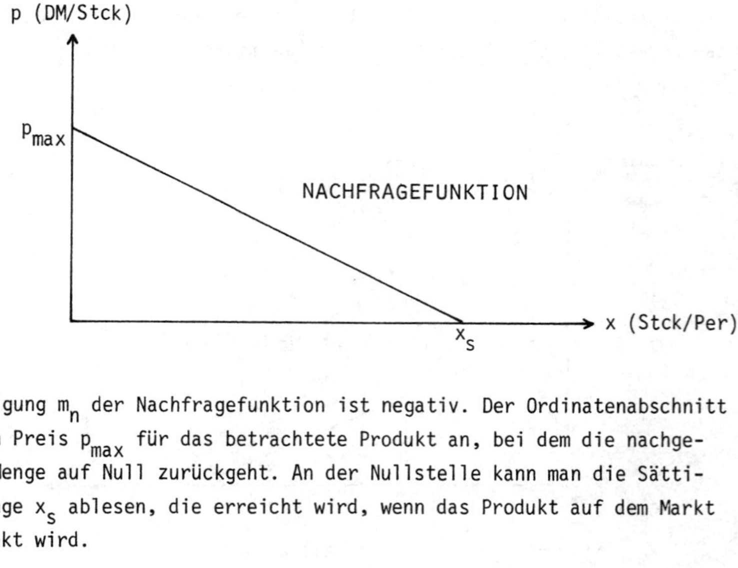

Die Steigung m_n der Nachfragefunktion ist negativ. Der Ordinatenabschnitt gibt den Preis p_{max} für das betrachtete Produkt an, bei dem die nachgefragte Menge auf Null zurückgeht. An der Nullstelle kann man die Sättigungsmenge x_s ablesen, die erreicht wird, wenn das Produkt auf dem Markt verschenkt wird.

Die angebotene Menge eines Produktes hängt ab von seinem Preis. Je höher der Verkaufspreis, desto mehr sind die Hersteller bereit, zu produzieren.

Die Angebotsfunktion stellt den Zusammenhang zwischen der angebotenen Menge eines Produktes und seinem Preis dar. Wie bei den Nachfragefunktionen unterscheidet man zwischen einzelbetrieblichen und gesamtwirtschaftlichen Angebotsfunktionen eines bestimmten Produktes.

$$x_a = f(p)$$

Mit steigenden Preisen steigt im Regelfall die angebotene Menge, mit sinkenden Preisen sinkt die angebotene Menge. Die Steigung der Angebotsfunktion ist daher positiv. Wie bei der Nachfragefunktion schreibt man ebenfalls den Preis an die Ordinate und die Menge x an die Abzisse.

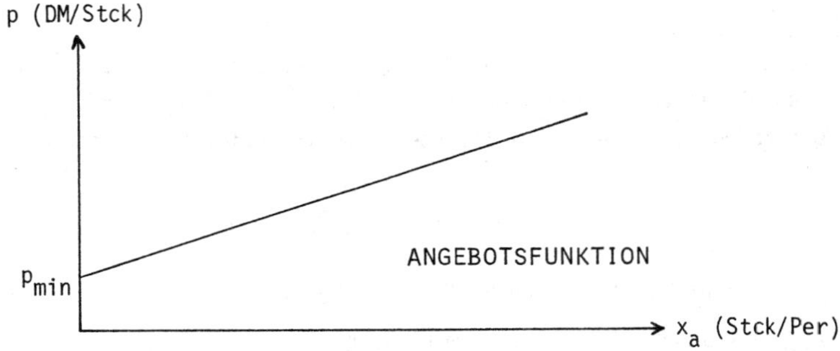

Die allgemeine Gleichung einer Angebotsfunktion (Linearität unterstellt) lautet:

$$p = m_a x_a + p_{min}$$

p = Preis (Geldeinheiten/Mengeneinheit)

m_a = Steigung der Angebotsfunktion ($m_a \geq 0$)

x_a = angebotene Menge (Mengeneinheiten/Periode)

p_{min} = Minimalpreis (Ordinatenabschnitt)

Zeichnet man Nachfrage- und Angebotsfunktion in ein Koordinatensystem, so läßt sich das Marktgleichgewicht bestimmen. Ein Marktgleichgewicht liegt vor, wenn bei einem bestimmten Preis, dem Gleichgewichtspreis, die nachgefragte Menge und die angebotene Menge übereinstimmen. Beim Gleichgewichtspreis p_g wird der Markt vollständig geräumt.

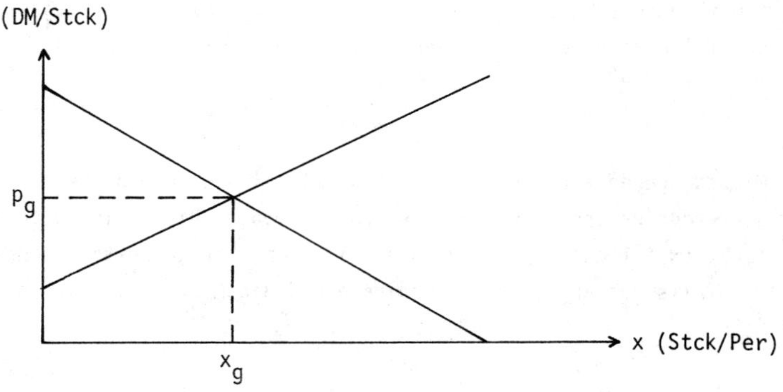

Rechnerisch bestimmt man das Marktgleichgewicht (Gleichgewichtspreis und -menge), indem man die angebotene und die nachgefragte Menge gleichsetzt. Die Koordinaten des Schnittpunktes erfüllen beide Funktionsgleichungen.

$$x_n(p_g) = x_a(p_g) = x_g$$

$x_n(p_g)$ = nachgefragte Menge beim Gleichgewichtspreis

$x_a(p_g)$ = angebotene Menge beim Gleichgewichtspreis

x_g = Gleichgewichtsmenge

B 9 Ein Unternehmen ermittelt für sein Produkt in einem Testmarkt einen Maximalpreis von 1 000 DM und eine Sättigungsmenge von 250 Stück/Periode. Es wird eine lineare Nachfragefunktion unterstellt. Für das Unternehmen gilt die Angebotsfunktion

$$p = 300 + 3x_a$$

a) Zeichne die Preis-Absatz-Gerade und ermittle die Funktionsgleichung in der Achsenabschnittsform und der Normalform.

b) Ermittle zeichnerisch und rechnerisch den Gleichgewichtspreis und die Gleichgewichtsmenge.

c) Was ist die Folge, wenn es dem Staat gefällt,

- einen Mindestpreis von 800 DM/Stck oder
- einen Höchstpreis von 400 DM/Stck

festzulegen?

LÖSUNG

a)

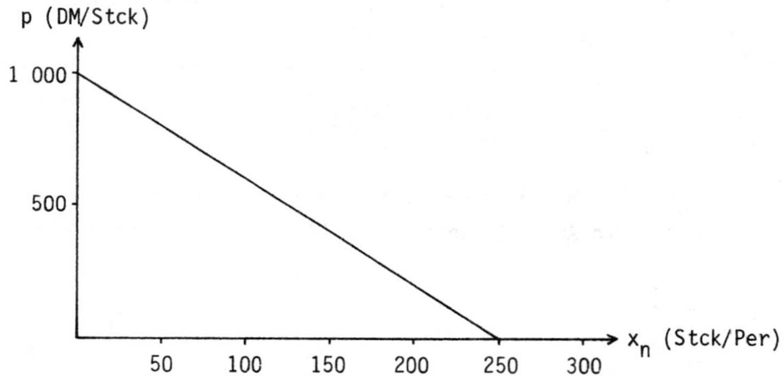

Die Achsenabschnittsform der Geradengleichung lautet

$$\frac{y}{b} + \frac{x}{x_0} = 1$$

Für das Beispiel ergibt sich:

$$\frac{p}{1\,000} + \frac{x_n}{250} = 1 \qquad \text{ACHSENABSCHNITTSFORM}$$

Durch Auflösen nach p erhält man die Normalform.

$$p = 1\,000 - 4x_n$$

b)

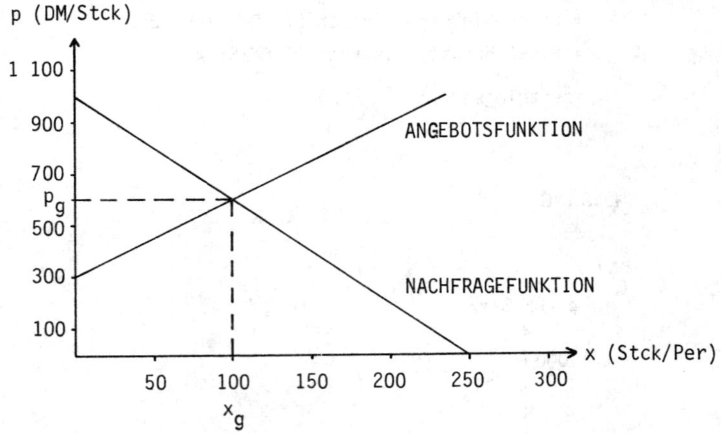

Durch Einsetzen von p_g und x_g in die Gleichungen der Nachfrage- und Angebotsfunktion ergibt sich das Gleichungssystem:

$$\text{I} \qquad p_g = 1\,000 - 4x_g$$

$$\text{II} \qquad p_g = 300 + 3x_g$$

Die Lösung erfolgt nach dem Gleichsetzungsverfahren.

$$300 + 3x_g = 1\,000 - 4x_g$$

$$\underline{\underline{x_g = 100}}$$

Durch Einsetzen von x_g in die Nachfrage- oder Angebotsfunktion erhält man p_g.

$$p_g = 1\,000 - 4 \cdot 100$$

$$\underline{\underline{p_g = 600}}$$

Die Gleichgewichtsmenge beträgt 100 Stck/Periode. Der Gleichgewichtspreis beträgt 600 DM.

c)

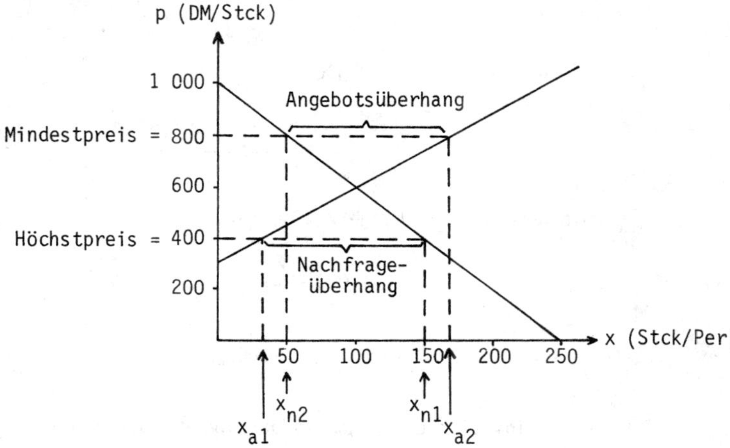

Setzt der Staat einen Höchstpreis von 400 DM/Stück entsteht ein Nachfrageüberhang. Die angebotene Menge x_{a1} beträgt dann:

$$300 + 3x_{a1} = 400$$

$$\underline{\underline{x_{a1} = 33{,}3}}$$

Die nachgefragte Menge x_{n1} beträgt:

$$1\,000 - 4x_{n1} = 400$$

$$\underline{\underline{x_{n1} = 150}}$$

Es entsteht ein Nachfrageüberhang von 117 Stück pro Periode.

Setzt der Staat einen Mindestpreis in Höhe von 800 DM, so ist die angebotene Menge größer als die nachgefragte Menge. Es entsteht ein Angebotsüberhang.

Bei einem Preis von 800 DM/Stück errechnet sich die Angebotsmenge x_{a2}:

$$300 + 3x_{a2} = 800$$

$$\underline{\underline{x_{a2} = 166{,}67}}$$

Die nachgefragte Menge x_{n2} beträgt:

$$1\,000 - 4x_{n2} = 800$$

$$\underline{\underline{x_{n2} = 50}}$$

Es ergibt sich ein Angebotsüberhang von 117 Stück.

5.2.3.2 KOSTENFUNKTION

Die Kostenfunktion eines Betriebes stellt die Abhängigkeit der Gesamtkosten K einer Periode von der produzierten Menge x eines Gutes dar.

$$K = K(x)$$

Je nach Produktionsverfahren ergeben sich unterschiedliche Verläufe von Kostenfunktionen. Man unterscheidet zwischen

- linearem,
- progressivem,
- degressivem und
- S-förmigem Verlauf.

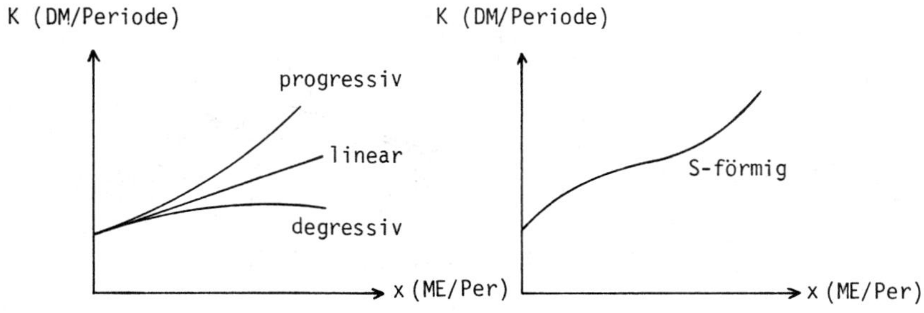

Die Gesamtkosten K setzen sich zusammen aus einem von der Produktionsmenge unabhängigem Teil, den fixen Kosten K_f, und einem von der Produktionsmenge abhängigem Teil, den variablen Kosten K_v.

$$K = K_f + K_v$$

In der betrieblichen Praxis werden in der Regel lineare Kostenverläufe unterstellt. Gegebenenfalls werden nichtlineare Kostenfunktionen im ökonomisch relevanten Bereich linearisiert. Im folgenden werden wir uns daher näher mit linearen Kostenfunktionen beschäftigen. Häufig ist es unmöglich, eine Kostenfunktion für den Gesamtbetrieb zu ermitteln. Man beschränkt sich dann auf die Ermittlung von Kostenfunktionen für betriebliche Teilbereiche, etwa einzelne Kostenstellen. Die Aufteilung der Gesamtkosten einer Kostenstelle in fixe und variable Kosten wird als Kostenauflösung bezeichnet[1].

Aus der graphischen Darstellung einer linearen Kostenfunktion läßt sich die allgemeine Funktionsgleichung ableiten.

1 Vgl.: K.-D. DÄUMLER/J. GRABE, Kostenrechnung 3, Plankostenrechnung, 5., vollständig neubearb. Aufl., Herne/Berlin 1995, S. 154 ff.

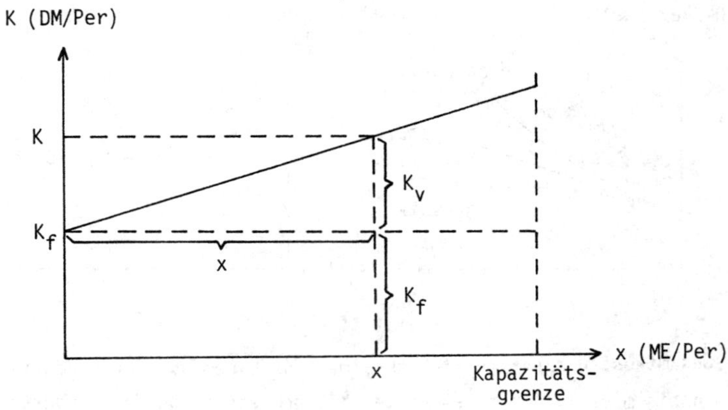

Wenn nichts produziert wird (x = 0), fallen Kosten in Höhe der fixen Kosten an. Der Ordinatenabschnitt gibt also die Höhe der fixen Kosten K_f an. Die Steigung der Geraden ist gleich den variablen Stückkosten k_v, die man erhält, wenn man die variablen Kosten K_v dividiert durch die produzierte Menge x.

$$k_v = \frac{K_v}{x}$$

Die allgemeine Funktionsgleichung linearer Kostenfunktionen lautet:

$$\boxed{K(x) = K_f + k_v x}$$

Liegt eine lineare Kostenfunktion vor, so entstehen bei der Produktion einer zusätzlichen Mengeneinheit konstante zusätzliche Kosten in Höhe von k_v. Die Kosten, die zusätzlich entstehen, wenn man die Produktion um eine Einheit ausdehnt, nennt man Grenzkosten GK. Bei linearen Kostenfunktionen gilt:

$$GK = k_v = \text{const.}$$

B 1 Ein Betrieb stellte für die letzten beiden Abrechnungsperioden folgende Daten fest:

Periode	1	2
Gesamtkosten (DM/Per)	2 000	3 000
produzierte Menge (Stck/Per)	500	1 000

a) Wie lautet die Kostenfunktion dieses Betriebes?

b) Wie hoch sind die fixen Kosten und die variablen Stückkosten?

LÖSUNG

Nach der 2-Punkteform der Geradengleichung ergibt sich[1]:

$$\frac{K_2 - K_1}{x_2 - x_1} = \frac{K_1 - K}{x_1 - x}$$

Durch Einsetzen der gegebenen Daten erhält man:

$$\frac{3\,000 - 2\,000}{1\,000 - 500} = \frac{3\,000 - K}{1\,000 - x}$$

$$2 = \frac{3\,000 - K}{1\,000 - x} \quad | \cdot (1\,000 - x)$$

$$2\,000 - 2x = 3\,000 - K \quad | + K \; | + 2x \; | - 2\,000$$

$$\underline{\underline{K = 1\,000 + 2x}}$$

Die Gleichung der Kostenfunktion lautet K = 1 000 + 2x.

1 Die Form der Ermittlung der Kostenfunktion mittels zweier Punkte und der Trennung von fixen und variablen Kosten geht auf E. Schmalenbach zurück. Vgl. E. SCHMALENBACH, Kostenrechnung und Preispolitik, 8. Aufl., Köln u. Opladen, 1963, S. 76 ff.

Aus der Funktionsgleichung lassen sich fixe Kosten und variable Stückkosten ablesen. Es gilt:

$$\underline{\underline{K_f = 1\,000}}$$

$$\underline{\underline{k_v = 2}}$$

Die fixen Kosten betragen 1 000 DM/Abrechnungsperiode. Die variablen Stückkosten betragen 2 DM/Stück.

5.2.3.3 UMSATZFUNKTION UND GEWINNFUNKTION

Der Umsatz ergibt sich als Produkt aus der abgesetzten Menge x und dem Preis p.

$$U = p \cdot x$$

Der Umsatz U ist demnach eine Funktion des Preises und der abgesetzten Menge.

$$U = U(p,x)$$

Für den Mengenanpasser[1] ist der Preis ein Datum. Er hat keinen Einfluß auf seine Höhe. Es gilt p = const. Die Umsatzfunktion ist in diesem Fall nur noch eine Funktion der Menge x:

$$U = U(x)$$

Als Umsatzfunktion des Mengenanpassers erhält man eine Ursprungsgerade mit der Steigung p.

$$\boxed{U(x) = px} \quad \text{mit } p = \text{const.}$$

1 Der Mengenanpasser ist z. B. ein Anbieter mit geringem Marktanteil. Seine Aktionen haben keine fühlbare Beeinflussung des Marktpreises zur Folge.

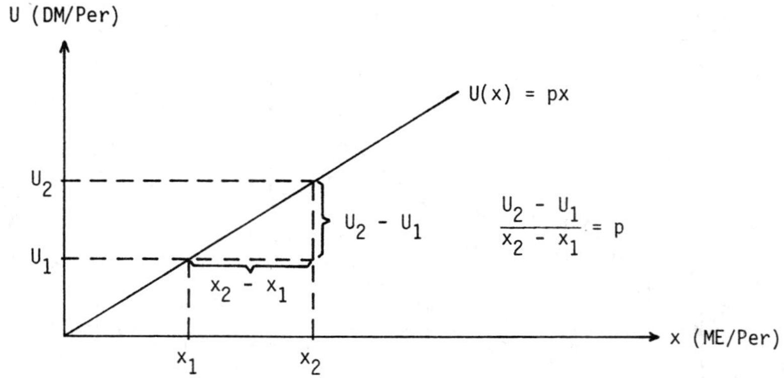

Der Gewinn errechnet sich aus der Differenz von Umsatz und Kosten.

$$G = U - K$$

Die Gewinnfunktion ergibt sich allgemein:

$$G = G(x,p) = U(x,p) - K(x)$$

Da bei Mengenanpassung sowohl Umsatz als auch Kosten von der abgesetzten bzw. produzierten Menge abhängen, läßt sich auch der Gewinn als Funktion der Menge x darstellen.

$$G(x) = U(x) - K(x)$$

$$G(x) = px - (K_f + k_v x)$$

$$G(x) = - K_f + px - k_v x$$

$$\boxed{G(x) = - K_f + (p - k_v)x}$$

Das Bild der Gewinnfunktion erhält man, indem man zu jedem möglichen Wert von x die Differenz von Umsatz und Kosten in ein Koordinatensystem einträgt. Die Funktionsgleichung erhält man durch Subtraktion der rechten Seiten von Umsatz- und Kostenfunktion.

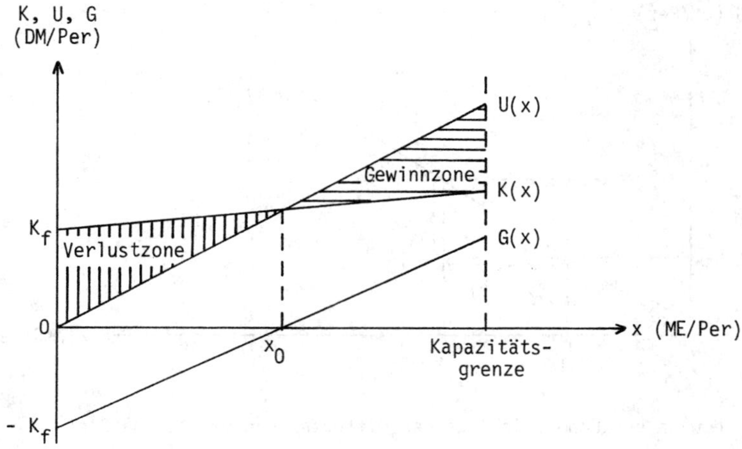

Werden Null Einheiten produziert und abgesetzt, so entsteht ein Verlust in Höhe der fixen Kosten K_f. Der Ordinatenabschnitt der Gewinnfunktion beträgt - K_f. Die Steigung der Gewinnfunktion errechnet sich aus der Differenz von Preis und variablen Stückkosten. Der Wert dieser Differenz wird als Stückdeckungsbeitrag d bezeichnet. Es gilt:

$$d = p - k_v$$

daraus folgt:

$$G(x) = - K_f + dx$$

Stückdeckungsbeiträge spielen als Rechnungselemente im Bereich der Teilkostenrechnung (Deckungsbeitragsrechnung) eine große Rolle.

Der Schnittpunkt von Umsatz- und Kostenfunktion ist der Übergang von der Verlustzone in die Gewinnzone. Der Gewinn ist an dieser Stelle Null. Die Gewinnfunktion schneidet an dieser Stelle die Abzisse. Man bezeichnet diesen Punkt als Gewinnschwelle (Nutzenschwelle). Die abgesetzte Menge an der Gewinnschwelle wird im folgenden mit x_0 bezeichnet.

B 11 Für einen Betrieb gelte folgende Kostenfunktion:

$$K(x) = 500 + 1{,}5x \qquad (\text{DM/Per})$$

Für das hergestellte Produkt wird am Markt ein Preis von 2,50 DM pro Stück erzielt. Die Kapazitätsgrenze liegt bei 900 Stück.

a) Ab welcher Absatzmenge erzielt der Betrieb Gewinn und bei welcher Absatzmenge ist der Gewinn maximal? Löse das Problem zeichnerisch und rechnerisch.

b) Wie soll sich der Betrieb kurzfristig verhalten, wenn der Preis für das Produkt auf 2 DM/Stück sinkt?

c) Was geschieht, wenn der Verkaufspreis unter 1,50 DM sinkt?

LÖSUNG

a) Für den Betrieb gilt die Kostenfunktion $K = 500 + 1{,}5x$ und die Umsatzfunktion $U = px = 2{,}5x$.

Zur Ermittlung der Absatzmenge an der Gewinnschwelle zeichnet man beide Funktionen in ein Koordinatensystem und liest die Menge ab, bei der sich Umsatz- und Kostenfunktion schneiden.

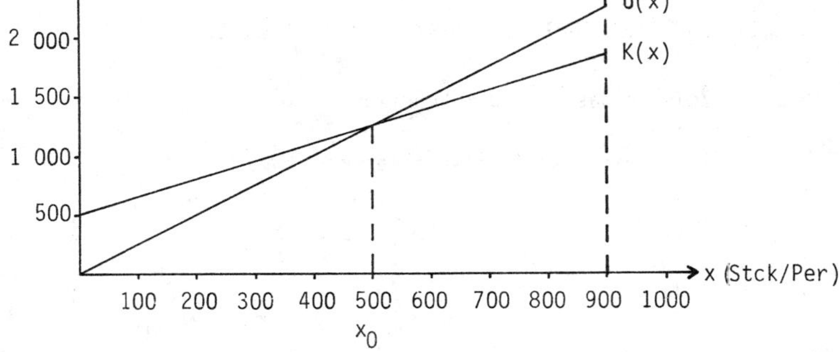

Aus der Zeichnung kann man ersehen, daß die Gewinnschwelle bei einer Absatzmenge von 500 Einheiten erreicht wird. Wird mehr abgesetzt, so erzielt der Betrieb einen positiven Gewinn.

Rechnerisch läßt sich die Absatzmenge an der Gewinnschwelle in der Weise ermitteln, daß man Umsatz und Kosten gleichsetzt. An der Gewinnschwelle gilt:

$$G = U - K = 0$$
$$U = K$$

Für das Beispiel ergibt sich:

$$2{,}5x_0 = 500 + 1{,}5x_0$$
$$\underline{\underline{x_0 = 500}}$$

b) Es ergibt sich ein positiver Deckungsbeitrag für das Produkt in Höhe von d = 0,5 DM/Stck. Damit lohnt sich kurzfristig eine Produktion der Höchstmenge y = 900 Stck/Per. Es ergibt sich ein negativer Gewinn G = - 50 DM/Per. Würde nicht produziert, entstünde ein Verlust in Höhe der fixen Kosten (G = - 500).

c) Sinkt der Verkaufspreis p unter 1,50 DM, und damit unter die Höhe der variablen Stückkosten, so ist es dem Betrieb nicht möglich, einen Gewinn zu erzielen. Gilt $p \leq k_v$ und damit $d \leq 0$, ist die Steigung der Gewinnfunktion negativ. Das bedeutet, mit jeder Einheit, die produziert wird, wächst der Verlust an.

5.3 Parabeln

5.3.1 Darstellung von Parabeln 2. Grades

B 1 Zeichne das Bild der Funktion $y = x^2$.

1. Schritt: Aufstellen einer Wertetafel.

x	-2	-1	$-\frac{1}{2}$	$-\frac{1}{4}$	0	$\frac{1}{4}$	$\frac{1}{2}$	1	2
y	4	1	$\frac{1}{4}$	$\frac{1}{16}$	0	$\frac{1}{16}$	$\frac{1}{4}$	1	4

2. Schritt: Einzeichnen der Punkte in ein Koordinatensystem und Verbinden der Punkte.

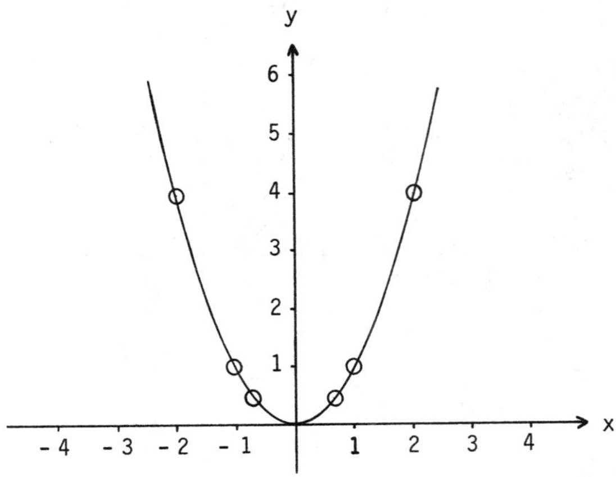

Das Bild der Funktion $y = x^2$ heißt Normalparabel. Der Punkt (0/0) heißt Scheitelpunkt der Normalparabel. Die Normalparabel ist nach oben geöffnet und achsensymmetrisch zur Ordinate.

B 2 Zeichne die Bilder der Funktionen

$$y = x^2, \qquad y = -x^2, \qquad y = 2x^2, \qquad y = \frac{1}{2}x^2$$

in ein Koordinatensystem.

1. WERTETAFEL

x	- 2	- 1	$-\frac{1}{2}$	0	$\frac{1}{2}$	1	2
$y = -x^2$	- 4	- 1	$-\frac{1}{4}$	0	$-\frac{1}{4}$	- 1	- 4
$y = 2x^2$	8	2	$\frac{1}{2}$	0	$\frac{1}{2}$	2	8
$y = \frac{1}{2}x^2$	2	$\frac{1}{2}$	$\frac{1}{8}$	0	$\frac{1}{8}$	$\frac{1}{2}$	2

2. ZEICHNUNG

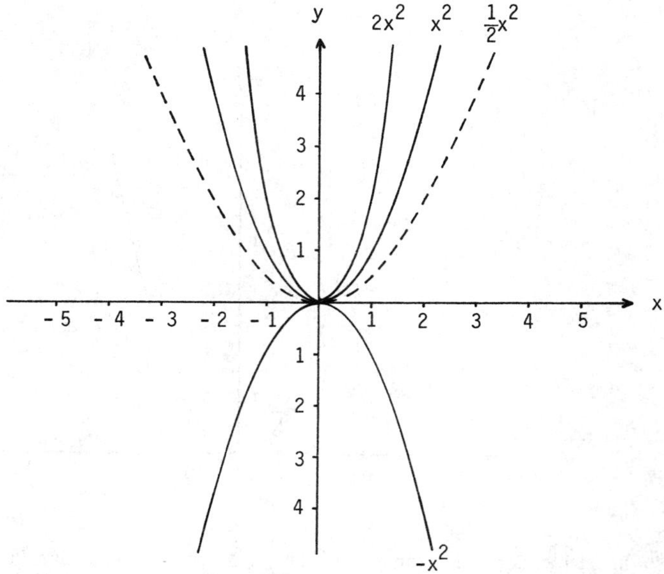

Das Bild der Funktion $y = - x^2$ ist eine nach unten geöffnete Normalparabel.

Als Bild der Funktion $y = 2x^2$ ergibt sich eine nach oben geöffnete im Verhältnis 2 : 1 zur Normalparabel gestreckte Parabel.

Als Bild der Funktion $y = \frac{1}{2}x^2$ ergibt sich eine nach oben geöffnete im Verhältnis 1 : 2 zur Normalparabel gestauchte Parabel.

Das Bild einer Funktion der Form $y = mx^2$ ist eine Parabel, deren Scheitelpunkt im Koordinatenursprung liegt. Die Parabel verläuft achsensymmetrisch zur Ordinate. Für $m > 0$ ist sie nach oben geöffnet, für $m < 0$ nach unten geöffnet. Ist $m > 1$ oder $< - 1$ ($|m| > 1$; gelesen: m absolut größer eins), so handelt es sich um eine gestreckte Parabel. Ist $0 < m < 1$ oder $0 > m > - 1$ ($0 < |m| < 1$), so handelt es sich um eine gestauchte Parabel.

B 3 Zeichne das Bild der Funktionen $y = x^2 + 2$ und $y = x^2 - 2$.

1. WERTETAFEL

x	- 2	- 1	0	1	2
$x^2 + 2$	6	3	2	3	6
$x^2 - 2$	2	- 1	- 2	- 1	2

2. ZEICHNUNG

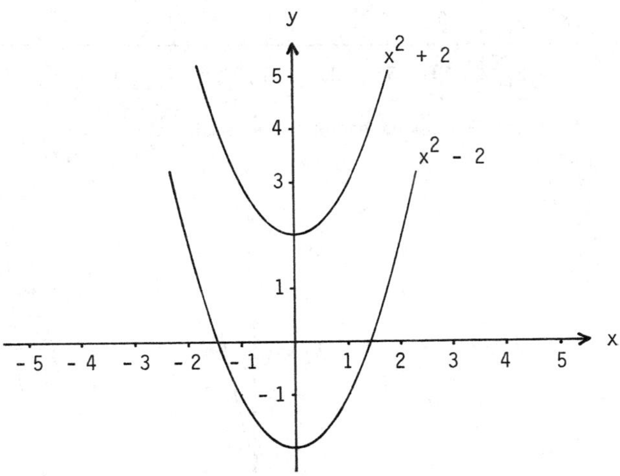

Das Bild der Funktion $y = x^2 + 2$ ist eine um 2 Einheiten in y-Richtung verschobene Normalparabel.

Das Bild der Funktion $y = x^2 - 2$ ist eine um 2 Einheiten in negative y-Richtung verschobene Normalparabel.

ALLGEMEIN:

Das Bild einer Funktion der Form $y = mx^2 + b$ ist eine Parabel die gegenüber der Parabel $y = mx^2$ um b Einheiten in y-Richtung verschoben ist. Der Scheitelpunkt liegt in (0/b).

B 4 Zeichne das Bild der Funktion $y = (x + 2)^2$ und $y = (x - 2)^2$.

1. WERTETAFEL

x	- 5	- 4	- 3	- 2	- 1	0	1	2	3	4	5
$(x + 2)^2$	9	4	1	0	1	4	9	[16	25	36	49]*
$(x - 2)^2$	[49	36	25	16]*	9	4	1	0	1	4	9

* In der Zeichnung nicht berücksichtigt.

2. ZEICHNUNG

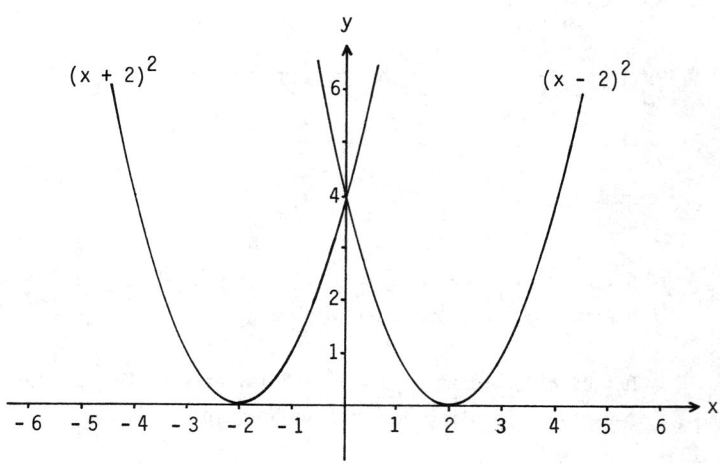

Hugendubel
Die Welt der Bücher
Frankfurt
Tel. 0 18 03 - 48 44 84

31.05.2001

3770154444
DuMont Extra: Berlin 2001 12,90 *
3482566755
Hoffmann,S.:Mathematische Gru 36,00 *

ZWISCHENSUMME 48,90
Bargeld 50,00

gegeben: 50,00 RÜCKGELD 1,10-

* incl. 7%MwSt aus 48,90 = 3,20

Kaufsumme : DM 48,90

EUR 25,00

Vielen Dank für Ihren Einkauf!
Dieser Beleg gilt als Quittung.

#295067 / KASSE 02 / 0 232 19:53

Das Bild der Funktion $y = (x + 2)^2$ ist eine um 2 Einheiten in negative x-Richtung verschobene Normalparabel.

Das Bild der Funktion $y = (x - 2)^2$ ist eine um 2 Einheiten in positive x-Richtung verschobene Normalparabel.

ALLGEMEIN:

Das Bild einer Funktion der Form $y = m(x + a)^2$ ist eine Parabel, die gegenüber der Parabel $y = mx^2$ um - a Einheiten in x-Richtung verschoben ist. Der Scheitelpunkt liegt in (- a/0).

Das Bild einer Funktion der Form $y = m(x + a)^2 + b$ ist eine Parabel die gegenüber der Parabel $y = mx^2$ um b Einheiten in y-Richtung und um - a Einheiten in x-Richtung verschoben ist. Die Form der Funktionsgleichung

$$y = m(x + a)^2 + b$$

heißt Scheitelform, da man aus ihr unmittelbar die Koordinaten des Scheitelpunktes ablesen kann. Der Scheitelpunkt liegt in (- a/b). Ausmultiplizieren der Scheitelform ergibt:

$$y = \underbrace{mx^2}_{a_2} + \underbrace{2amx}_{a_1} + \underbrace{ma^2 + b}_{a_0}$$

Unter Verwendung der Bezeichnungen $a_0 = ma^2 + b$, $a_1 = 2am$, $a_2 = m$ ergibt sich die allgemeine Form einer Funktion 2. Grades.

$$y = a_2x^2 + a_1x + a_0$$

Will man eine Funktion 2. Grades, deren Funktionsgleichung in der allgemeinen Form gegeben ist, graphisch darstellen, ist eine Umwandlung in die Scheitelform hilfreich.

B 5 Gegeben ist folgende Funktion 2. Grades:

$$y = 2x^2 - 8x + 9$$

Zeichne das Bild der Funktion. Wandle dazu die Funktionsgleichung in die Scheitelform um.

LÖSUNG

$$y = 2x^2 - 8x + 9 \qquad | \text{ Ausklammern von } 2$$

$$y = 2(x^2 - 4x) + 9$$

Im nächsten Schritt wird in der Klammer zum vollständigen Quadrat ergänzt. Damit sich der Wert der rechten Seite nicht ändert, muß der gleiche Betrag wieder subtrahiert werden.

$$y = 2(x^2 - 4x + 4) + 9 - 2 \cdot 4$$

$$\underline{\underline{y = 2(x - 2)^2 + 1}}$$

Aus der Funktionsgleichung in Scheitelform kann man folgende Informationen entnehmen:

1. Es handelt sich um eine nach oben geöffnete Parabel ($m > 0$).
2. Sie ist gegenüber der Normalparabel gestreckt ($m > 1$).
3. Sie ist um eine Einheit in y-Richtung verschoben.
4. Sie ist um 2 Einheiten in x-Richtung verschoben.
5. Der Scheitelpunkt liegt in (2/1).

Nach diesen Informationen kann man gezielt den Wertebereich der Wertetafel um den x-Wert des Scheitelpunktes anordnen.

1. WERTETAFEL

x	- 1	0	1	2	3	4	5
$2x^2 - 8x + 9$	19	9	3	1	3	9	19

2. ZEICHNUNG

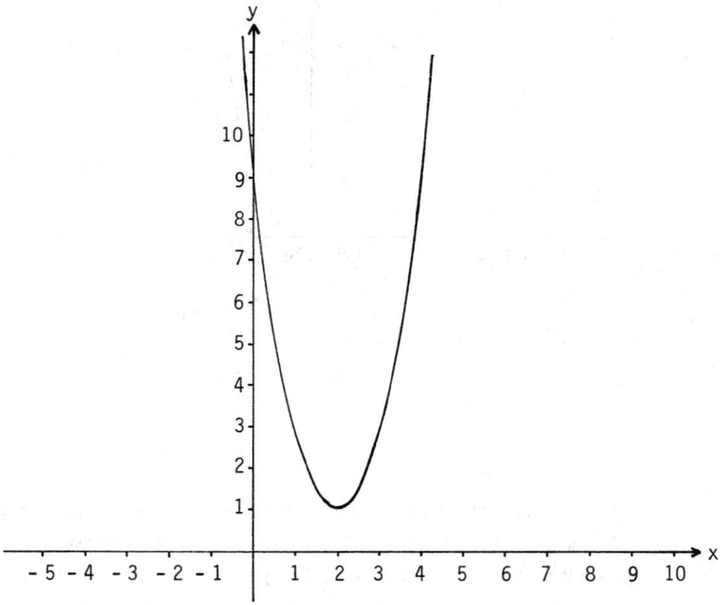

5.3.2 DARSTELLUNG VON PARABELN 3. GRADES

B 6 Zeichne das Bild der Funktion $y = x^3$.

1. WERTETAFEL

x	-2	-1	$-\frac{1}{2}$	0	$\frac{1}{2}$	1	2
x^3	-8	-1	$-\frac{1}{8}$	0	$\frac{1}{8}$	1	8

2. ZEICHNUNG

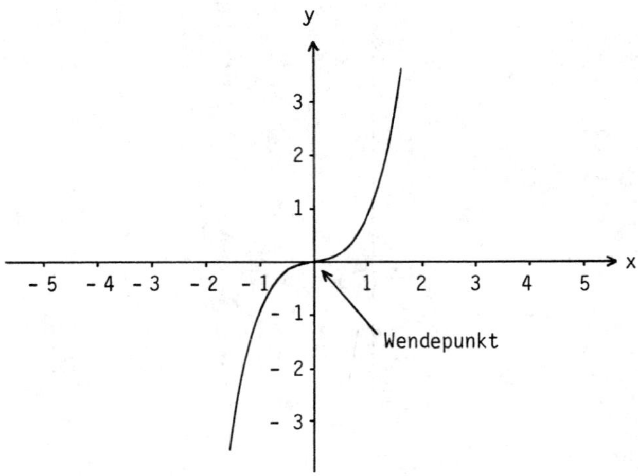

Das Bild der Funktion $y = x^3$ heißt Wendeparabel. Sie verläuft im I. und III. Quadranten und geht durch den Koordinatenursprung. Im negativen Bereich ist sie rechtsgekrümmt, sie ändert im Ursprung ihre Krümmung und ist im positiven Bereich linksgekrümmt. Die Wendeparabel verläuft punktsymmetrisch zum Ursprung.

Das Bild einer Funktion der Form $y = mx^3$ ist eine gestauchte ($m < 1$) oder gestreckte ($m > 1$) Wendeparabel. Für positive Werte von m verläuft die Funktion im I. und III. Quadranten, für negative m im II. und IV. Quadranten.

Das Bild einer Funktion der Form $y = mx^3 + b$ ist eine gegenüber der Funktion $y = mx^3$ um b Einheiten in y-Richtung verschobene Wendeparabel.

Das Bild einer Funktion der Form $y = m(x + a)^3 + b$ ist eine in x- und y-Richtung verschobene Wendeparabel. Die Koordinaten des Wendepunktes sind (- a/b).

Die allgemeine Form einer Funktion 3. Grades lautet:

$$y = a_3x^3 + a_2x^2 + a_1x + a_0$$

5.3.3 PARABELN HÖHERER ORDNUNG

B 7 Zeichne das Bild der Funktionen $y = x^2$ und $y = x^4$ in ein Koordinatensystem.

1. WERTETAFEL

x	- 2	- 1	$-\frac{1}{2}$	0	$\frac{1}{2}$	1	2
x^2	4	1	$\frac{1}{4}$	0	$\frac{1}{4}$	1	4
x^4	16	1	$\frac{1}{16}$	0	$\frac{1}{16}$	1	16

2. ZEICHNUNG

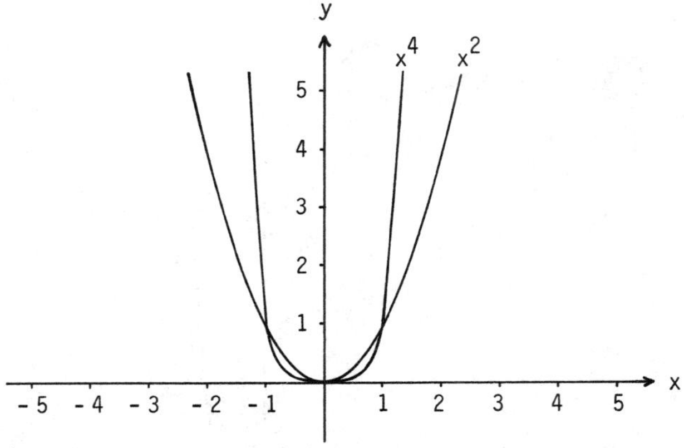

Wie das Bild der Funktion $y = x^2$ ist auch das Bild der Funktion $y = x^4$ eine Parabel, die achsensymmetrisch zur y-Achse verläuft. Sie ist eine Parabel 4. Ordnung.

ALLGEMEIN:

Das Bild einer Funktion der Form $y = x^{2n}$ für n = 1, 2, 3, ... ist für gerade positive Exponenten eine Kurve, die achsensymmetrisch zur y-Achse verläuft. Man bezeichnet sie als Parabel 2., 4., 6., ... Ordnung.

B 8 Zeichne das Bild der Funktionen $y = x^3$ und $y = x^5$ in ein Koordinatensystem.

1. WERTETAFEL

x	- 1,50	- 1	$-\frac{1}{2}$	0	$\frac{1}{2}$	1	1,50
x^3	- 3,38	- 1	$-\frac{1}{8}$	0	$\frac{1}{8}$	1	3,38
x^5	- 7,59	- 1	$-\frac{1}{32}$	0	$\frac{1}{32}$	1	7,59

2. ZEICHNUNG

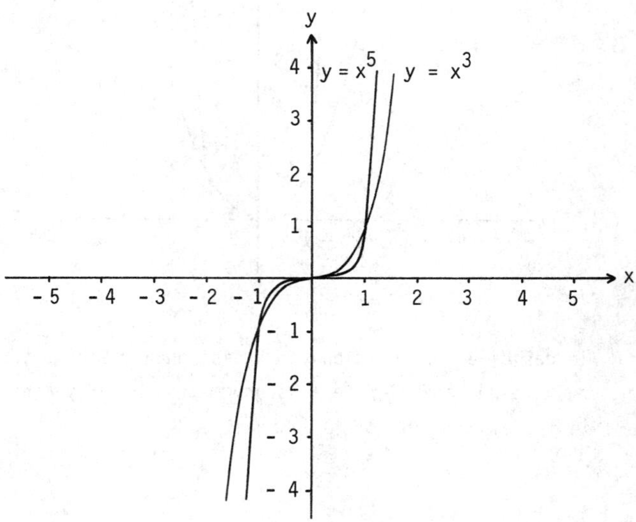

Wie das Bild der Funktion $y = x^3$ verläuft auch das Bild der Funktion $y = x^5$ punktsymmetrisch zum Koordinatenursprung. Man bezeichnet das Bild als Parabel 5. Ordnung.

ALLGEMEIN:

Das Bild einer Funktion der Form $y = x^{2n+1}$ für n = 1, 2, 3, ... ist für ungerade positive Exponenten eine Kurve, die punktsymmetrisch zum Ursprung verläuft und im Ursprung ihren Wendepunkt hat.

5.3.4. ÖKONOMISCHE ANWENDUNG

B 9 Für einen Betrieb gelte folgende Preis-Absatzfunktion:

$$p(x) = -10x + 160$$

Ermittle die Umsatzfunktion und zeichne beide Funktionen in ein Koordinatensystem.

Für den Umsatz U gilt: $U = px$
Für den Betrieb gilt: $p = -10x + 160$

Man erhält als Umsatzfunktion des Betriebes:

$$U(x) = (-10x + 160)x$$

$$\underline{\underline{U(x) = -10x^2 + 160x}}$$

1. WERTETAFEL

x	0	2	4	6	8	1	12	14	16	Stück/Periode
U	0	280	480	600	640	600	480	280	0	DM/Periode

2. ZEICHNUNG

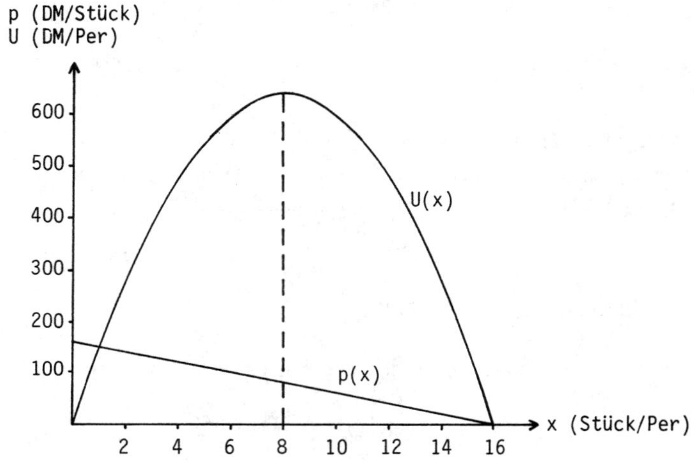

Bei einem Preis von 160 DM und darüber wird nichts abgesetzt, der Umsatz ist dementsprechend Null. Liegt der Preis unter 160 DM pro Stück, so steigt der Absatz linear bis zur maximalen Nachfrage von 16 Stück/Periode. Diese Sättigungsnachfrage von 16 Stück/Periode kann nur erreicht werden, wenn der Preis auf Null gesunken ist, daher ist auch der Umsatz an dieser Stelle Null.

Der Umsatz steigt zunächst mit zunehmendem Absatz an, erreicht ein Maximum bei einer abgesetzten Menge von 8 Stück, sinkt mit weiter zunehmender Absatzmenge und fällt auf Null bei einer Menge von 16 Stück.

Bei der Umsatzfunktion handelt es sich um eine nach unten geöffnete Parabel 2. Grades. Die Parabel ist symmetrisch zu der Achse, die parallel zur Ordinate durch den Scheitelpunkt (Umsatzmaximum) verläuft. Das Umsatzmaximum liegt also in der Mitte zwischen den beiden Nullstellen.

Auch Kosten- und Gewinnfunktionen können Funktionen 2. Grades sein.

B 10 Ein Produktionsverfahren sei durch folgende progressive Kostenfunktion gekennzeichnet:

$$K(x) = \frac{1}{3}x^2 + 30x + 2\,475 \qquad \text{(DM/Per)}$$

Für das hergestellte Produkt gelte folgende Preis-Absatzfunktion:

$$p(x) = -\frac{10}{3}x + 250 \qquad \text{(DM/Stck)}$$

a) Ermittle Umsatz- und Gewinnfunktion.

b) Zeichne Umsatz-, Kosten- und Gewinnfunktion in ein Koordinatensystem.

c) In welchem Bereich der abgesetzten Menge werden positive Gewinne erzielt, und bei welcher Menge ist der Gewinn maximal?

LÖSUNG

a) Die Umsatzfunktion ergibt sich aus U = px:

$$\underline{\underline{U(x) = -\frac{10}{3}x^2 + 250x}} \qquad \text{(DM/Per)}$$

Die Gewinnfunktion ergibt sich aus G = U - K:

$$G(x) = -\frac{10}{3}x^2 + 250x - \frac{1}{3}x^2 - 30x - 2\,475$$

$$\underline{\underline{G(x) = -\frac{11}{3}x^2 + 220x - 2\,475}} \qquad \text{(DM/Per)}$$

b) WERTETAFEL

x	0	15	30	37,5	45	60	75
U	0	3 000	4 500	4 687,50	4 500	3 000	0
K	2 475	3 000	3 675	4 068,75	4 500	5 475	6 600
G	- 2 475	0	825	618,75	0	- 2 475	- 6 600

Hinweis zur Anfertigung der Wertetafel:

Die Wertetafel sollte den Bereich zwischen den Nullstellen der Umsatzfunktion umfassen. Die Nullstellen der Umsatzfunktion ermittelt man, indem man den Umsatz Null setzt.

$$U = 0 = -\frac{10}{3}x^2 + 250x$$

$$0 = x(-\frac{10}{3}x + 250)$$

$$\underline{\underline{x_{01} = 0}}$$

$$\underline{\underline{x_{02} = 75}}$$

Wir wissen weiterhin: Bedingt durch die Symmetrieverhältnisse bei Parabeln liegt das Umsatzmaximum in der Mitte zwischen den Nullstellen, also bei 37,5. Damit hat man drei markante Punkte der Umsatzfunktion (Nullstellen und Scheitelpunkt).

Weitere wichtige Punkte sind die Nullstellen und der Scheitelpunkt der Gewinnfunktion (siehe unter c).

ZEICHNUNG

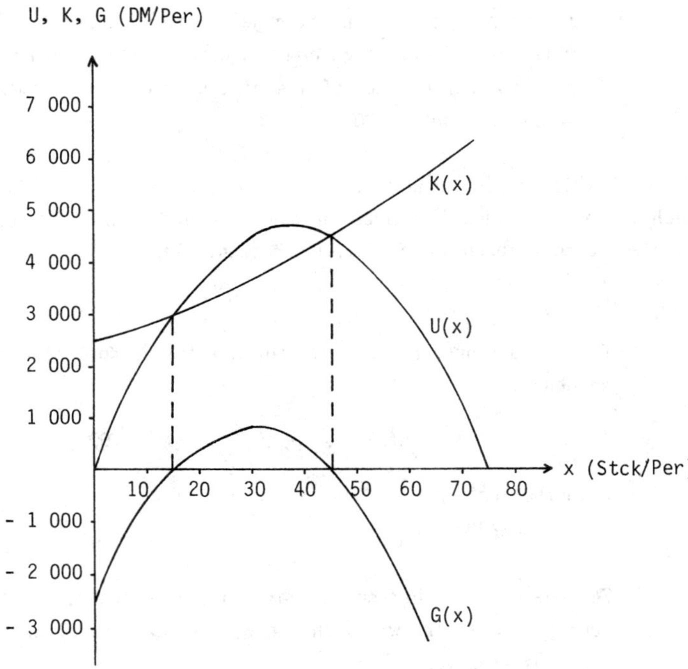

c) Um zu erfahren, in welchem Bereich Gewinne erzielt werden, muß man Gewinnschwelle und -grenze ermitteln. Dazu berechnet man zunächst die Nullstellen der Gewinnfunktion:

$$G = -\frac{11}{3}x_0^2 + 220x_0 - 2\,475 = 0 \qquad \Big| : -\frac{11}{3}$$

$$x_0^2 - 60x_0 + 675 = 0$$

$$x_{0\,1,2} = 30 \pm \sqrt{900 - 675}$$

$$\underline{\underline{x_{0\,1} = 15}}$$

$$\underline{\underline{x_{0\,2} = 45}}$$

Werden zwischen 15 und 45 Stück des hergestellten Produktes abgesetzt, so erzielt der Betrieb einen positiven Gewinn.

Wie bei der Umsatzfunktion handelt es sich auch bei der Gewinnfunktion um eine nach unten geöffnete Parabel. Die gewinnmaximale Absatzmenge liegt demnach genau zwischen den beiden Nullstellen. Für das Beispiel ergibt sich eine gewinnmaximale Absatzmenge von x = 30.

In der Praxis werden neben linearen und quadratischen Kostenfunktionen auch Kostenfunktionen 3. Grades verwendet. Funktionen 3. Grades eignen sich zur Beschreibung von S-förmigen Kostenverläufen.

B 11 Ein Produktionsverfahren sei durch folgende Kostenfunktion gekennzeichnet:

$$K(x) = x^3 - 18x^2 + 120x + 200$$

K in TDM/Periode
x in TStck/Periode

Zeichne das Bild der Kostenfunktion und versuche, aus der Zeichnung zu ermitteln, wie sich die Grenzkosten bei zunehmender Produktionsmenge verhalten.

1. WERTETAFEL

x	0	2	4	6	8	10	12	14	x (TStck/Per)
K	200	376	456	488	520	600	776	1 096	K (TDM/Per)

2. ZEICHNUNG

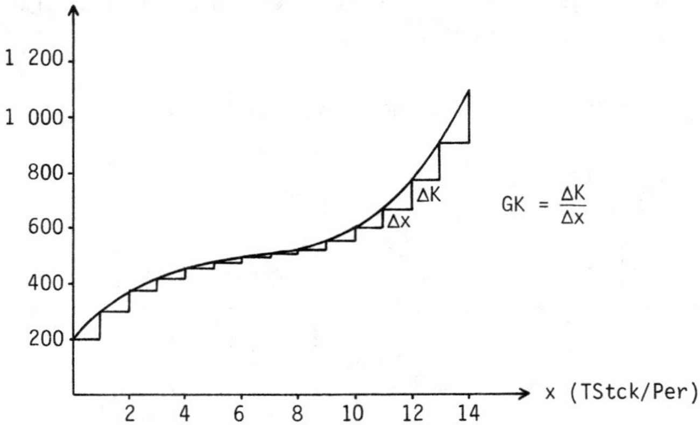

Die Entwicklung der Grenzkosten, die angeben, um welchen Betrag die Gesamtkosten steigen, wenn die Produktion um eine Einheit ausgedehnt wird, läßt sich beurteilen, wenn man an die Kostenkurve Stützdreiecke einzeichnet. Die Grenzkosten erhält man dann als Verhältnis der Gegenkathete ΔK zur Ankathete Δx dieser Stützdreiecke[1].

Im unteren Stückzahlenbereich fallen die Grenzkosten bei zunehmender Stückzahl, bis eine Produktion von 8 000 Stück erreicht ist. Danach steigen die Grenzkosten mit zunehmender Stückzahl zunächst unterproportional bis ca. x = 8 und dann überproportional (= progressiv).

1 Zu den Bezeichnungen im rechtwinkligen Dreieck:

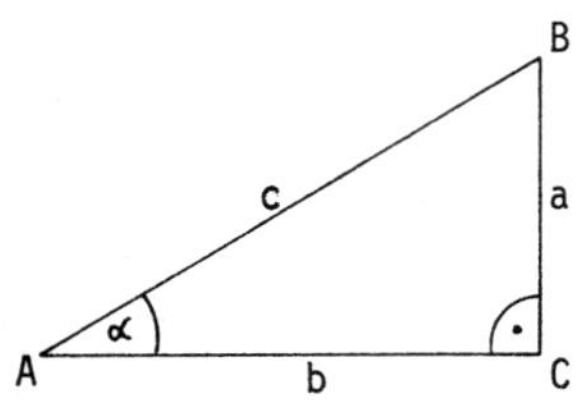

c = Hypothenuse, dem rechten Winkel gegenüberliegende Seite

a = Gegenkathete, dem Winkel α gegenüberliegende Seite

b = Ankathete, dem Winkel α anliegende Seite

5.4 HYPERBELN

5.4.1 DARSTELLUNG

B 1 Als Beispiel für eine Hyperbel betrachten wir die Funktion mit der Funktionsgleichung $y = \frac{1}{x}$.

Zeichne das Bild der Funktion $y = x^{-1} = \frac{1}{x}$.

1. WERTETAFEL

x	± 5	± 4	± 3	± 2	± 1	$\pm \frac{1}{2}$	$\pm \frac{1}{3}$	$\pm \frac{1}{4}$	$\pm \frac{1}{5}$
y	$\pm \frac{1}{5}$	$\pm \frac{1}{4}$	$\pm \frac{1}{3}$	$\pm \frac{1}{2}$	± 1	± 2	± 3	± 4	± 5

Zu beachten ist, daß die Funktion nicht definiert ist für $x = 0$, da an dieser Stelle der Nenner 0 wäre. Aus der Wertetafel ist bereits zu erkennen, daß der Funktionswert umso größer wird, je näher der x-Wert an Null liegt. Läßt man x gegen Null streben, strebt der Funktionswert gegen unendlich. Nähert sich der x-Wert der Null von der negativen Seite, strebt der Funktionswert gegen minus unendlich. Nähert man sich der Null vom positiven Bereich, wächst der Funktionswert ins positiv Unendliche.

Man sagt, die Funktion $y = \frac{1}{x}$ hat an der Stelle $x = 0$ eine Polstelle (Unendlichkeitsstelle) mit Vorzeichenwechsel.

2. ZEICHNUNG

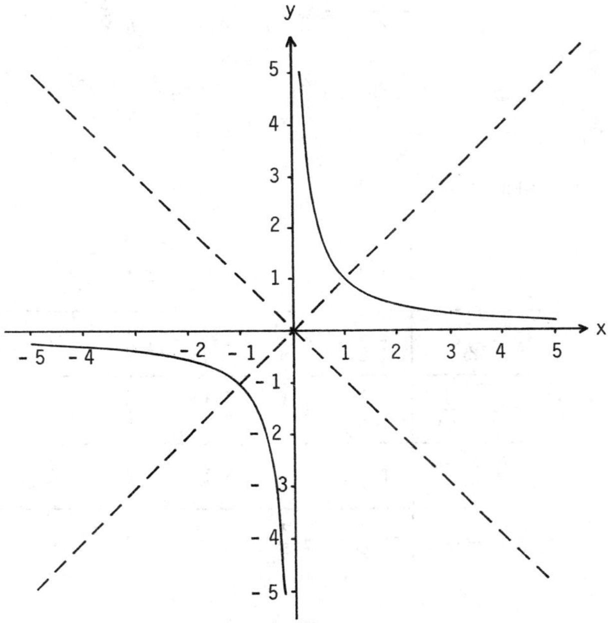

Das Bild der Funktion $y = \frac{1}{x}$ besteht aus zwei Ästen, die im I. und III. Quadranten verlaufen. Die Hyperbeläste sind

- punktsymmetrisch zum Koordinatenursprung,
- achsensymmetrisch zur I. und
- zur II. Winkelhalbierenden.
- Sie nähern sich asymptotisch[1] den Koordinatenachsen.

Wegen der senkrecht aufeinanderstehenden Asymptoten wird das Bild der Funktion als rechtwinklige Hyperbel bezeichnet.

---

1 asymptotos (griech.) = nicht zusammenfallend.

B 2 Zeichne die Bilder der Funktionen:

$$y = \frac{1}{2}x^{-1} = \frac{1}{2x} \qquad y = -\frac{1}{2}x^{-1} = -\frac{1}{2x}$$

$$y = 2x^{-1} = \frac{2}{x} \qquad y = -2x^{-1} = -\frac{2}{x}$$

1. WERTETAFEL

x	± 4	± 3	± 2	± 1	$\pm \frac{1}{2}$	$\pm \frac{1}{3}$	$\pm \frac{1}{4}$
$y = \frac{1}{2x}$	$\pm \frac{1}{8}$	$\pm \frac{1}{6}$	$\pm \frac{1}{4}$	$\pm \frac{1}{2}$	± 1	$\pm \frac{3}{2}$	± 2
$y = -\frac{1}{2x}$	$\mp \frac{1}{8}$	$\mp \frac{1}{6}$	$\mp \frac{1}{4}$	$\mp \frac{1}{2}$	∓ 1	$\mp \frac{3}{2}$	∓ 2
$y = \frac{2}{x}$	$\pm \frac{1}{2}$	$\pm \frac{2}{3}$	± 1	± 2	± 4	± 6	± 8
$y = -\frac{2}{x}$	$\mp \frac{1}{2}$	$\mp \frac{2}{3}$	∓ 1	∓ 2	∓ 4	∓ 6	∓ 8

2. ZEICHNUNG

$y = \frac{2}{x}$

$y = \frac{1}{2x}$

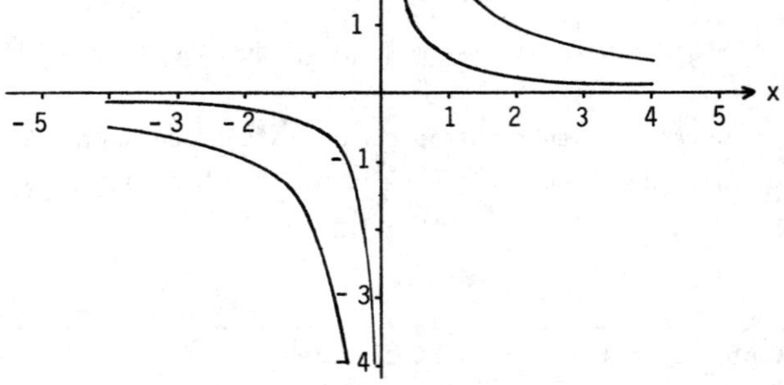

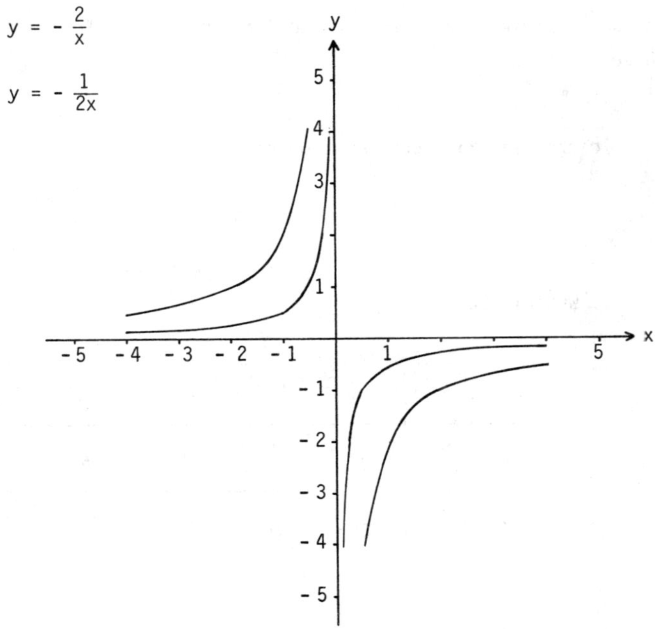

Bei den Bildern der gezeichneten Funktionen handelt es sich um rechtwinklige Hyperbeln, mit den gleichen Symmetrieeigenschaften wie $y = \frac{1}{x}$.

ALLGEMEIN:

Das Bild einer Funktion der Form $y = ax^{-1}$ ist eine rechtwinklige Hyperbel. Die Hyperbeläste sind punktsymmetrisch zum Ursprung und achsensymmetrisch zu beiden Winkelhalbierenden. Für $a > 0$ verlaufen die Äste im I. und III. Quadranten, für $a < 0$ im II. und IV. Quadranten. Für $|a| > 1$ sind die Hyperbeläste gegenüber $y = x^{-1}$ gedehnt, für $0 < |a| < 1$ sind die Hyperbeläste gestaucht.

Für $x = 0$ ist die Funktion $y = ax^{-1}$ nicht definiert. An der Stelle $x = 0$ hat sie eine Polstelle mit Vorzeichenwechsel. Die Kurve nähert sich der y-Achse, ohne sie zu schneiden. Man sagt die Kurve nähert sich asymptotisch der y-Achse. Für x gegen unendlich nähert sich die Kurve asymptotisch der x-Achse.

B 3 Zeichne das Bild der Funktionen:

$$y = x^{-2} \qquad \text{und} \qquad y = x^{-4}$$

1. WERTETAFEL

x	± 3	± 2	± 1	$\pm \frac{1}{2}$	$\pm \frac{1}{4}$
$y = x^{-2}$	$\frac{1}{9}$	$\frac{1}{4}$	1	4	16
$y = x^{-4}$	$\frac{1}{81}$	$\frac{1}{16}$	1	16	256

2. ZEICHNUNG

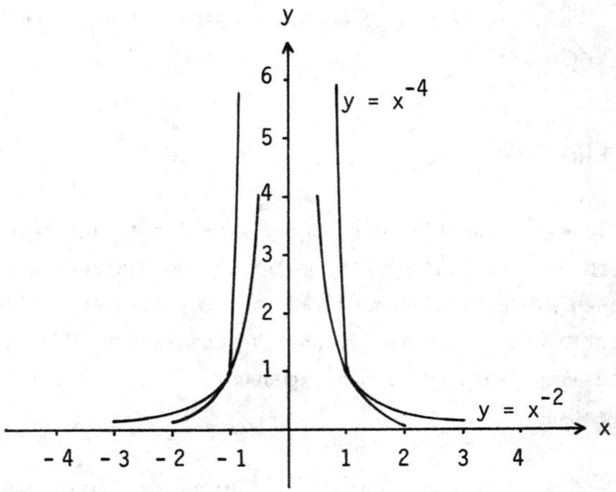

Die Bilder der Funktionen $y = x^{-2}$ und $y = x^{-4}$ sind Hyperbeln, deren Äste im ersten und zweiten Quadranten verlaufen. Für $x = 0$ sind die Funktionen nicht definiert. An der Stelle $x = 0$ liegen Polstellen ohne Vorzeichenwechsel vor. Die Hyperbeläste verlaufen achsensymmetrisch zur y-Achse. Sie nähern sich asymptotisch den Koordinatenachsen, wobei sie sich der x-Achse schneller nähern als der y-Achse.

ALLGEMEIN:

Jede Funktion der Form $y = ax^{-2n}$ für $n = 1, 2, 3, \ldots$ und $x \neq 0$ ist eine Hyperbel, die achsensymmetrisch zur y-Achse verläuft. Für $a > 0$ liegen die Hyperbeläste im I. und II. Quadranten, für $a < 0$ im III. und IV. Quadranten. Sie nähern sich für $n > 1$ asymptotisch schneller der x-Achse als der y-Achse.

B 4 Zeichne das Bild der Funktionen:

$$y = x^{-1} \qquad \text{und } y = x^{-3}$$

1. WERTETAFEL

x	± 3	± 2	± 1	$\pm \frac{1}{2}$	$\pm \frac{1}{4}$
$y = x^{-1}$	$\pm \frac{1}{3}$	$\pm \frac{1}{2}$	± 1	± 2	± 4
$y = x^{-3}$	$\pm \frac{1}{27}$	$\pm \frac{1}{8}$	± 1	± 8	± 64

2. ZEICHNUNG

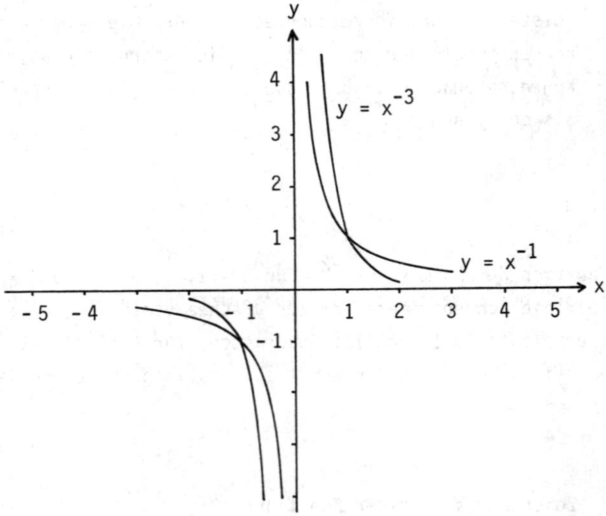

Die Bilder der gezeichneten Funktionen sind Hyperbeln, deren Äste punktsymmetrisch zum Ursprung verlaufen. Die Äste liegen im I. und III. Quadranten. Sie nähern sich asymptotisch der x- und der y-Achse. Die Funktion $y = x^{-3}$ nähert sich schneller der x-Achse als der y-Achse.

ALLGEMEIN:

Jede Funktion der Form $y = ax^{-(2n-1)}$ für $n = 1, 2, 3, \ldots$ und $x \neq 0$ ist eine Hyperbel, die punktsymmetrisch zum Ursprung verläuft. Für $a > 0$ verlaufen die Äste im I. und III. Quadranten, für $a < 0$ im II. und IV. Quadranten.

5.4.2 ÖKONOMISCHE ANWENDUNG

STÜCKKOSTENFUNKTIONEN

Im Betrieb ist nicht nur die Entwicklung der Gesamtkosten mit zunehmender Produktionsmenge von Interesse, sondern auch die Entwicklung der Stückkosten k in Abhängigkeit von der Produktionsmenge x. Die Stückkosten errechnen sich aus den Gesamtkosten, indem man durch die Stückzahl dividiert. Es gilt:

$$k = \frac{K}{x}$$

Setzen sich die Gesamtkosten aus variablen und fixen Kosten zusammen, so setzen sich die Stückkosten entsprechend aus den variablen Stückkosten $k_v = \frac{K_v}{x}$ und den anteiligen Fixkosten $k_f = \frac{K_f}{x}$ zusammen.

$$K = K_v + K_f$$

$$k = \frac{K}{x} = \frac{K_v}{x} + \frac{K_f}{x}$$

$$k = k_v + k_f$$

Die Stückkostenfunktion erhält man, indem man die Kostenfunktion durch x dividiert.

B 5 Gegeben ist folgende lineare Kostenfunktion:

$$K(x) = 3 + 2x$$

a) Wie lautet die Stückkostenfunktion k(x)?

b) Stelle die Stückkostenfunktion graphisch dar.

c) Zeige in einer Tabelle wie sich die fixen Stückkosten k_f und die variablen Stückkosten k_v entwickeln.

LÖSUNG

a) Die Kostenfunktion lautet K(x) = 3 + 2x.
Für die Stückkostenfunktion gilt:

$$k(x) = \frac{K(x)}{x} = \frac{3}{x} + \frac{2x}{x}$$

$$\underline{\underline{k(x) = \frac{3}{x} + 2}}$$

b) Der Funktionsgleichung läßt sich bereits entnehmen, daß es sich bei der Stückkostenfunktion um eine Hyperbel handelt, die in k-Richtung verschoben ist.

1. WERTETAFEL

x	1	2	3	4	5	6
k	5	3,5	3	$2\frac{3}{4}$	$2\frac{3}{5}$	$2\frac{1}{2}$

Der ökonomisch sinnvolle Bereich bei der Darstellung der Stückkostenfunktion beginnt bei einer produzierten Stückzahl von einer Einheit.

2. ZEICHNUNG

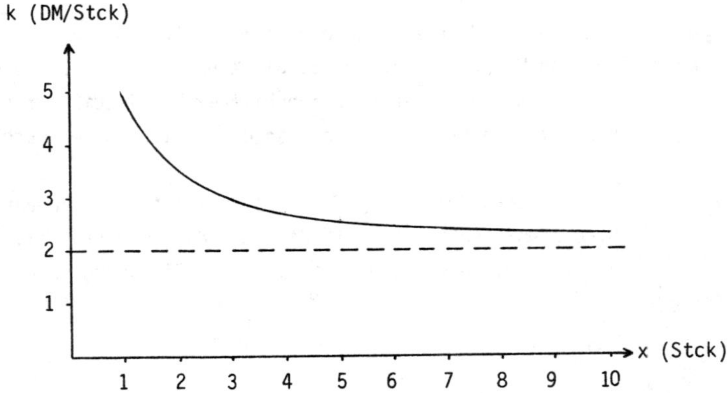

Das Bild der Stückkostenfunktion ist eine Hyperbel, die sich asymptotisch der Parallelen zur x-Achse im Abstand 2 nähert.

c) Es gilt $k_f = \frac{3}{x}$ und $k_v = 2$.

x	1	2	3	4	5	6	10	100
k_v	2	2	2	2	2	2	2	2
k_f	3	1,5	1	0,75	0,6	0,5	0,3	0,03

Die variablen Stückkosten betragen im Beispiel konstant 2 DM/Stck. Die anteiligen Fixkosten fallen mit zunehmender Produktionsmenge, da der Fixkostenblock auf mehr Einheiten verteilt werden kann. Die anteiligen Fixkosten streben mit steigender Produktionsmenge gegen Null. Die gesamten Stückkosten nähern sich mit steigender Menge den variablen Stückkosten. Die Stückkostenfunktion nähert sich daher asymptotisch der variablen Stückkostenfunktion. Im Beispiel gilt $k_v(x) = 2 =$ constant.

5.5 WURZELFUNKTIONEN

5.5.1 DARSTELLUNG

Wurzelfunktionen sind Funktionen der Form $y = f(x) = \sqrt[n]{x} = x^{\frac{1}{n}}$. Bei der Darstellung von Wurzelfunktionen ist die Kenntnis der Bedeutung der Umkehrfunktion einer gegebenen Funktion hilfreich. Die Umkehrfunktion einer gegebenen Funktion erhält man, wenn man die Variablen vertauscht.

B 1 Zur linearen Funktion $y = 2x + 1$ ergibt sich so zunächst für die Umkehrfunktion $x = 2y + 1$. Will man die Umkehrfunktion graphisch darstellen, so empfiehlt es sich, die Gleichung nach y aufzulösen.

$$y = \frac{1}{2}x - \frac{1}{2}$$

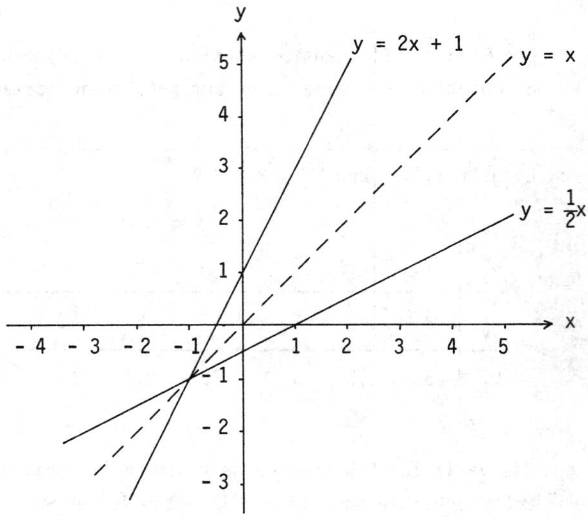

Das Bild der Umkehrfunktion zu einer gegebenen Funktion erhält man, wenn man das Bild der Funktion an der 1. Winkelhalbierenden $y = x$ spiegelt.

B 2 Kehrt man die Funktion $y = x^2$ um, so erhält man $x = y^2$. Die Gleichung $x = y^2$ ist nur definiert für $x \geq 0$. Bei der Umkehrung einer gegebenen Funktion wird der Definitionsbereich der Funktion zum Wertebereich der Umkehrfunktion. Es ergibt sich dann als Umkehrfunktion die Wurzelfunktion $y = \sqrt{x}$. Das Bild der Funktion $y = \sqrt{x}$ erhält man durch Spiegelung des Bildes der Funktion $y = x^2$ für $x \geq 0$ an der ersten Winkelhalbierenden.

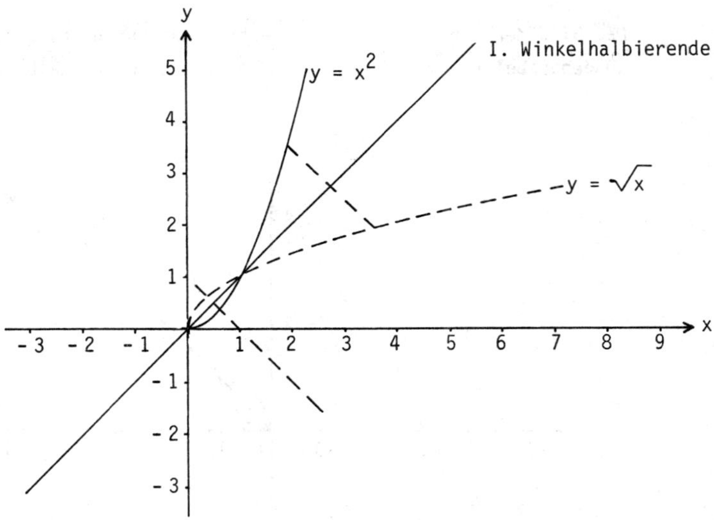

ALLGEMEIN:

Bildet man die Umkehrfunktion zu einer Potenzfunktion mit ganzzahligem positiven Exponenten für $x \geq 0$, so erhält man eine Wurzelfunktion.

$$y = x^n \qquad x \geq 0$$

Umkehrfunktion: $x = y^n$

$$y = \sqrt[n]{x}$$

Der Wertebereich der Umkehrfunktion ist auf $x \geq 0$ beschränkt, da Wurzeln nur für positive Radikanden definiert sind.

B 3 Zeichne das Bild der Funktion $y = \sqrt[3]{x}$.
Durch Vertauschen der Variablen erhält man:

$$x = \sqrt[3]{y}$$

$$y = x^3$$

Das Bild der Funktion $y = \sqrt[3]{x}$ erhält man durch Spiegelung der Wendeparabel $y = x^3$ für $x > 0$ an der ersten Winkelhalbierenden.

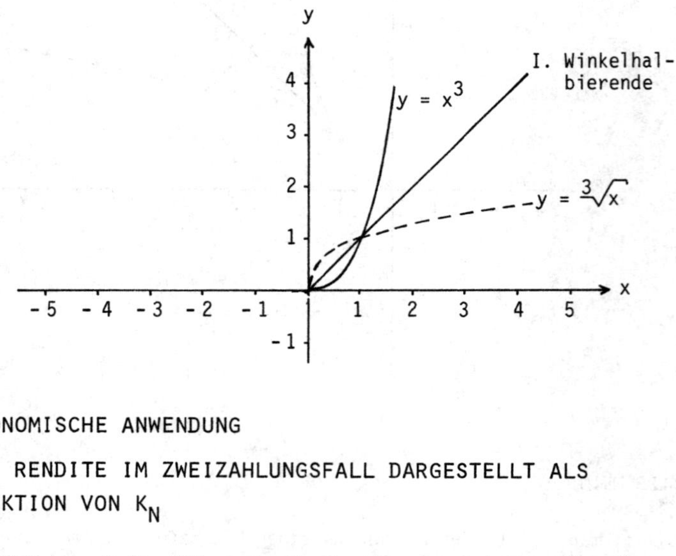

5.5.2 ÖKONOMISCHE ANWENDUNG

5.5.2.1 DIE RENDITE IM ZWEIZAHLUNGSFALL DARGESTELLT ALS FUNKTION VON K_N

Unter 2.2 B 25 (siehe Seite 30) wurde die Bestimmungsgleichung für die Rendite im Zweizahlungsfall abgeleitet.

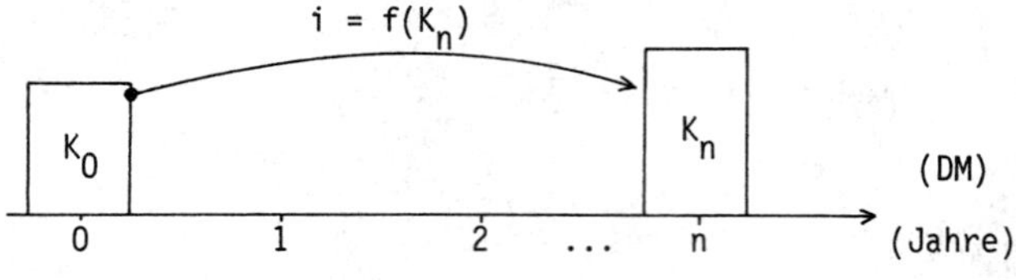

Es gilt: $i = \sqrt[n]{\frac{K_n}{K_0}} - 1$

In folgendem Beispiel soll ermittelt werden, wie sich die Rendite i in Abhängigkeit von der Zahlung K_n (Endkapital) verhält.

B 3 Ein Anleger möchte einen Betrag von 10 000 DM für 4 Jahre anlegen. Er möchte wissen, wie hoch die Verzinsung seines eingesetzten Kapitals K_0 bei verschiedenen Endwerten K_4 ist.

GEGEBEN: K_0 = 10 000 DM

n = 4 Jahre

Für die Rendite i ergibt sich:

$$i(K_4) = \sqrt[4]{\frac{K_4}{10\,000}} - 1$$

$$i(K_4) = \frac{\sqrt[4]{K_4}}{10} - 1$$

1. WERTETAFEL

K_4	0	5 000	10 000	15 000	20 000	30 000	40 000	100 000
i	- 1	- 0,16	0	0,11	0,19	0,32	0,41	0,78

2. ZEICHNUNG

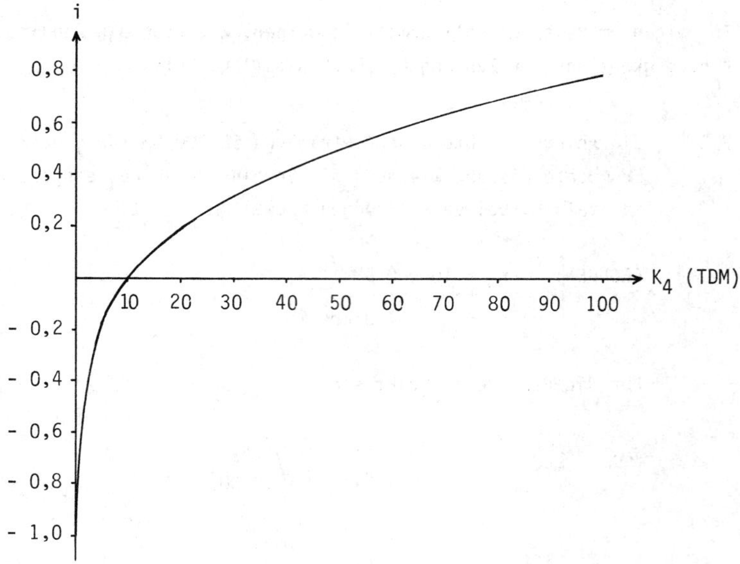

Aus Wertetafel und Zeichnung ist folgendes zu erkennen: Erhält der Anleger nach 4 Jahren kein Geld zurück, so entspricht das einer Verzinsung von - 1 (- 100 %). Erhält er genau 10 000 DM nach Ablauf der 4 Jahre, so entspricht das einer Verzinsung von 0; er bekommt genau soviel zurück, wie er eingesetzt hat. Erhält er nach 4 Jahren mehr als 10 000 DM zurück, erzielt er eine positive Verzinsung. Die Zinszuwächse werden jedoch mit steigendem Endkapital immer geringer.

5.5.2.2 DEGRESSIVE KOSTENFUNKTIONEN

Stellt man in einem Betrieb einen degressiven Gesamtkostenverlauf fest, so läßt sich der Kostenverlauf gelegentlich durch eine Wurzelfunktion beschreiben[1].

1 Vgl. J. SCHWARZE, Mathematik für Wirtschaftswissenschaftler, Band 2, 10. Aufl., Herne/Berlin 1996.

B 4 Die Kostenfunktion einer Einproduktunternehmung laute:

$$K(x) = 10\sqrt{x} + 100 \qquad (DM/Per)$$

Stelle die Kostenfunktion graphisch dar und beschreibe die Entwicklung der Grenzkosten mit zunehmender Produktionsmenge.

1. WERTETAFEL

x	0	9	16	25	36	49	64
K	100	130	140	150	160	170	180

2. ZEICHNUNG

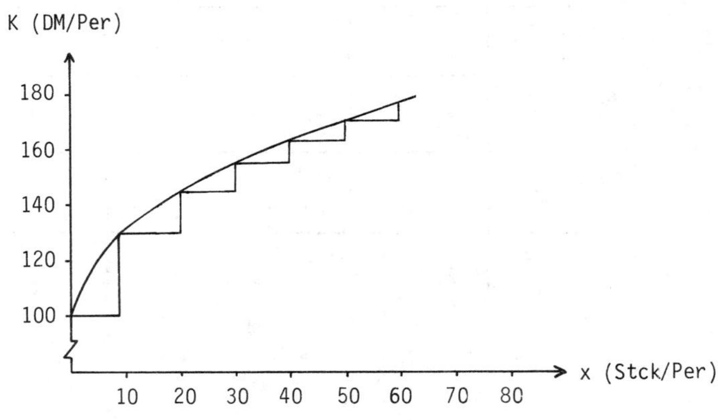

Aus der Darstellung erkennt man, daß die Grenzkosten (= Kostenzuwächse pro zusätzlich produzierter Mengeneinheit) mit steigender Produktionsmenge abnehmen. Bei einem derartigen Kostenverlauf erkennt man den Vorteil der Massenproduktion. Degressive Kostenverläufe ergeben sich z. B. dann, wenn mit zunehmender Ausbringungsmenge Rohstoffe aufgrund von Mengenrabatten günstiger eingekauft werden können.

5.6 Exponential- und Logarithmusfunktionen

5.6.1 Darstellung von Exponentialfunktionen

Man spricht von einer Exponentialfunktion, wenn in der Funktionsgleichung die unabhängige Variable im Exponent steht. Die allgemeine Form einer Exponentialfunktion lautet:

$$y = a^x \qquad a > 0 \quad \text{und} \quad a \neq 1$$

B 1 Zeichne die Bilder der Funktionen:

$$y = 2^x \qquad y = 3^x \qquad y = \left(\frac{1}{2}\right)^x \qquad y = \left(\frac{1}{3}\right)^x$$

1. WERTETAFEL

x	- 3	- 2	- 1	0	1	2	3
2^x	$\frac{1}{8}$	$\frac{1}{4}$	$\frac{1}{2}$	1	2	4	8
3^x	$\frac{1}{27}$	$\frac{1}{9}$	$\frac{1}{3}$	1	3	9	27
$\left(\frac{1}{2}\right)^x$	8	4	2	1	$\frac{1}{2}$	$\frac{1}{4}$	$\frac{1}{8}$
$\left(\frac{1}{3}\right)^x$	27	9	3	1	$\frac{1}{3}$	$\frac{1}{9}$	$\frac{1}{27}$

2. ZEICHNUNG

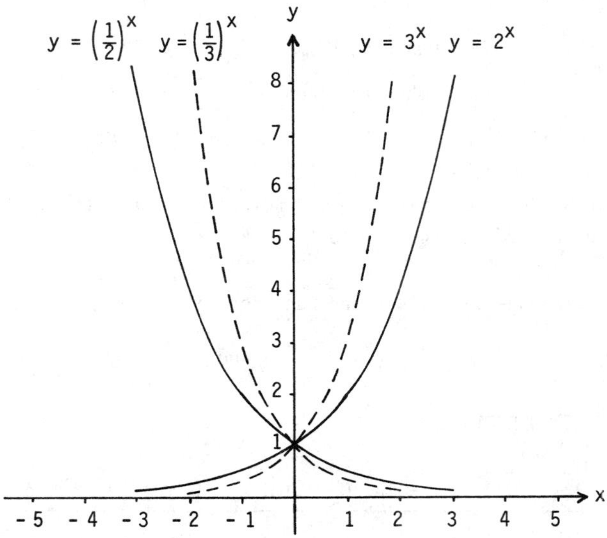

ALLGEMEIN:

Das Bild einer Exponentialfunktion der Form $y = a^x$ für $a > 0$ verläuft im I. und II. Quadranten, also oberhalb der x-Achse. Die Funktionen gehen alle durch (0/1). Für $a > 1$ nähern sie sich asymptotisch der negativen x-Achse und für $a < 1$ nähern sie sich asymptotisch der positiven x-Achse. Für $a = 1$ ergibt sich eine Parallele zur x-Achse im Abstand 1.

Die Funktionen $y = a^x$ und $y = \left(\frac{1}{a}\right)^x$ verlaufen achsensymmetrisch zur y-Achse.

Für $a < 0$ ist die Funktion $y = a^x$ nicht definiert.

5.6.2 DARSTELLUNG VON LOGARITHMUSFUNKTIONEN

Bildet man zu der Funktion $y = a^x$ die Umkehrfunktion, so erhält man eine Logarithmusfunktion.

Funktion	$y = a^x$
Umkehrfunktion	$x = a^y$
	$y = \log_a x$

Ähnlich wie bei der Umkehrung der Potenzfunktion ist auch die Logarithmusfunktion nur für $x > 0$ definiert.

B 2 Zeichne die Bilder der Funktionen:

$$y = 2^x \qquad \text{und} \qquad y = \log_2 x$$

1. WERTETAFEL

x	- 2	- 1	0	0,2	0,5	1	2	4	6	8
2^x	$\frac{1}{4}$	$\frac{1}{2}$	1	1,15	1,41	2	4	16	64	256
$\log_2 x$	nicht definiert			- 2,32	- 1	0	1	2	2,59	3

Die Funktionswerte zu $y = \log_2 x$ berechnet man am besten unter Verwendung von Zehnerlogarithmen.

Die äquivalente Funktion zu $y = \log_2 x$ lautet:

$$x = 2^y$$

Gesucht sei der Funktionswert für $x = 6$.

In die Funktionsgleichung eingesetzt ergibt sich:

$$6 = 2^y \qquad |\ \lg$$

$$\lg 6 = y \lg 2$$

$$y = \frac{\lg 6}{\lg 2}$$

$$y = \frac{0{,}7782}{0{,}301}$$

$$\underline{\underline{y = 2{,}59}}$$

2. ZEICHNUNG

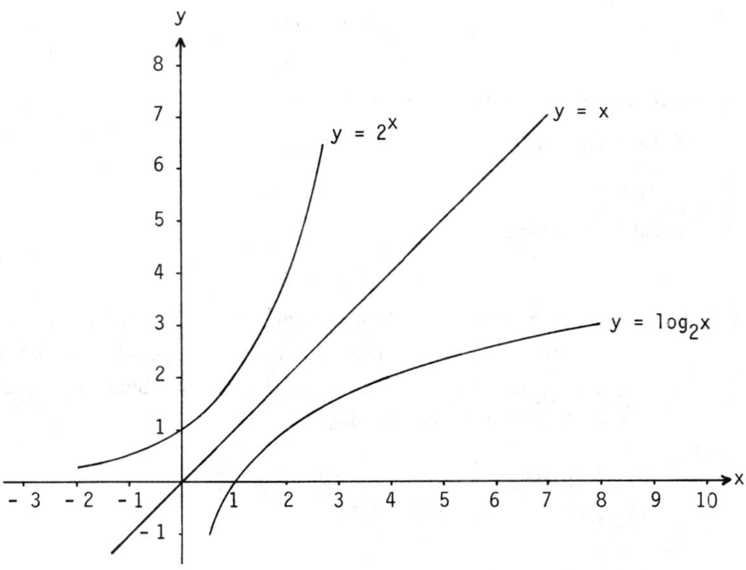

ALLGEMEIN:

Das Bild der Logarithmusfunktion $y = \log_a x$ erhält man durch Spiegelung der Funktion $y = a^x$ an der I. Winkelhalbierenden. Funktionen der Form $y = \log_a x$ verlaufen im I. und IV. Quadranten und gehen durch den Punkt (1/0). Für $a > 1$ nähern sie sich asymptotisch der negativen y-Achse, für $a < 1$ nähern sie sich asymptotisch der positiven y-Achse. Für $a < 0$ ist die Funktion $y = \log_a x$ nicht definiert.

5.6.3 ÖKONOMISCHE ANWENDUNG

Exponentialfunktionen spielen in den Wirtschaftswissenschaften als Wachstumsfunktionen eine Rolle. Bereits in Kapitel 1 (siehe unter 1.2, S. 19 f.) haben wir uns mit einem Wachstumsvorgang beschäftigt. Wir haben uns gefragt, auf welchen Wert ein gegebener Geldbetrag K_0 in bestimmter Zeit anwächst, wenn er jährlich mit einem bestimmten Satz verzinst wird, wobei die Zinsen dem Betrag jeweils am Jahresende zugeschlagen werden. Es ergab sich folgende Beziehung:

$$K_n = K_0(1+i)^n$$

K_n = Betrag nach n Jahren

K_0 = Anfangsbetrag

i = Zinssatz

n = Anzahl der Jahre

B 3 Ein Anleger bringt 100 DM zur Bank und erhält auf diesen Betrag 10 % Zinsen. Die Zinsen werden dem Kapital jeweils am Jahresende zugeschlagen. Stelle die Entwicklung des Geldbetrages in den ersten 5 Jahren graphisch dar.

LÖSUNG

1. FUNKTIONSGLEICHUNG

$$K_n = K_n(n) = 100 \cdot 1{,}1^n \qquad \text{für } n = 1, 2, 3, \ldots$$

2. WERTETAFEL

n	1	2	3	4	5
K_n	110	121	133,1	146,4	161,1

Da der Zuwachs nur am Jahresende stattfindet, erhält man ein treppenförmiges Bild der Funktion. Wir haben es mit einem diskontinuierlichen oder unstetigen Wachstum zu tun.

3. ZEICHNUNG

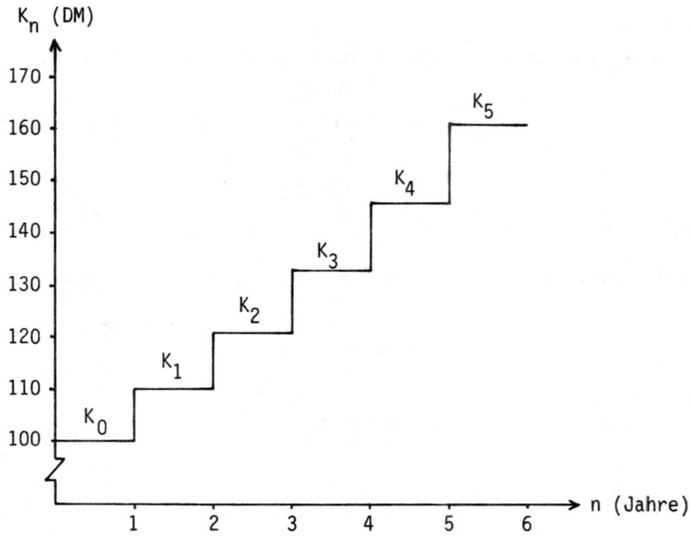

Wird dem Kapital halbjährlich jeweils 5 % an Zinsen zugeschlagen, so ergibt sich folgendes Bild:

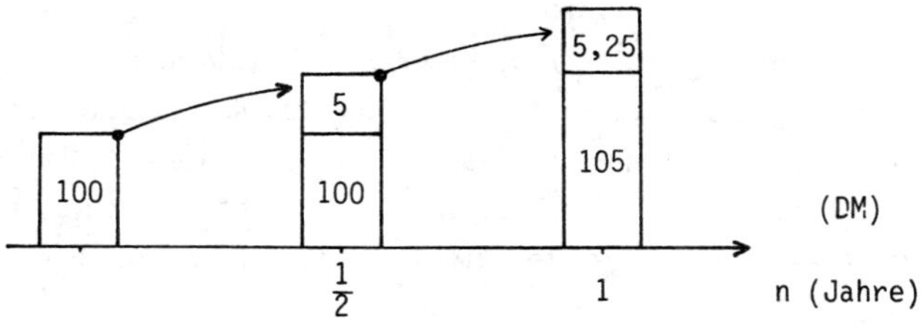

Nach einem halben Jahr ist der Betrag K_0 angewachsen auf

$$K_{0,5} = K_0(1 + \frac{i}{2}) = 100 \cdot 1{,}05 = \underline{\underline{105}}$$

Nach einem Jahr beträgt das Kapital

$$K_1 = K_0(1 + \frac{i}{2})^2 = 100 \cdot 1{,}05^2 = \underline{\underline{110{,}25}}$$

Das Kapital entwickelt sich in den nächsten Jahren wie folgt:

$$K_2 = K_0(1 + \frac{i}{2})^4 = 100 \cdot 1{,}05^4 = \underline{\underline{121{,}55}}$$

$$K_3 = K_0(1 + \frac{i}{2})^6 = 100 \cdot 1{,}05^6 = \underline{\underline{134{,}01}}$$

Für den Fall halbjährlicher Zinstermine ergibt sich allgemein:

$$K_n = K_0(1 + \frac{i}{2})^{2n}$$

← Anzahl der Zinsperioden (Exponent $2n$)

↑ Halbjahreszinssatz (für $\frac{i}{2}$)

ALLGEMEIN:

Existieren pro Jahr m Zinsperioden, und werden dem Kapital in jeder Zinsperiode Zinsen in Höhe von $\frac{i}{m}$ zugeschlagen, dann gilt für das Kapital K_n nach n Jahren:

$$K_n = K_0(1 + \frac{i}{m})^{mn}$$

Werden die Zinsen nicht erst am Ende einer Zinsperiode dem Kapital zugeschlagen, sondern wachsen dem Kapital in jedem Augenblick zu, spricht man von einer stetigen Verzinsung. Die Dauer der Zinsperiode ist dann unendlich kurz, die Anzahl der Zinsperioden m pro Jahr ist demnach unendlich groß. Um eine Aussage über K_n unter diesen Umständen machen zu können, muß man den obigen Ausdruck für den Fall untersuchen, daß m über alle Grenzen wächst. Für diese Betrachtung ist folgende Umformung sinnvoll:

$$K_n = K_0(1 + \frac{i}{m})^{m \cdot n}$$

$$K_n = K_0(1 + \frac{i}{m})^{\frac{m}{i} \cdot n \cdot i}$$

$$K_n = K_0\left[(1 + \frac{i}{m})^{\frac{m}{i}}\right]^{n \cdot i}$$

In dem gefundenen Ausdruck sind K_0, i und n feststehende Größen. Es bleibt zu untersuchen, wie sich der Ausdruck $(1 + \frac{i}{m})^{\frac{m}{i}}$ entwickelt, wenn m gegen unendlich strebt.

Der Mathematiker Euler (1707 - 1783) hat bewiesen, daß der Ausdruck $(1+\frac{i}{m})^{\frac{m}{i}}$ für m gegen unendlich einem Grenzwert zustrebt, der als unendlicher nichtperiodischer Dezimalbruch auf beliebig viele Stellen berechnet werden kann. Diesen Grenzwert bezeichnet man als Eulersche Zahl e. Es gilt:

$$\boxed{e = 2{,}71828...}$$

Anstelle eines mathematischen Beweises soll dieser Zusammenhang durch folgende Zahlenwerte verdeutlicht werden:

Für i = 1 ergibt sich für

$m = 1$	$(1 + 1)$	$= 2$
$m = 10$	$(1 + \frac{1}{10})^{10}$	$= 2{,}5$
$m = 10^2$	$(1 + \frac{1}{10^2})^{100}$	$= 2{,}7048$
$m = 10^7$	$(1 + \frac{1}{10^7})^{10\,000\,000}$	$= 2{,}718282$

Für die stetige Verzinsung ergibt sich damit folgende Beziehung:

$$K_n = K_0 \cdot e^{i \cdot n}$$ STETIGE VERZINSUNG

K_0 = Ausgangsgröße

i = Jahreszinssatz

n = Anzahl der Jahre

K_n = Größe nach n Jahren

Die stetige Verzinsung eines Geldbetrages spielt in der Wirtschaftspraxis keine Rolle. Mit Funktionen der Form $y = y_0 \cdot e^{rn}$ läßt sich aber natürliches Wachstum, etwa das Wachstum einer Bevölkerung, beschreiben.

$$y_n = y_0 \cdot e^{rn}$$ WACHSTUMSFUNKTION

Dabei entspricht e^r dem Zinsfaktor für ein Jahr $1 + i$.

B 4 Die Bevölkerung eines Landes ist im vergangenen Jahr von 9,8 auf 10 Millionen Menschen angewachsen. Stelle die Bevölkerungsentwicklung für die nächsten 50 Jahre dar. Dabei ist von einer gleichbleibenden Wachstumsrate auszugehen.

1. ERMITTLUNG DER WACHSTUMSRATE r

$$e^r = \frac{10}{9{,}8} \qquad | \ln$$

$$r \cdot \ln e = \ln \frac{10}{9{,}8}$$

$$r = \ln \frac{10}{9{,}8}$$

$$r = 0{,}0202$$

2. AUFSTELLEN DER WACHSTUMSFUNKTION

$$B_n = 10 \cdot e^{0{,}0202n} \qquad \text{(in Mio)}$$

3. WERTETAFEL

n	5	10	15	20	25	30	35	40	45	50
B_n	11,1	12,2	13,5	15	16,6	18,3	20,3	22,4	24,8	27,5

4. ZEICHNUNG

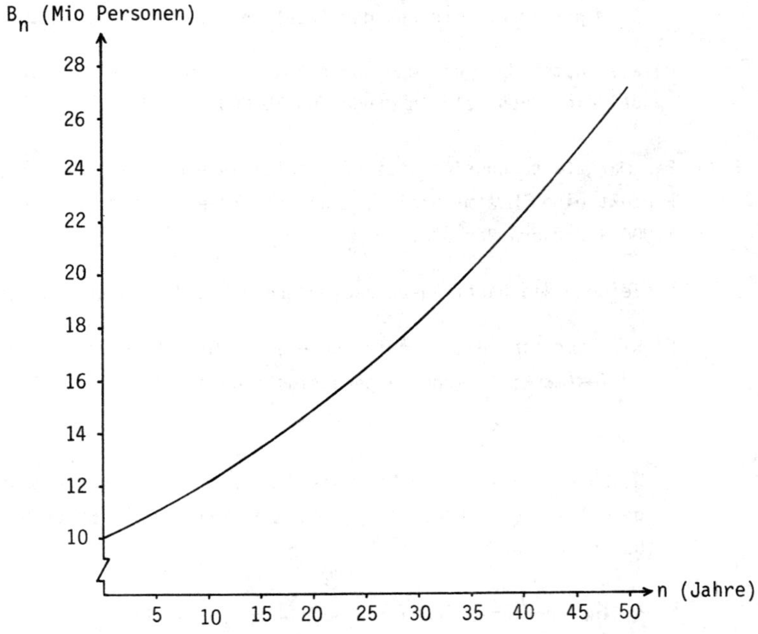

5.7 FRAGEN UND AUFGABEN

5.1 Zeichne die Bilder folgender Funktionen:

a) $y = 2x - 3$ b) $y = 4x$ c) $x = 2$ d) $y = 6$ e) $y = -3x + 2$

5.2 Ein Betrieb ermittelte in seiner Kostenrechnung für die Abrechnungsperioden Oktober und November folgende Daten:

Monat	Oktober	November	
Gesamtkosten K	110 000	95 000	(DM)
Produktionsmenge x	20 000	15 000	(Stck)

a) Zeichne die Kostengerade. Wie lautet die Funktionsgleichung in der Zwei-Punkte-Form und in der Normalform?

b) Wie lautet die Umsatzfunktion, wenn mit einem Stückpreis von 8 DM gerechnet wird und der Absatz preisunabhängig ist?

c) Wie lautet dann die Gewinnfunktion, und wie hoch wäre der Gewinn bei einer abgesetzten Menge von 25 000 Stück?

5.3 Ein Marktforschungsinstitut ermittelte in einem Testmarkt für ein Produkt einen Maximalpreis von 250 DM und eine Sättigungsmenge von 1 000 Stück pro Periode.

a) Zeichne die Nachfragegerade und berechne die Funktionsgleichung.

b) Wie hoch sind Gleichgewichtspreis und Gleichgewichtsmenge, wenn im Testmarkt folgende Angebotsfunktion gilt:

$$p = 40 + 0{,}5x_a$$

c) Welcher staatliche Höchstpreis darf maximal für das Produkt festgelegt werden, wenn ein Angebotsüberhang von 180 Stück nicht überschritten werden soll?

5.4 Eine Einproduktunternehmung produzierte in der letzten Periode 25 000 Stück Komfortbleistiftanspitzer. Die Gesamtkosten der Periode betrugen 200 000 DM. Davon waren 150 000 DM fixe Kosten.

a) Zeichne die Kostenfunktion und stelle die Funktionsgleichung für den Fall auf, daß eine lineare Kostenfunktion angenommen wird.

b) Wie hoch ist der Gewinn, wenn der Verkaufspreis 5 DM/Stück beträgt und 70 000 Stück produziert und abgesetzt werden können?

c) Was geschieht, wenn der Verkaufspreis unter 2 DM/Stück sinkt?

5.5 Bei der Herstellung von 100 Einbauküchen entstehen Gesamtkosten in Höhe von 270 000 DM. Die variablen Kosten betragen 1 500 DM pro Küche. Die Küchen werden für 2 500 DM/Stück verkauft. Ermittle zeichnerisch und rechnerisch den Kostenverlauf und die Gewinnschwelle unter der Annahme einer linearen Kostenfunktion.

5.6 Der Preis für eine Flasche Gerstenkorn-Pilsener beträgt 90 Pfennig. Die fixen Kosten der Brauerei betrugen in den vergangenen Abrechnungsperioden 300 000 DM pro Monat, die variablen Stückkosten wurden mit 40 Pfennig/Flasche ermittelt.

a) Wieviel Flaschen müssen pro Monat mindestens hergestellt und verkauft werden, damit die Brauerei Gewinn erzielt?

b) Wie hoch ist der Gewinn, wenn an der Kapazitätsgrenze von 2 Millionen Flaschen pro Monat produziert wird?

5.7 Stelle folgende Funktionen graphisch dar:

a) $y = x^2$ b) $y = -\frac{x^2}{2}$ c) $y = -\frac{3}{2}x^2 - 2$ d) $y = (x + 3)^2$

5.8 Wandle folgende Funktionsgleichungen in die Scheitelform um und stelle die Funktionen graphisch dar:

a) $y = x^2 + 2x + 3$ b) $y = 2x^2 - 8x + 9$ c) $y = -3x^2 + 12x - 9$

5.9 Berechne die Nullstellen der Funktionen in 5.7 und 5.8, soweit vorhanden.

5.10 Stelle folgende Funktionen graphisch dar:

a) $y = (x + 2)^3$ b) $y = -2x^3$ c) $y = (x - 3)^3 + 2$

5.11 Wie lautet die Umsatzfunktion zu folgenden Preis-Absatzfunktionen:

a) $p = 100 - 2x$ b) $p = 50$ c) $p = 750 - 10x$

5.12 Der Präsident eines Bundesligavereins denkt angesichts steigender Kosten über eine Preisveränderung bei den Eintrittskarten nach. Aus der Vergangenheit weiß man, daß bei einem Eintrittspreis von durchschnittlich 15 DM pro Spiel im Schnitt 45 000 Zuschauer kamen. Bei einem Preis von 20 DM waren es noch 40 000 Zuschauer.

a) Wie lautet die Nachfragefunktion nach Eintrittskarten unter der Annahme einer linearen Nachfragefunktion?

b) Der Preis beträgt im Augenblick 20 DM pro Karte. Soll der Preis gesenkt oder erhöht werden, wenn das Ziel eine Umsatzsteigerung ist? Zeichne zur Beantwortung dieser Frage Nachfrage- und Umsatzfunktion in ein Koordinatenkreuz.

c) Bei welchem Preis würde maximaler Umsatz erzielt? Lies diesen Preis aus der Zeichnung ab.

5.13 Eine Fabrik stellt Staubsauger her. Die Gesamtkosten berechnen sich wie folgt:

$$K(x) = \frac{1}{3}x^2 + 30x + 1\,000$$

Zur Feststellung der Nachfrage wurde eine Marktuntersuchung durchgeführt, deren Ergebnis aus folgender Tabelle zu entnehmen ist.

p	50	100	150	250	DM/Gerät
x	60	45	30	0	Gerät/Woche

a) Zeichne die Nachfragefunktion und ermittle die zugehörige Funktionsgleichung.

b) Ermittle Umsatz- und Gewinnfunktion.

c) Zeichne Umsatz-, Kosten- und Gewinnfunktion in e i n Koordinatensystem.

d) Schätze aus der Zeichnung, wieviele Geräte wöchentlich hergestellt werden müssen, damit

1. der Umsatz,

2. der Gewinn maximal wird.

e) In welchem Bereich werden positive Gewinne erzielt?

5.14 Ermittle zeichnerisch und wenn möglich rechnerisch die Gewinnschwelle und Gewinngrenze, wenn folgende Kosten- und Nachfragefunktionen gelten:

a) $K = 6x + 40$ und $p = 30 - 2x$

b) $K = 2x^2 + 5x + 238$ und $p = 53$

c) $K = 10x^3 - 5x^2 + 2x + 100$ und $p = 400 - 80x$

5.15 Stelle folgende Funktionen graphisch dar:

a) $y = \frac{2}{x}$ b) $y = 3 + \frac{1}{x}$ c) $y = x + \frac{1}{x^2}$

5.16 Zeichne die Kostenfunktion und die Stückkostenfunktion:

a) $K = 5 + 3x$ b) $K = 10 + 0{,}5x$ c) $K = \frac{1}{4}x^2 + 20$

5.17 Bilde zu folgenden Funktionen die Umkehrfunktion. Zeichne Ausgangsfunktion und Umkehrfunktion.

a) $y = 2x^2$ b) $y = \frac{1}{2}x^3$ c) $y = \frac{1}{4}x^2$

5.18 Zeichne das Bild der Funktion $y = \sqrt{x}$ und lies folgende Wurzelwerte ab:

a) $\sqrt{2}$ b) $\sqrt{3}$ c) $\sqrt{5}$

5.19 Die Rendite im Zweizahlungsfall berechnet sich wie folgt:

$$i = \sqrt[n]{\frac{K_n}{K_o}} - 1$$

Ein Investor kauft heute Gold im Werte von 100 000 DM. Nach 5 Jahren will er das Gold wieder verkaufen.

a) Stelle den Sachverhalt am Zeitstrahl dar.

b) Stelle die Rendite r als Funktion des Wiederverkaufspreises K_n dar (Funktionsgleichung und graphische Darstellung).

5.20 Der Holzbestand eines jungen Waldes wurde mit 75 m^3/ha ermittelt. Man kann mit einem jährlichen Zuwachs von 2,5 % rechnen. Stelle die Entwicklung des Holzbestandes mit Hilfe einer Wachstumsfunktion dar.

6 REIHENLEHRE

6.1 Arithmetische Folge und arithmetische Reihe

Wenn Zahlen nach einem bestimmten Gesetz aufeinanderfolgen, spricht man von einer Zahlenfolge.

B 1	2; 4; 6; 8; 10	ZAHLENFOLGEN
B 2	0; 3; 6; 9; 12	
B 3	2; 4; 8; 16; 32	
B 4	$1; \frac{1}{2}; \frac{1}{8}; \frac{1}{16}; \frac{1}{32}$	

Die einzelnen Zahlen heißen Glieder der Zahlenfolge. Werden diese Glieder addiert, so spricht man von einer Reihe.

B 5	2 + 4 + 6 + 8 + 10	REIHEN
B 6	2 + 4 + 8 + 16 + 32	

D 1

> Man spricht von einer arithmetischen Folge, wenn die Differenz aufeinanderfolgender Glieder immer gleich groß ist.
>
> | a | a + d | a + 2d | ... | a + (n - 1)d |
> |---|---|---|---|---|
> | 1. Glied | 2. Glied | 3. Glied | ... | n-tes Glied = letztes Glied |
>
> a = Anfangsglied
> d = Differenz aufeinanderfolgender Glieder
> n = Anzahl der Glieder

Bei steigenden Folgen ist die Differenz d positiv.

B 7 1; 2; 3; 4; 5 d = 1

Bei fallenden Folgen ist die Differenz d negativ.

B 8 10; 8; 6; 4 d = - 2

Werden die Glieder einer arithmetischen Folge addiert, so erhält man eine arithmetische Reihe. Häufig benötigt man den Wert s (Summe der einzelnen Glieder) der arithmetischen Reihe. Die Berechnung der Summe wird umso langwieriger, je größer die Anzahl der Glieder ist. Deshalb liegt es nahe, eine Formel zur vereinfachten Berechnung abzuleiten. Diese Formel soll der große Mathematiker Karl Friedrich Gauß (1777 - 1855) schon als Junge in der Volksschule entdeckt haben.

Es wird folgende Anekdote berichtet:

Der kleine Gauß besuchte die Schule noch nicht lange, als der Lehrer seine Klasse dadurch beschäftigen wollte, daß er alle ganzen Zahlen von 1 bis 100 addieren ließ. Gauß war zum großen Erstaunen des Lehrers nach kurzer Zeit fertig. Er rechnete wie folgt:

$$1 + 2 + 3 + 4 + 5 \; ... + 50 + 51 \; ... + 98 + 99 + 100 =$$

$$(1 + 100) + (2 + 99) + (3 + 98) + (4 + 97) \; ... + (50 + 51) = 50 \cdot 101 = 5050$$

Dieses von Gauß entdeckte Verfahren läßt sich folgendermaßen verallgemeinern. Man schreibe die Reihe zweimal in allgemeiner Form untereinander, einmal vorwärts und einmal rückwärts. Dabei ist es zur Vereinfachung zweckmäßig, das letzte Glied mit z zu bezeichnen. Es soll gelten: $z = a + (n - 1)d$. Anschließend werden beide Zeilen addiert.

$$\begin{array}{rl} s = & a + a + d + a + 2d + a + 3d + \dots + a + (n-2)d + z \\ s = & z + z - d + z - 2d + z - 3d + \dots + z - (n-2)d + a \\ \hline 2s = & a + z + a + z + a + z + a + z + \dots + a + z + a + z \end{array}$$

$$2s = n(a + z)$$

R 1

SUMMENFORMEL DER ARITHMETISCHEN REIHE

$$s = \frac{n}{2}(a + z) = \frac{n}{2}\left[2a + (n - 1)d\right]$$

B 9 Berechne die Größe des letzten Gliedes und die Summe einer arithmetischen Reihe mit:

$a = 3$
$d = 5$
$n = 200$

LÖSUNG:

$z = a + (n - 1)d$

$z = 3 + 199 \cdot 5$

$\underline{\underline{z = 998}}$

$s = \frac{n}{2}(a + z)$

$s = 100(3 + 998)$

$\underline{\underline{s = 100\,100}}$

B 10 Ein Angestellter erhält ein jährliches Gehalt von 25 000 DM. Nach Ablauf eines jeden Jahres erhöht sich sein Gehalt um 1 200 DM. Wie hoch ist sein Gehalt im 15. Jahr und wieviel DM hat er bis dahin insgesamt verdient?

LÖSUNG:

$a = 25\,000$
$d = 1\,200$
$n = 15$
$z = ?$
$s = ?$

$z = a + (n - 1)d$

$z = 25\,000 + 14 \cdot 1\,200$

$\underline{\underline{z = 41\,800}}$

$s = \frac{n}{2}(a + z)$

$s = 7{,}5(25\,000 + 41\,800)$

$\underline{\underline{s = 501\,000}}$

Im 15. Jahr beträgt das Gehalt 41 800 DM. Der Gesamtverdienst beträgt 501 000 DM.

6.2 Geometrische Folge und geometrische Reihe

D 2

> Man spricht von einer geometrischen Reihe oder Folge, wenn der Quotient aufeinanderfolgender Glieder immer gleich groß ist.
>
> | | | | | |
> |---|---|---|---|---|
> | a | aq | aq^2 | ... | aq^{n-1} |
> | 1. Glied | 2. Glied | 3. Glied | ... | n-tes Glied |
>
> a = Anfangsglied
> q = Quotient aufeinanderfolgender Glieder
> n = Anzahl der Glieder

B 11 2; 4; 8; 16; 32 $q = 2$

B 12 1; $\frac{1}{2}$; $\frac{1}{8}$; $\frac{1}{16}$; $\frac{1}{32}$ $q = \frac{1}{2}$

Zur Ermittlung der Summenformel für geometrische Reihen schreibt man diese in allgemeiner Form auf. Darunter schreibt man die gleiche Reihe, nachdem man die Gleichung mit q multipliziert hat. Anschließend subtrahiert man die zweite von der ersten Gleichung.

$$
\begin{array}{rl}
s = & a + aq + aq^2 + aq^3 \; \ldots \; + aq^{n-1} \\
sq = & \quad\;\, aq + aq^2 + aq^3 \; \ldots \; + aq^{n-1} + aq^n \\
\hline
s - sq = & a - aq^n \\
s(1 - q) = & a(1 - q)^n
\end{array}
$$

R 2

SUMMENFORMEL DER GEOMETRISCHEN REIHE

$$s = a\frac{1 - q^n}{1 - q} = a\frac{q^n - 1}{q - 1}$$

B 13 Ermittle die Summe einer geometrischen Reihe mit:

$$a = 5; \qquad q = \frac{3}{2}; \qquad n = 10$$

LÖSUNG

$$s = a\frac{q^n - 1}{q - 1}$$

$$s = 5\frac{1{,}5^{10} - 1}{1{,}5 - 1}$$

$$\underline{\underline{s = 566{,}65}}$$

B 14 Der Erfinder des Schachbrettes erbat sich als Belohnung für das erste Feld 2 Weizenkörner, für das zweite 4 Körner, für das dritte 8 Körner usw.

a) Wieviel Körner waren das insgesamt?

b) Wieviel Tonnen Weizen hätte das ergeben, wenn 20 000 Körner ein Kilogramm wiegen?

LÖSUNG

a) Es ergibt sich folgende geometrische Reihe, deren Summe gesucht ist:

$$s = 2 + 4 + 8 + 16 + 32 \quad \ldots \quad = ?$$

$a = 2$

$q = 2$

$n = 64$

$$s = a\frac{q^n - 1}{q - 1} = 2\frac{2^{64} - 1}{2 - 1} = \underline{\underline{3{,}6893489 \cdot 10^{19}}}$$

b) $3{,}6893489 \cdot 10^{19} : 20\,000\,000 = \underline{\underline{1{,}8446745 \cdot 10^{12}}}$

Die Anzahl der Körner beträgt $3{,}6893489 \cdot 10^{19}$. Das entspricht einem Gesamtgewicht von $1{,}8446745 \cdot 10^{12}$ Tonnen.

6.3 Unendliche geometrische Reihe

Hat eine geometrische Reihe unendlich viele Glieder, so ist die Summe dieser Reihe unendlich groß, wenn der Quotient q größer oder gleich 1 ist.

B 15 $s = 1 + 2 + 4 + 8 + 16 + \ldots = \infty$ $\qquad q > 1$

B 16 $s = 5 + 5 + 5 + 5 + 5 + \ldots = \infty$ $\qquad q = 1$

Liegt der Quotient q zwischen 0 und 1, dann strebt die Summe bei unendlich vielen Gliedern gegen eine bestimmte Zahl, genannt Grenzwert.

B 17 $s = 1 + \frac{1}{2} + \frac{1}{4} + \frac{1}{8} + \frac{1}{16} + \ldots = 2$ $0 < q < 1$

Ist der Quotient kleiner als 1, so werden auch die einzelnen Glieder der Reihe immer kleiner. Der Wert der einzelnen Glieder nähert sich immer mehr dem Wert Null.

Die Summe s einer solchen unendlichen geometrischen Reihe ergibt sich als Grenzwert (Limes[1]) für n gegen unendlich. Die mathematische Schreibweise lautet:

$$s = \lim_{n \to \infty} a \frac{1 - q^n}{1 - q}$$

(Sprich: Limes von a ... für n gegen unendlich.)

Für $0 < q < 1$ gilt $\lim_{n \to \infty} q^n = 0$. Die Summenformel läßt sich für diesen Fall folgendermaßen schreiben:

R 3

SUMMENFORMEL DER UNENDLICHEN GEOMETRISCHEN REIHE FÜR $0 < q < 1$
$s = \frac{a}{1 - q}$

B 18 Der große und der kleine Zeiger einer Uhr starten gemeinsam um 12 Uhr an der gleichen Stelle des Ziffernblattes. Wann hat der große Zeiger den kleinen Zeiger erstmals wieder eingeholt?

LÖSUNG

Nach einer Stunde ist der große Zeiger wieder am Ausgangspunkt angelangt. Der kleine Zeiger hat in dieser Zeit 1/12 des Weges zurückgelegt.

---

1 limes (lat.) = Grenze.

Zum durchqueren dieser Strecke benötigt der große Zeiger 1/12 Stunde. In dieser Zeit ist der kleine Zeiger um 1/144 des Weges (bezogen auf eine Runde) weiter. Die Zeit s, die der große Zeiger braucht, bis er den kleinen Zeiger eingeholt hat, setzt sich aus folgenden Teilzeiten einer Stunde zusammen:

$$s = 1 + \frac{1}{12} + \frac{1}{12^2} + \frac{1}{12^3} \quad \ldots$$

Die Summe dieser unendlichen geometrischen Reihe beträgt:

$$s = \frac{a}{1 - q}$$

$$s = \frac{1}{1 - \frac{1}{12}} = \frac{12}{11} = 1\frac{1}{11}$$

Der große Zeiger benötigt $1\frac{1}{11}$ Stunde (1 Stunde 5 Minuten 27,27 Sekunden) bis er den kleinen Zeiger eingeholt hat.

6.4 Ökonomische Anwendung

6.4.1 Aufzinsen und Abzinsen einmaliger Zahlungen

Ein ökonomisches Hauptanwendungsgebiet der Reihenlehre ist die Zinseszins- und Rentenrechnung. Im Kapitel 1, Seite 11 ff., haben wir den Aufzinsungsfaktor abgeleitet.

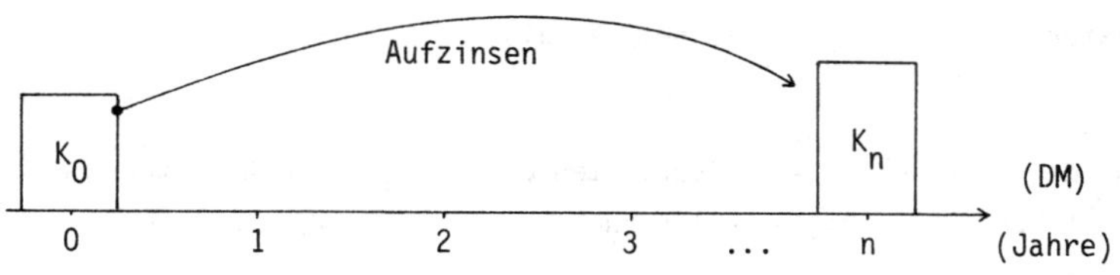

$$K_n = K_0(1 + i)^n = K_0 \cdot \text{AuF}$$

Mit Hilfe des Aufzinsungsfaktors kann man ermitteln, auf welchen Betrag K_n ein Kapital K_0 in n Jahren bei einem Zinssatz i angewachsen ist. Auf eine

Kurzform gebracht, kann man sagen, daß der Aufzinsungsfaktor eine einmalige Zahlung zum Zeitpunkt 0 in eine einmalige Zahlung zum Zeitpunkt n umrechnet.

Eine andere Fragestellung wäre: Welcher Betrag K_0 ist erforderlich, wenn sich nach n Jahren bei einem Zinssatz i ein bestimmtes Endkapital K_n ergeben soll oder, anders ausgedrückt, was ist eine später fällige Zahlung K_n heute wert, wenn man einen Zinssatz von i unterstellt?

Man bezeichnet diesen Vorgang - Umrechnung einer einmaligen Zahlung zum Zeitpunkt n in eine einmalige Zahlung heute - als Abzinsung. Die Abzinsungsformel läßt sich aus der Aufzinsungsgleichung ableiten, indem man sie nach K_0 auflöst.

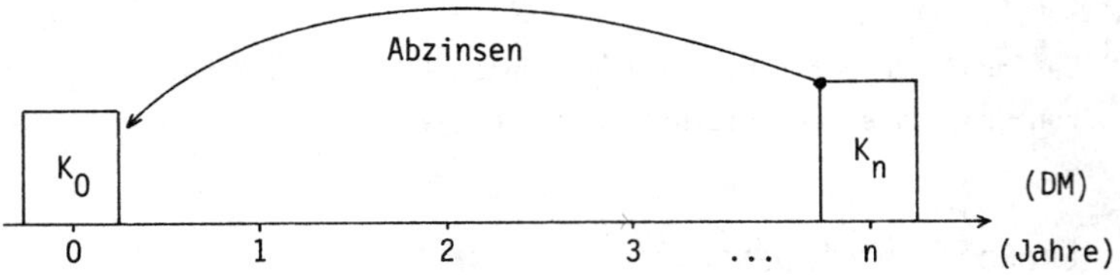

R 4 $$K_0 = K_n \frac{1}{(1+i)^n} = K_n \cdot \text{AbF}$$

Den Faktor $\frac{1}{(1+i)^n}$ bezeichnet man als Abzinsungsfaktor (AbF).

Den auf den Zeitpunkt n = 0 abgezinsten Betrag K_0 bezeichnet man als Gegenwartswert, in einigen Fällen auch als Barwert (vgl. 6.4.2).

6.4.2 KAPITALISIEREN EINER RENTE (ABZINSEN UND AUFSUMMIEREN)

Gesucht ist der Gegenwartswert (Barwert) K_0 einer Zahlungsreihe, die aus n gleichen Gliedern g besteht, die jeweils am Jahresende fällig sind. Am Zeitstrahl läßt sich dieses Problem folgendermaßen darstellen:

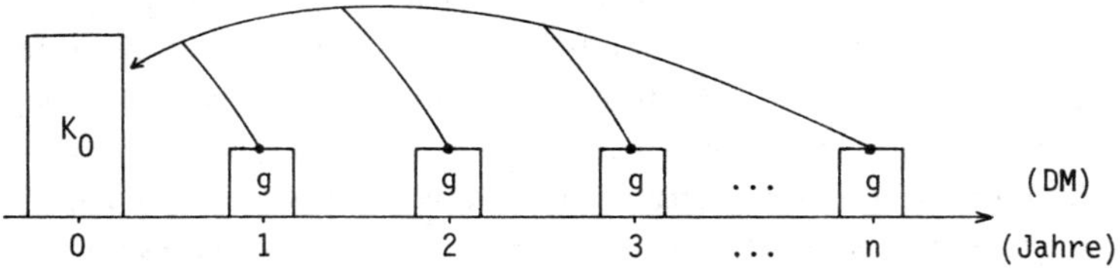

Der Gegenwartswert K_0 läßt sich in der Weise berechnen, daß man die Glieder g der Zahlungsreihe einzeln auf den Zeitpunkt 0 abzinst und die errechneten Barwerte addiert. Bezeichnet man den zugrundegelegten Zinssatz mit i, so ergibt sich:

$$K_0 = g \frac{1}{1 + i} + g \frac{1}{(1 + i)^2} + g \frac{1}{(1 + i)^3} + \ldots + g \frac{1}{(1 + i)^n}$$

Es ergibt sich eine geometrische Reihe mit dem Anfangsglied $a = g \frac{1}{1 + i}$ und dem Quotienten $q = \frac{1}{1 + i}$. Setzt man in die Summenformel der geometrischen Reihe ein, so erhält man:

$$s = a \frac{1 - q^n}{1 - q}$$

$$K_0 = g \frac{1}{1 + i} \cdot \frac{1 - \frac{1}{(1 + i)^n}}{1 - \frac{1}{1 + i}}$$

$$K_0 = g \frac{1 - \frac{1}{(1 + i)^n}}{i} \qquad | \text{ Erweitern mit } (1 + i)^n$$

R 5

$$\boxed{K_0 = g \frac{(1 + i)^n - 1}{(1 + i)^n \cdot i} = g \cdot DSF}$$

Der Faktor $\frac{(1 + i)^n - 1}{(1 + i)^n \cdot i}$ heißt Diskontierungssummenfaktor (DSF) oder Kapitalisierungsfaktor.

B 19 Ein geschiedener Vater hat für den Unterhalt seiner heute fünfjährigen Tochter aufzukommen. Er hat jährlich einen Betrag von 4 800 DM am Jahresende zu zahlen. Er möchte durch eine einmalige Zahlung heute seine jährliche Verpflichtung ersetzen. Dabei ist von einem Unterhaltszeitraum von 15 Jahren auszugehen. Er hat sich mit seiner ehemaligen Frau auf einen Zinssatz von 5 % geeinigt. Wie hoch ist der Betrag, den er heute zu zahlen hätte?

LÖSUNG

Bei derartigen Problemen empfiehlt es sich, zuerst eine Darstellung am Zeitstrahl vorzunehmen, um so den rechnerischen Ansatz zu erleichtern.

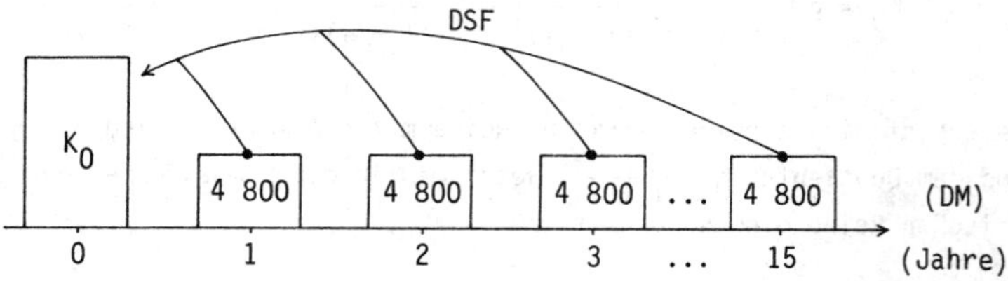

$$K_0 = g \frac{(1 + i)^n - 1}{i(1 + i)^n}$$

$$K_0 = 4\,800 \frac{(1 + 0{,}05)^{15} - 1}{0{,}05(1 + 0{,}05)^{15}}$$

$$K_0 = 4\,800 \cdot 10{,}379658$$

$$\underline{\underline{K_0 = 49\,822{,}36}}$$

Durch eine einmalige Zahlung heute in Höhe von 49 822 DM ließe sich die Unterhaltsverpflichtung ablösen.

Sind die Zahlungen nicht wie in dem betrachteten Fall am Jahresende (nachschüssige Zahlungen), sondern jeweils am Jahresanfang fällig, so ergibt sich eine andere Formel. Am Zeitstrahl sieht das Problem dann folgendermaßen aus:

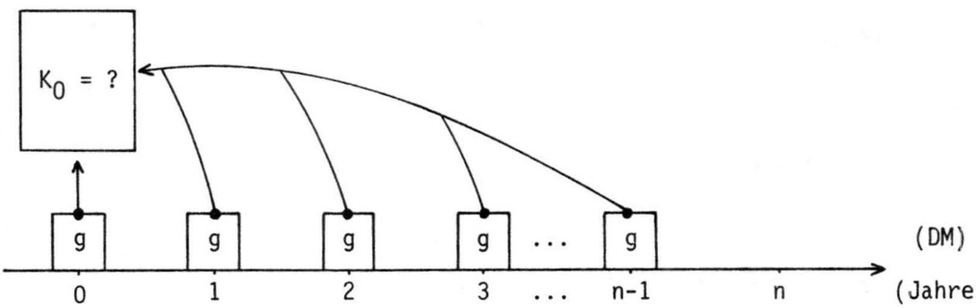

Der Barwert K dieser Zahlungsreihe kann wie folgt berechnet werden:

$$K = g + g\,\frac{1}{1 + i} + g\,\frac{1}{(1 + i)^2} + \quad \dots \quad + g\,\frac{1}{(1 + i)^{n-1}}$$

Es ergibt sich wiederum eine geometrische Reihe. Das Anfangsglied lautet nun g und der Quotient ist wiederum $\frac{1}{1 + i}$. In die Summenformel eingesetzt ergibt sich:

$$s = a\,\frac{1 - q^n}{1 - q}$$

R 6 $$K_0 = g\,\frac{1 - \frac{1}{(1 + i)^n}}{1 - \frac{1}{1 + i}}$$ KAPITALISIERUNG FÜR VORSCHÜSSIGE ZAHLUNGEN

B 20 Ein geschiedener Vater hat für den Unterhalt seiner heute fünfjährigen Tochter aufzukommen. Er hat jährlich einen Betrag von 4 800 DM am Jahresanfang zu zahlen. Er möchte durch eine einmalige Zahlung heute seine jährliche Verpflichtung ersetzen. Dabei ist von einem Unterhaltszeitraum von 15 Jahren auszugehen. Er hat sich mit seiner ehemaligen Frau auf einen Zinssatz von 5 % geeinigt. Wie hoch ist der Betrag, den er heute zu zahlen hätte?

LÖSUNG

$$K_0 = 4\,800 \frac{1 - \frac{1}{1{,}05^{15}}}{1 - \frac{1}{1{,}05}}$$

$$K_0 = 4\,800 \cdot 10{,}898641$$

$$\underline{\underline{K_0 = 52\,313{,}48}}$$

Der Vater könnte seine Unterhaltsverpflichtung ablösen, wenn er den Betrag von 52 313 DM zahlt.

Zur Durchführung einer Rentenrechnung im praktischen Fall werden häufig Tabellenwerke benutzt[1]. Die Benutzung eines Tabellenwerkes erlaubt es auch demjenigen eine Rentenrechnung durchzuführen, der im Umgang mit mathematischen Formeln ungeübt ist. Besonders im Kundengespräch kann es von Vorteil sein, bewußt auf eine Berechnung der Faktorenwerte zu verzichten, denn die Rechnung anhand von Tabellenwerten ist für einen Außenstehenden leichter nachvollziehbar und nachprüfbar. Die meisten Tabellenwerke sind für nachschüssige Zahlungen erstellt.

1 Siehe etwa K.-D. DÄUMLER, Finanzmathematisches Tabellenwerk, 4., neubearb. und erw. Aufl., Herne/Berlin 1998.
Ein Auszug aus diesem Tabellenwerk findet sich in Anhang 2.

Im folgenden soll gezeigt werden, wie man nachschüssige Tabellenwerte für vorschüssige Probleme verwenden kann. Für den Kapitalisierungsfall ergibt sich folgende Zeitstrahllösung:

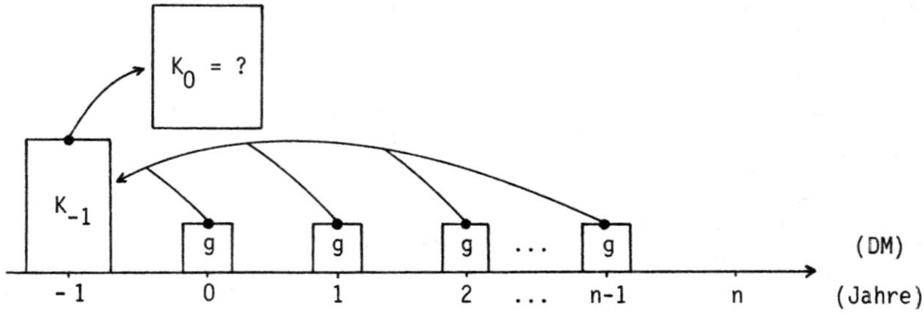

Der Barwert K_0 dieser vorschüssigen Zahlungsreihe ergibt sich in zwei Schritten:

1. Schritt:

$$K_{-1} = g \frac{(1 + i)^n - 1}{i(1 + i)^n}$$

Errechnung des Wertes K_{-1} der Zahlungsreihe zum Zeitpunkt - 1 mit dem DSF für nachschüssige Zahlungsweise

2. Schritt:

$$K_0 = K_{-1}(1 + i)$$

Errechnung des Barwertes K_0 der Zahlungsreihe durch Aufzinsen von K_{-1} um ein Jahr

Durch Zusammenfassen der beiden Schritte ergibt sich folgende Bestimmungsgleichung für K_0:

$$K_0 = g \frac{(1 + i)^n - 1}{i(1 + i)^n} \cdot (1 + i)$$

R 7

$$DSF_v = \frac{1 - \frac{1}{(1 + i)^n}}{1 - \frac{1}{1 + i}} = \frac{(1 + i)^n - 1}{i(1 + i)^n} \cdot (1 + i) = DSF \cdot (1 + i)$$

DISKONTIERUNGSSUMMENFAKTOR FÜR VORSCHÜSSIGE ZAHLUNGEN DSF_v

BEWEIS

$$DSF_v = \frac{1 - \frac{1}{(1+i)^n}}{1 - \frac{1}{1+i}}$$ | Erweitern mit $(1 + i)^n$

$$DSF_v = \frac{(1+i)^n - 1}{(1+i)^n - (1+i)^{n-1}}$$ | Ausklammern von $(1 + i)^{n-1}$ aus dem Nenner

$$DSF_v = \frac{(1+i)^n - 1}{(1+i)^{n-1}(1+i-1)}$$ | Erweitern mit 1 + i

$$DSF_v = \frac{(1+i)^n - 1}{i(1+i)^n} \cdot (1+i)$$

B 21 Für unseren unterhaltspflichtigen Vater, der zu Beginn eines jeden Jahres über einen Zeitraum von 15 Jahren jeweils 4 800 DM zu zahlen hat, ergibt sich bei einem Zinssatz von 5 % folgende Ablösesumme:

$$K_0 = g \, \frac{(1+i)^n - 1}{i(1+i)^n} \cdot (1+i)$$

$$K_0 = 4\,800 \, \frac{1{,}05^{15} - 1}{0{,}05 \cdot 1{,}05^{15}} \cdot 1{,}05$$

$$K_0 = 4\,800 \cdot 10{,}379658 \cdot 1{,}05$$

$$K_0 = 52\,313{,}48$$

Der Barwert der Unterhaltsverpflichtung beträgt 52 313 DM.

6.4.3 VERRENTUNG EINES HEUTE FÄLLIGEN BETRAGES

Gesucht ist die Höhe der Glieder g einer über n Jahre laufenden Zahlungsreihe, die bei einem Zinssatz i wertmäßig der gegebenen heute fälligen Zahlung K_0 entspricht. Die Zahlungen sind jeweils am Jahresende (nachschüssig) fällig.

Das Problem läßt sich am Zeitstrahl wie folgt darstellen:

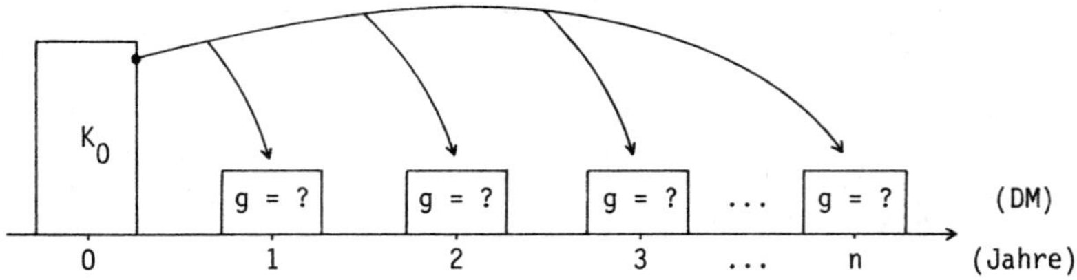

Die Lösung läßt sich einfach durchführen, indem man die unter R 5 gefundene Gleichung nach g auflöst.

R 8

$$g = K_0 \frac{i(1+i)^n}{(1+i)^n - 1} = K_0 \cdot \frac{1}{DSF} = K_0 \cdot KWF$$

VERRENTUNG BEI NACHSCHÜSSIGEN ZAHLUNGEN

Der Faktor $\frac{i(1+i)^n}{(1+i)^n - 1}$ heißt Kapitalwiedergewinnungsfaktor (KWF).
Andere Bezeichnungen sind Annuitätenfaktor oder Verrentungsfaktor.

B 22 Ein heute 65-Jähriger verfügt über einen Betrag von 100 000 DM, der zu 5 % Zinsen pro Jahr angelegt ist. Welchen Betrag kann er jährlich nachschüssig über einen Zeitraum von 13 Jahren entnehmen, wenn nach 13 Jahren das Kapital vollständig aufgebraucht sein soll?

LÖSUNG

Darstellung am Zeitstrahl:

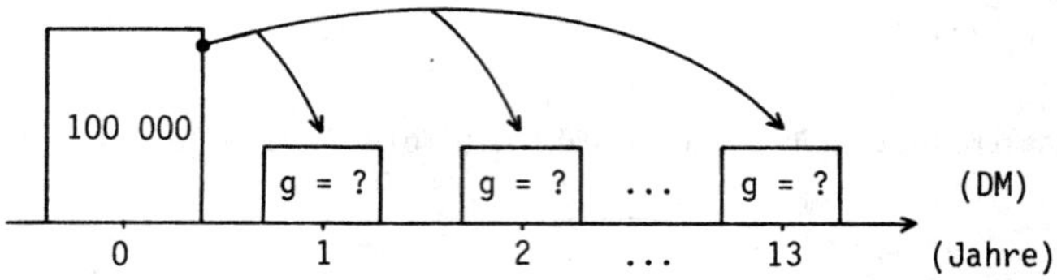

$$g = K_0 \frac{i(1 + i)^n}{(1 + i)^n - 1}$$

$$g = 100\,000 \cdot \frac{0{,}05(1 + 0{,}05)^{13}}{(1 + 0{,}05)^{13} - 1}$$

$$g = 100\,000 \cdot 0{,}10645577$$

$$\underline{\underline{g = 10\,645{,}58}}$$

Der jährlich zu entnehmende Betrag beläuft sich auf 10 645,58 DM.

B 23 Ein Kreditnehmer erhält von seiner Bank ein Darlehen in Höhe von 10 000 DM. Die Laufzeit beträgt 4 Jahre, der Zinssatz 10 %. Das Darlehen soll in gleichen jährlichen Raten (Annuitäten) verzinst und getilgt werden. Wie hoch ist die Annuität und wie läßt sich diese Annuität aufteilen in einen Zins- und einen Tilgungsanteil?

LÖSUNG

Die Annuität A errechnet sich aus dem Darlehensbetrag multipliziert mit dem Kapitalwiedergewinnungsfaktor.

$$A = \text{Darlehensbetrag} \cdot \frac{i(1 + i)^n}{(1 + i)^n - 1}$$

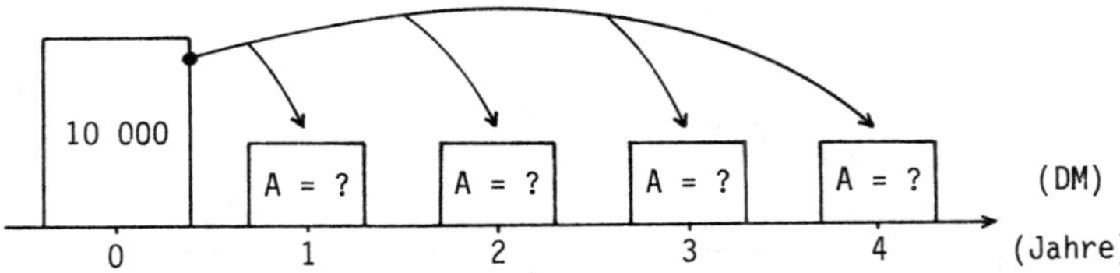

$$A = 10\ 000 \cdot 0{,}3154708 = \underline{\underline{3\ 155}}$$

Die Aufteilung der Annuität in einen Zins- und einen Tilgungsanteil erfolgt in einem sogenannten Tilgungsplan. Der Tilgungsplan gibt Auskunft über den jeweiligen Schuldenstand.

Jahr	Schuld am Jahresanfang (DM)	Annuität (DM)	Zinsen (DM)	Tilgung (DM)	Schuld am Jahresende (DM)
1	10 000	3 155	1 000	2 155	7 845
2	7 845	3 155	785	2 370	5 475
3	5 475	3 155	548	2 607	2 868
4	2 868	3 155	287	2 868	0

B 24 Ein Investor plant eine Rationalisierungsinvestition in Höhe von 30 000 DM. Die Nutzungsdauer beträgt 8 Jahre. Welchen Betrag muß der Investor durch die Rationalisierung jährlich einsparen, damit er innerhalb der 8 Jahre sein eingesetztes Kapital zurückgewinnt und eine Verzinsung der ausstehenden Beträge in Höhe von 12 % erhält?

LÖSUNG

Gesucht ist die jährliche Minderauszahlung g, die eine Rückgewinnung und Verzinsung des eingesetzten Kapitals gewährleistet.

Darstellung am Zeitstrahl:

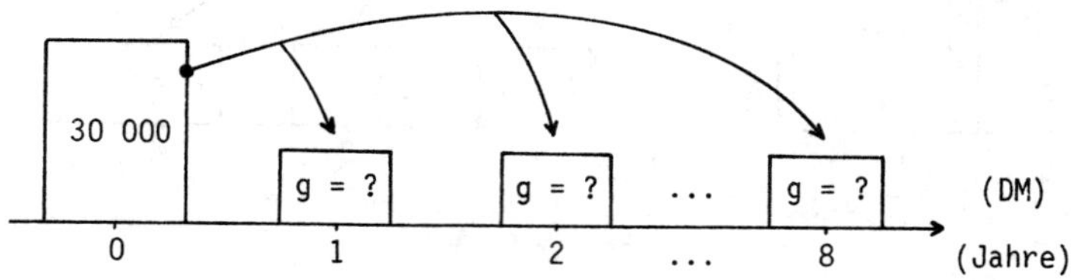

$$g = K_0 \frac{i(1+i)^n}{(1+i)^n - 1}$$

$$g = 30\,000 \cdot \frac{0{,}12(1+0{,}12)^8}{(1+0{,}12)^8 - 1}$$

$$g = 30\,000 \cdot 0{,}2013028$$

$$\underline{\underline{g = 6\,039{,}09}}$$

Die jährlichen Einsparungen (Minderauszahlungen) müssen mindestens 6 039 DM betragen, damit sich die Investition lohnt.

Sind die Zahlungen jeweils zu Beginn des Jahres fällig, so ergibt sich durch Umformen der Gleichungen R 7 folgende Formel:

R 9
$$\boxed{g = K_0 \cdot \frac{(1+i)^n \cdot i}{(1+i)^n - 1} \cdot \frac{1}{1+i} = K_0 \cdot KWF \cdot \frac{1}{1+i}}$$

VERRENTUNG FÜR VORSCHÜSSIGE ZAHLUNGEN

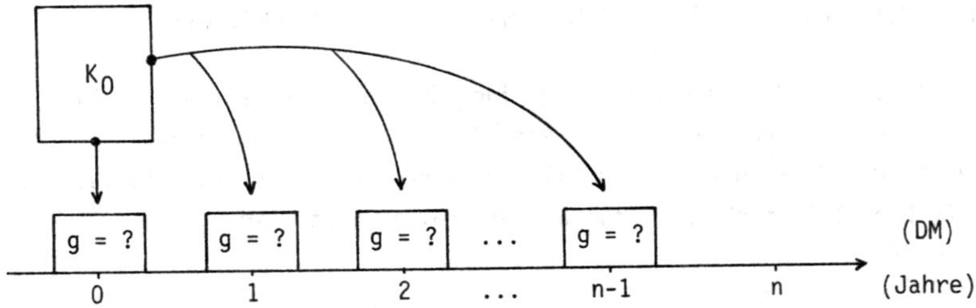

B 25 Ein Rentner verfügt über 100 000 DM, die zu 5 % Zinsen pro Jahr angelegt sind. Welchen Betrag kann er über 13 Jahre jährlich vorschüssig entnehmen, wenn das Kapital nach 13 Jahren vollständig aufgebraucht sein soll?

Darstellung am Zeitstrahl:

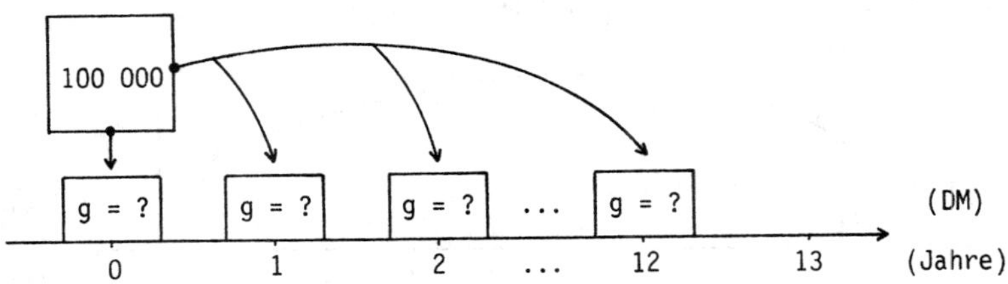

$$g = 100\,000 \cdot \frac{0{,}05 \cdot 1{,}05^{13}}{1{,}05^{13} - 1} \cdot \frac{1}{1{,}05}$$

$$g = 100\,000 \cdot 0{,}10645577 \cdot 0{,}952381$$

$$\underline{\underline{g = 10\,138{,}64}}$$

Bei vorschüssiger Zahlung beträgt die Jahresrente 10 138,64 DM.

6.4.4 VERRENTUNG EINES IN N JAHREN FÄLLIGEN BETRAGES

Gesucht ist die Höhe der Glieder g einer über n Jahre laufenden Zahlungsreihe, die bei einem Zinssatz i wertmäßig der gegebenen Zahlung K_n entspricht. Die Zahlungen sind jeweils am Jahresende (nachschüssig) fällig. Das Problem läßt sich am Zeitstrahl wie folgt darstellen:

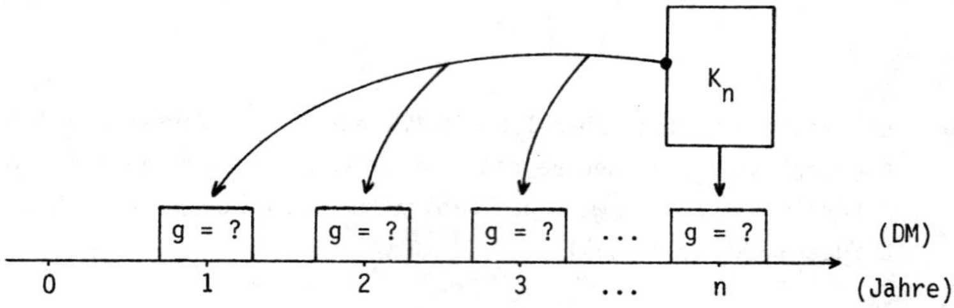

Die Lösung läßt sich aus den bereits bekannten Fällen herleiten, indem man in zwei Schritten vorgeht.

1. Schritt: Abzinsen von K_n auf den Zeitpunkt 0.

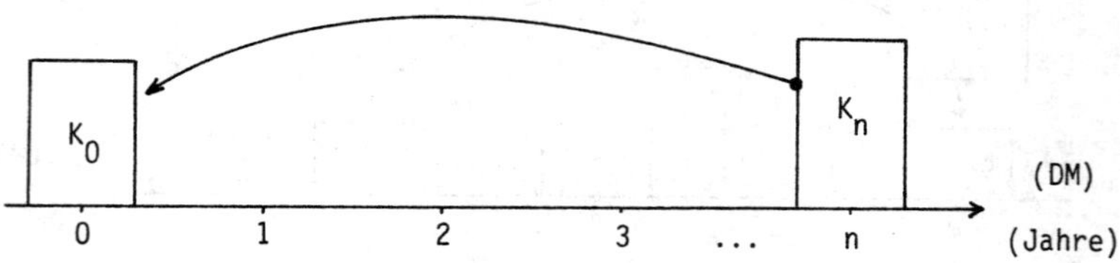

$$K_0 = K_n \frac{1}{(1 + i)^n}$$

2. Schritt: Verrentung von K_0.

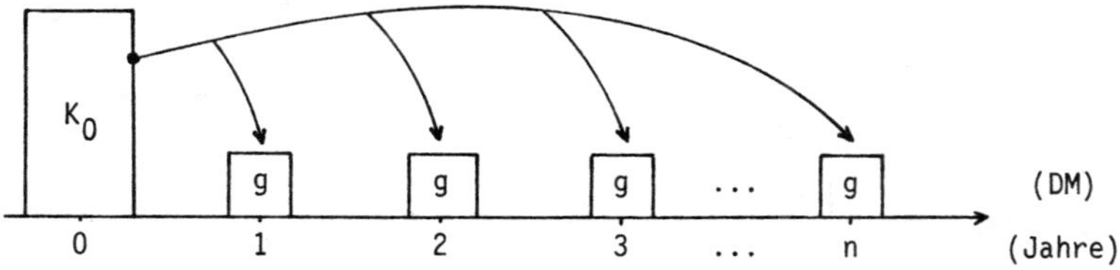

$$g = K_0 \frac{i(1+i)^n}{(1+i)^n - 1} = K_0 \cdot KWF$$

Faßt man beide Schritte zusammen, so erhält man:

$$g = K_n \frac{1}{(1+i)^n} \cdot \frac{i(1+i)^n}{(1+i)^n - 1}$$

R 10

$$\boxed{g = K_n \frac{i}{(1+i)^n - 1} = K_n \cdot RVF}$$

RESTWERTVERTEILUNG

Aufgrund von speziellen Anwendungen im Bereich der Wirtschaftlichkeitsrechnung hat der Faktor $\frac{i}{(1+i)^n - 1}$ den Namen Restwertverteilungsfaktor (RVF) erhalten.

B 26 Die frischgebackene Betriebswirtin Sigrid Saldo hat feste Vorstellungen von ihrem zukünftigen Lebensweg. In zehn Jahren will sie Millionärin sein. Die Höhe ihrer Gehaltsforderung will Sigrid Saldo nach dem Betrag richten, den sie jährlich anlegen muß, um in zehn Jahren über den Betrag von 1 Million verfügen zu können. Sigrid Saldo rechnet mit einer Rendite der angelegten Beträge von 10 %

Welches Jahresgehalt wird Sigrid Saldo fordern, wenn sie zusätzlich 30 000 DM pro Jahr für ihren Lebensunterhalt benötigt?

LÖSUNG

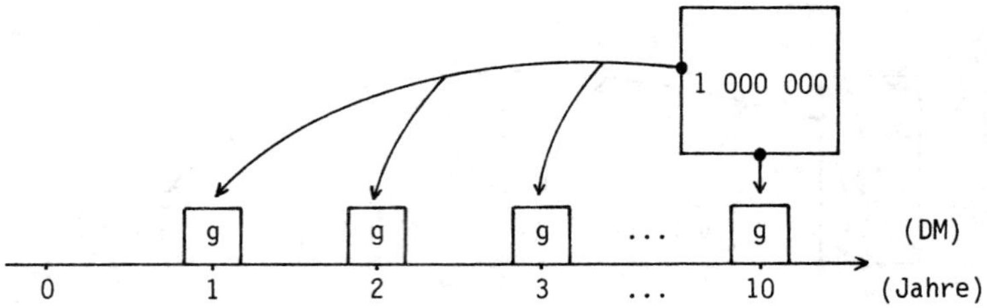

$$g = K_n \frac{i}{(1 + i)^n - 1}$$

$$g = 1\,000\,000 \cdot \frac{0,1}{1,1^{10} - 1}$$

$$g = 1\,000\,000 \cdot 0,06274539$$

$$\underline{\underline{g = 62\,745,39}}$$

Sigrid Saldo wird ein Jahresgehalt von 92 745 DM fordern.

B 27 Der Tierarzt Dr. Kuno Köter schließt eine Lebensversicherung über 500 000 DM ab. Die Versicherungssumme soll an seinem 60. Geburtstag fällig sein. Welchen Betrag muß der heute 30-jährige bei nachschüssiger Zahlung jährlich einzahlen, wenn die Versicherung dem Versicherungsnehmer für den Erlebensfall eine Verzinsung von 6 % in Aussicht stellt?[1]

LÖSUNG

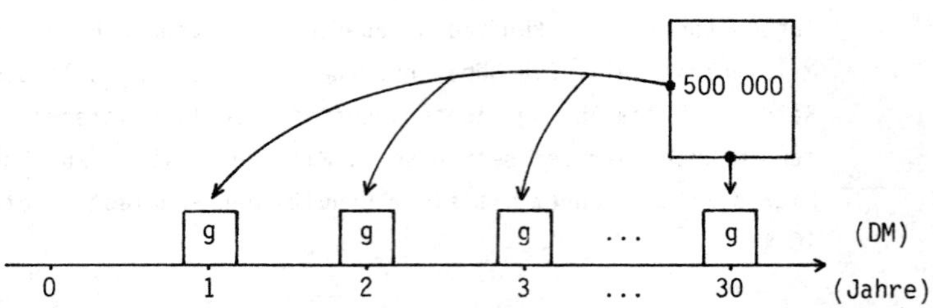

1 Aufgrund der Bestimmungen des Bundesaufsichtsamtes für das Versicherungswesen darf der vertraglich vereinbarte Zinssatz 4 % nicht übersteigen.

$$g = K_n \frac{i}{(1 + i)^n - 1}$$

$$g = 500\,000 \cdot \frac{0{,}06}{1{,}06^{30} - 1}$$

$$g = 500\,000 \cdot 0{,}01264891$$

$$\underline{\underline{g = 6\,324{,}46}}$$

Der Tierarzt Dr. Kuno Köter muß bei nachschüssiger Zahlung jährlich den Betrag von 6 324 DM in die Versicherung einzahlen.

Sind die Zahlungen vorschüssig fällig, so läßt sich das Problem folgendermaßen darstellen:

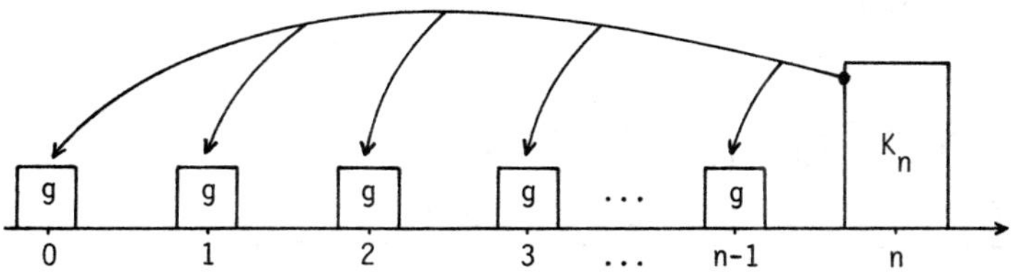

Die Lösung erfolgt wiederum in zwei Schritten:

1. Schritt: Abzinsen von K_n auf den Zeitpunkt 0.

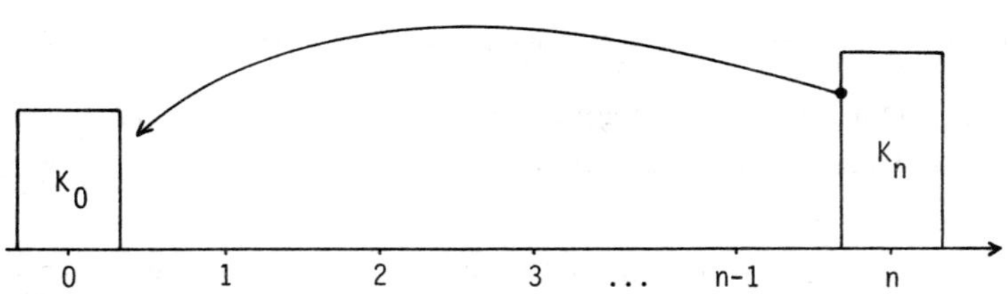

$$K_0 = K_n \cdot \frac{1}{(1 + i)^n}$$

2. Schritt: Verteilen von K_0 mit dem KWF_v (Kapitalwiedergewinnungsfaktor für vorschüssige Zahlungen).

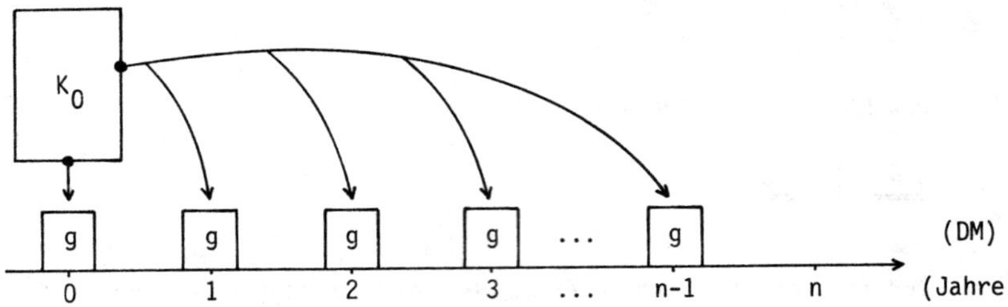

$$g = K_0 \frac{i(1+i)^n}{(1+i)^n - 1} \cdot \frac{1}{1+i}$$

Faßt man beide Schritte zusammen, so erhält man:

$$g = K_n \frac{1}{(1+i)^n} \cdot \frac{i(1+i)^n}{(1+i)^n - 1} \cdot \frac{1}{1+i}$$

R 11

$$g = K_n \frac{i}{(1+i)^n - 1} \cdot \frac{1}{1+i} = K_n \cdot RVF \cdot \frac{1}{1+i}$$

RESTWERTVERTEILUNG FÜR VORSCHÜSSIGE ZAHLUNGEN

Der Faktor $\frac{i}{(1+i)^n - 1} \cdot \frac{1}{1+i}$ ist der Restwertverteilungsfaktor für vorschüssige Zahlungen RVF_v. Er ergibt sich aus dem RVF durch Multiplikation mit dem Abzinsungsfaktor für ein Jahr.

B 28 Der Tierarzt Dr. Kuno Köter schließt eine Lebensversicherung über 500 000 DM ab. Die Versicherungssumme soll an seinem 60. Geburtstag fällig sein. Welchen Betrag muß der heute 30-jährige jeweils am Jahresanfang einzahlen, wenn die Versicherung eine Verzinsung von 6 % in Aussicht stellt?

LÖSUNG

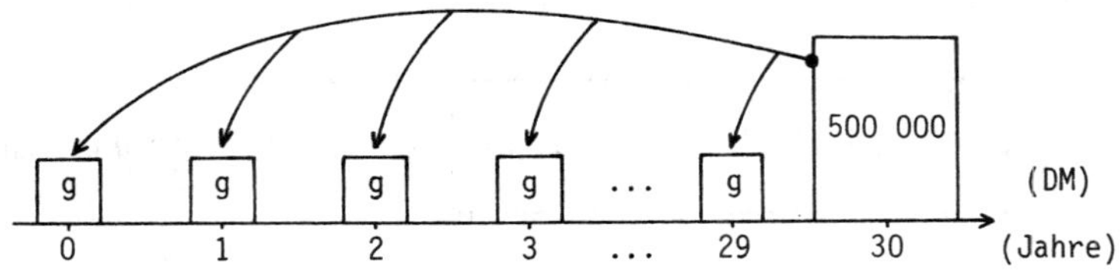

$$g = K_n \frac{i}{(1 + i)^n - 1} \cdot \frac{1}{1 + i}$$

$$g = 500\,000 \frac{0{,}06}{1{,}06^{30} - 1} \cdot \frac{1}{1{,}06}$$

$$g = 500\,000 \cdot 0{,}01264891 \cdot 0{,}94339623$$

$$\underline{\underline{g = 5\,966{,}47}}$$

Der Tierarzt Dr. Kuno Köter muß bei vorschüssiger Zahlung jährlich den Betrag von 5 966 DM in die Versicherung einzahlen.

6.4.5 ENDWERTERMITTLUNG EINER RENTE

Gesucht ist die Höhe des zum Zeitpunkt n fälligen Betrages K_n, der beim Zinssatz i wertmäßig der gegebenen über n Jahre laufenden Zahlungsreihe mit den jährlich konstanten Gliedern g entspricht.

Fallen die Zahlungen nachschüssig an, so läßt sich das Problem am Zeitstrahl wie folgt darstellen:

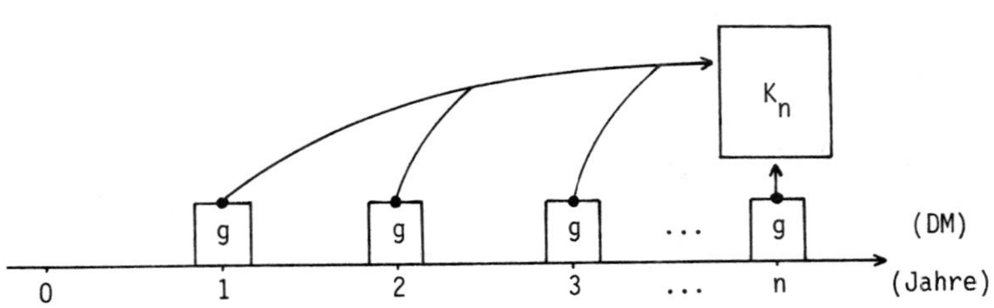

Die Lösung dieses Problems erhält man, indem man die unter R 10 gefundene Gleichung nach K_n auflöst. Die Bestimmungsgleichung für die Endwertermittlung lautet dann:

R 12 $$K_n = g \frac{(1 + i)^n - 1}{i} = g \cdot EWF$$ ENDWERTERMITTLUNG

Der Faktor $\frac{(1 + i)^n - 1}{i}$ heißt Endwertfaktor EWF.

B 29 Sigrid Saldo konnte ihre ursprünglichen Gehaltsvorstellungen (vgl. B 26) nicht verwirklichen. Sie wird sich mit einem Jahresgehalt von 50 000 DM zufrieden geben müssen, so daß sie nur 20 000 DM pro Jahr anlegen kann.

Über welchen Betrag kann sie nach 10 Jahren verfügen, wenn sie jährlich 20 000 DM zum Zinssatz von 10 % anlegt?

LÖSUNG

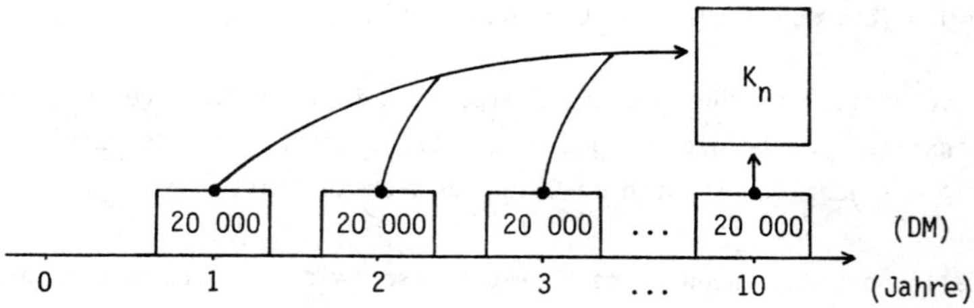

$$K_n = g \frac{(1 + i)^n - 1}{i}$$

$$K_n = 20\,000 \frac{1{,}1^{10} - 1}{0{,}1}$$

$K_n = 20\ 000 \cdot 15{,}937425$

$\underline{\underline{K_n = 318\ 748{,}49}}$

Sigrid Saldo kann nach 10 Jahren über den Betrag von 318 748 DM verfügen.

B 30 Welche Versicherungssumme kann man erreichen, wenn man bei nachschüssiger Zahlungsweise jährlich 2 400 DM in eine Lebensversicherung einzahlt? Der Versicherungszeitraum betrage 30 Jahre und der Zinssatz betrage im Erlebensfall 5 %.

LÖSUNG

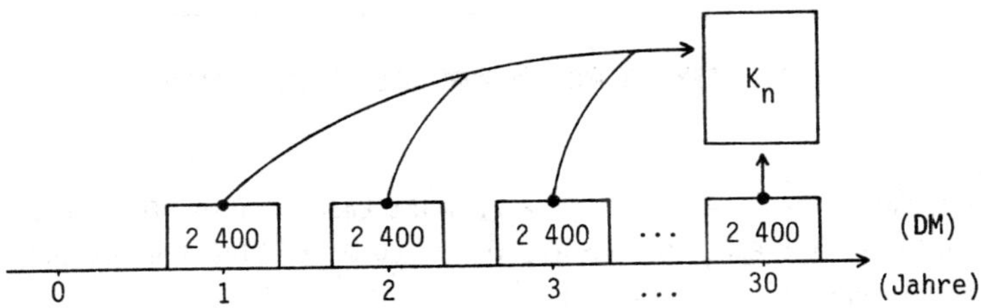

$$K_n = g\,\frac{(1 + i)^n - 1}{i}$$

$$K_n = 2\ 400\,\frac{1{,}05^{30} - 1}{0{,}05}$$

$$K_n = 2\ 400 \cdot 66{,}438847$$

$$\underline{\underline{K_n = 159\ 453{,}22}}$$

Mit einem Jahresbeitrag von 2 400 DM kann man bei nachschüssiger Zahlungsweise bei einer Laufzeit von 30 Jahren und einem Zinssatz von 5 % eine Versicherungssumme von 159 453 DM erreichen.

Bei vorschüssiger Zahlungsweise ergibt sich folgende Zeitstrahldarstellung für die Endwertermittlung:

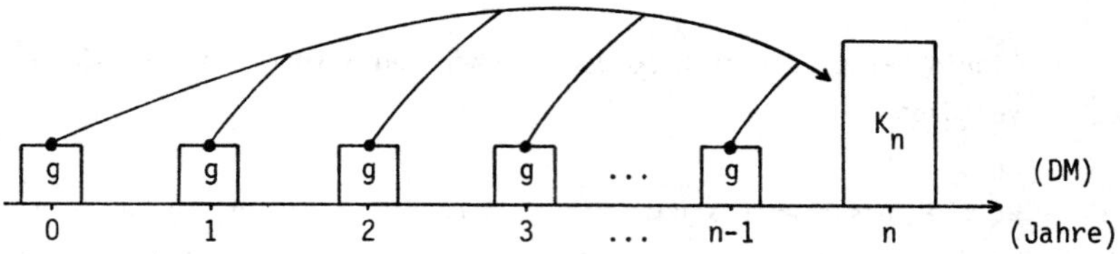

Durch Umstellen der Gleichung unter R 11 erhält man:

R 13 $$K_n = g \frac{(1 + i)^n - 1}{i} \cdot (1 + i) = g \cdot EWF \cdot (1 + i)$$

ENDWERTERMITTLUNG FÜR VORSCHÜSSIGE ZAHLUNGEN

Der Faktor $\frac{(1 + i)^n - 1}{i} \cdot (1 + i)$ heißt Endwertfaktor für vorschüssige Zahlungsweise EWF_v. Man erhält ihn durch Multiplikation des EWF mit dem Aufzinsungsfaktor für ein Jahr.

B 31 Welche Lebensversicherungssumme kann man mit einem jährlichen Beitrag von 2 400 DM bei einer Laufzeit von 30 Jahren und einem Zinssatz von 5 % bedienen, wenn jeweils am Jahresanfang in die Versicherung eingezahlt wird?

LÖSUNG

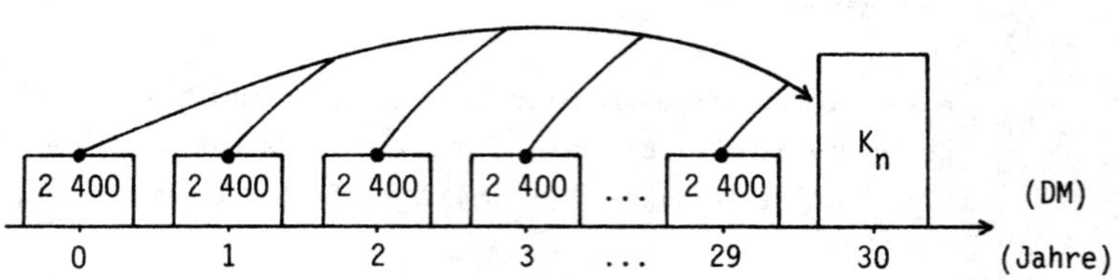

$$K_n = g \frac{(1 + i)^n - 1}{i} \cdot (1 + i)$$

$$K_n = 2\,400 \frac{1{,}05^{30} - 1}{0{,}05} \cdot 1{,}05$$

$$K_n = 2\,400 \cdot 66{,}438847 \cdot 1{,}05$$

$$\underline{\underline{K_n = 167\,425{,}88}}$$

Die Versicherungssumme beträgt bei vorschüssiger Zahlungsweise 167 426 DM.

6.5 Fragen und Aufgaben

6.1 Gegeben ist die Folge 10, 15, 20, ...

a) Bestimme die Summe der ersten 10 Glieder.

b) Wie groß ist das 20. Glied?

6.2 Gegeben ist die Folge 10, 15, 22,5.

a) Bestimme die Summe der ersten 10 Glieder.

b) Wie groß ist das 10. Glied?

6.3 Gegeben ist die Folge 100, 50, 25, ...

a) Wie groß ist das 15. Glied der Folge?

b) Welchem Grenzwert strebt diese geometrische Reihe mit wachsendem n entgegen?

6.4 Eine Familie, die gerne ein Haus auf dem Lande erwerben möchte, könnte pro Jahr einen Betrag von 25 000 DM für Zins und Tilgung aufbringen (nachschüssig).

a) Welcher Betrag ließe sich mit dieser Annuität finanzieren, wenn man von einer Laufzeit von 30 Jahren und einem Zinssatz von 8 % ausgeht?

b) Überprüfe das Ergebnis auf seine Richtigkeit, indem Du die auf den in a) errechneten Kreditbetrag entfallende Annuität ermittelst.

6.5 Ein Landwirt überlegt, ob es lohnend für ihn ist, die Milchabwärme über eine Wärmepumpe zur Brauchwassererwärmung und zu Heizzwecken zu nutzen. Die Anlage kostet mit Einbau 12 000 DM. Die Nutzungsdauer beträgt 10 Jahre. Für Strom und Wartung entstehen pro Jahr Auszahlungen in Höhe von 500 DM.

Wie hoch müssen die jährlichen Öleinsparungen sein (in Geld bewertet), damit sich die Investition bei einem Zinssatz von 10 % lohnt (Rechnung vorschüssig)?

6.6 Ein Raucher gibt jährlich 2 400 DM für Zigaretten aus.

Über welchen Betrag könnte der Mann in 30 Jahren verfügen, wenn er das Rauchen aufgäbe und die 2 400 DM jeweils am Jahresende auf ein Konto einzahlen würde? Die Bank bietet ihm 5 % Zinsen.

6.7 Welchen Betrag müßte man jährlich über einen Zeitraum von 20 Jahren in eine Lebensversicherung einzahlen, um auf eine Versicherungssumme von 500 000 DM zu kommen? Die Verzinsung betrage für den Erlebensfall 4 %.

a) Löse das Problem für vorschüssige Zahlungen.

b) Löse das Problem für nachschüssige Zahlungen.

6.8 Sie wollen gerne einen Sparvertrag zur Altersversorgung abschließen, so daß Sie ab Ihrem 60. Lebensjahr eine jährliche Rente in Höhe von 24 000 DM (nachschüssig) erhalten. Sie sind heute 30 Jahre alt (Einzahlungszeitraum 30 Jahre). Welchen Betrag müßten Sie jährlich nachschüssig anlegen, um auf die gewünschte Rente zu kommen, wenn Sie eine Verzinsung von 5 % pro Jahr erzielen und die Rente eine Laufzeit von 18 Jahren haben soll?

6.9 Die Eltern eines Studenten haben über 10 Jahre jährlich einen Betrag von 2 400 DM angelegt, um das Studium ihres Sohnes zu finanzieren. Über welchen Betrag kann der Student jährlich verfügen, wenn er von einer Studienzeit von 5 Jahren ausgeht und sich das angelegte Kapital zu 5 % verzinst? (Rechnung nachschüssig)

7 EINFÜHRUNG IN DIE DIFFERENTIALRECHNUNG

7.1 PROBLEMSTELLUNG

In Kapitel 5 haben wir uns mit elementaren Funktionen beschäftigt. Um diese graphisch darstellen zu können, haben wir einige Punkte rechnerisch bestimmt und dann zu Kurven verbunden. Bei komplizierten Funktionen ist zur Darstellung des genauen Verlaufs die Kenntnis der Lage von markanten Punkten der Funktion, wie Minima, Maxima und Wendepunkten, erforderlich. Die Lage dieser Punkte läßt sich mit Hilfe der Differentialrechnung ermitteln. Die Differentialrechnung beschäftigt sich mit der Steigung von Funktionen. Eine der Fragestellungen der Differentialrechnung lautet: Wie ändert sich die abhängige Variable, wenn sich die unabhängige Variable ändert? Dieses ist eine Fragestellung, die in der Wirtschaft eine hervorragende Rolle spielt.

So interessiert man sich nicht nur für die Gesamtkosten bei einer bestimmten Ausbringungsmenge, sondern auch, wie sich die Gesamtkosten ändern, wenn man die Ausbringungsmenge variiert. Will man die Preise für ein bestimmtes Produkt erhöhen, so ist es wichtig zu wissen, ob die geplante Preiserhöhung auch die gewünschte Umsatzsteigerung erbringt oder ob der Umsatz nicht sogar fällt. Es handelt sich hier um die für die Wirtschaftswissenschaften typische Betrachtung von Grenzgrößen wie etwa von Grenzkosten, Grenzumsatz, Grenznutzen, Grenzsteuer usw.

Die Differentialrechnung wurde von Leibnitz[1] und Newton[2] fast gleichzeitig entwickelt. Die Differentialrechnung gehört zusammen mit der Integralrechnung zu dem Gebiet der Infinitesimalrechnung[3] oder Analysis[4].

7.2 Grundbegriffe der Differentialrechnung

7.2.1 Steigung von Funktionen

In Kapitel 5, Seite 77 ff., haben wir uns mit der Steigung von Geraden beschäftigt. Die Steigung m einer Geraden ist in ihrem gesamten Verlauf konstant und ergibt sich als Verhältnis der Änderung der abhängigen Variablen zur dazugehörigen Änderung der unabhängigen Variablen.

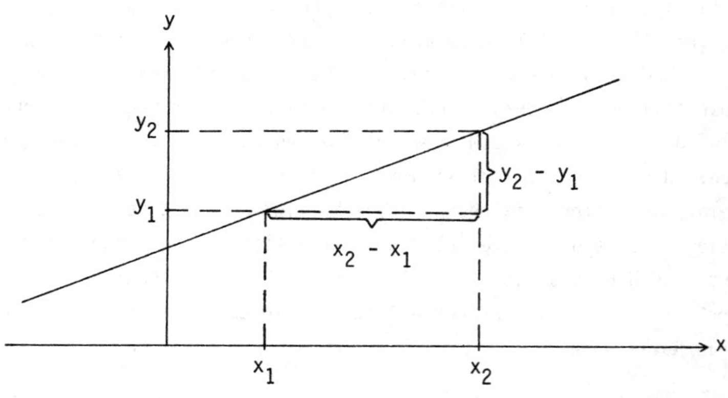

$$m = \frac{y_2 - y_1}{x_2 - x_1}$$

1 Gottfried Wilhelm Frh. v. Leibnitz, 1646 - 1716, universeller deutscher Gelehrter und Denker, auf den auch die gebräuchliche mathematische Zeichengebung zurückgeht.

2 Isaac Newton, 1643 - 1727, engl. Naturforscher.

3 infinitum (lat.) = unendlich.

4 analysis (grch.) = Zerlegung.

Steigt (sinkt) der Wert der unabhängigen Variablen um eine Einheit, dann steigt (sinkt) der zugehörige Wert der abhängigen Variablen um m Einheiten.

Bei nichtlinearen Funktionen ist die Steigung nicht an jedem Punkt der Kurve gleich. Die Steigung in einem Punkt P_1 der Kurve ist gleich der Steigung der Tangente[1], die die Kurve in diesem Punkt P_1 berührt.

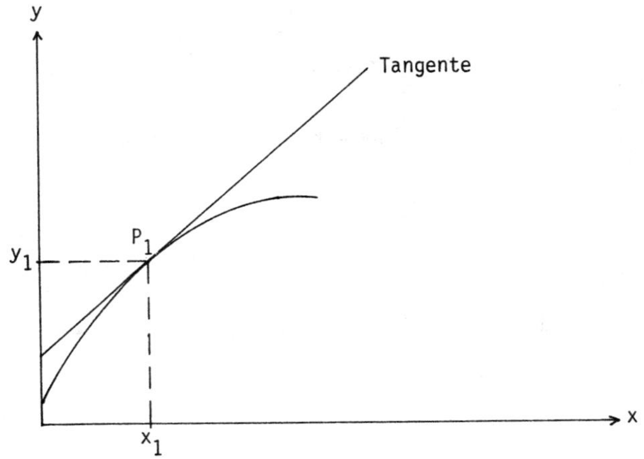

Als Tangente bezeichnet man eine Gerade, die mit der gegebenen Kurve einen Punkt gemeinsam hat und in diesem Berührungspunkt auch die gleiche Steigung wie die Kurve hat.

Die Steigung ändert sich im Verlauf der Kurve, ist also abhängig von der Lage des betrachteten Punktes. Die Steigung ist somit abhängig von der unabhängigen Variablen x. Die Steigung einer Funktion $y = f(x)$ läßt sich ebenfalls als Funktion $y' = f'(x)$ der Variablen x darstellen. Diese Funktion $y' = f'(x)$ läßt sich nach den Methoden der Differentialrechnung für die meisten der in der wirtschaftlichen Anwendung wichtigen Funktionen ermitteln.

---

1 von tangere (lat.) = berühren.

7.2.2 DIFFERENZENQUOTIENT

Gegeben sei eine Funktion $y = f(x)$ und zwei beliebige Punkte der Funktion $P[x/f(x)]$ und $Q[x + \Delta x/f(x + \Delta x)]$.

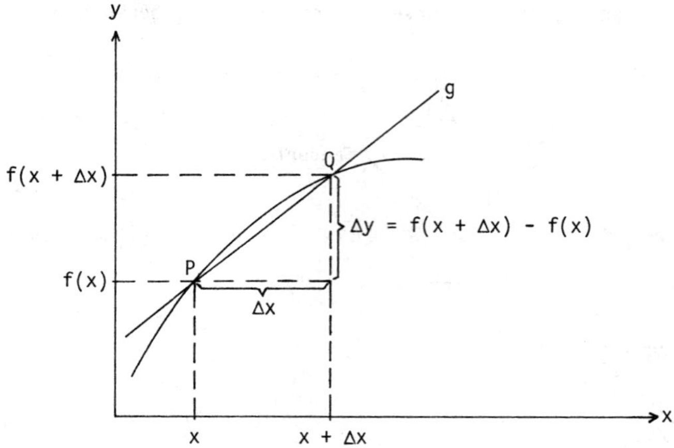

Die durchschnittliche Steigung einer Kurve zwischen zwei Punkten P und Q ergibt sich als Verhältnis der Änderung der abhängigen Variablen Δy zur Änderung der unabhängigen Variablen Δx. Die durchschnittliche Steigung einer Kurve zwischen zwei Punkten P und Q ist gleich der Steigung der Sekante[1] g, die durch die Punkte P und Q verläuft. Sie läßt sich wie folgt berechnen:

R 1 $$\frac{\Delta y}{\Delta x} = \frac{f(x + \Delta x) - f(x)}{\Delta x}$$ DIFFERENZENQUOTIENT

Der Quotient $\frac{\Delta y}{\Delta x}$ heißt Differenzenquotient. Er gibt an, wie groß die durchschnittliche Steigung der Kurve im Bereich von x bis $x + \Delta x$ ist.

1 Als Sekante bezeichnet man eine Gerade, die die Kurve in mindestens zwei Punkten schneidet.

B 1 Ein Produktionsverfahren ist durch folgende Kostenfunktion gekennzeichnet:

$$K(x) = \frac{1}{4}x^2 + 1\,000$$

a) Zeichne das Bild der Kostenfunktion im Bereich von x = 0 bis x = 200.

b) Berechne die durchschnittliche Kostenänderung pro Einheit, wenn die produzierte Menge x im Bereich von x = 50 bis x = 100 bzw. wenn sie von x = 100 bis x = 150 variiert wird.

c) Berechne allgemein die durchschnittliche Steigung der Kostenfunktion mit Hilfe des Differenzenquotienten im Bereich von x bis x + Δx und überprüfe das Ergebnis von b).

LÖSUNG

a) WERTETAFEL

x	0	50	100	150	200
K(x)	1 000	1 625	3 500	6 625	11 000

ZEICHNUNG

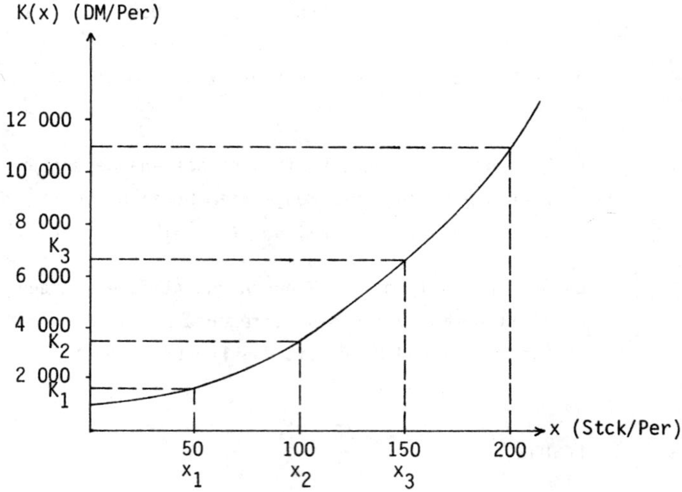

b) Wird die produzierte Menge von $x_1 = 50$ auf $x_2 = 100$ Stck/Per ausgedehnt, dann steigen die Gesamtkosten von $K_1 = 1\,625$ auf $K_2 = 3\,500$ DM/Per.

$$\frac{\Delta K}{\Delta x} = \frac{K_2 - K_1}{x_2 - x_1} = \frac{3\,500 - 1\,625}{100 - 50} = 37{,}5$$

Wird die produzierte Menge im Bereich von x = 50 bis x = 100 ausgedehnt (eingeschränkt), dann steigen (sinken) die Gesamtkosten um durchschnittlich 37,5 DM/Einheit.

Wird die produzierte Menge von x_2 = 100 auf x_3 = 150 Stck/Per ausgedehnt, dann steigen die Gesamtkosten von K_2 = 3 500 auf K_3 = 6 625 DM/Per.

$$\frac{\Delta K}{\Delta x} = \frac{K_3 - K_2}{x_3 - x_2} = \frac{6\,625 - 3\,500}{150 - 50} = 62{,}5$$

Wird die produzierte Menge im Bereich von x = 100 bis x = 150 ausgedehnt (eingeschränkt), dann steigen (sinken) die Gesamtkosten um durchschnittlich 62,5 DM/Einheit.

c) Der Differenzenquotient lautet allgemein

$$\frac{\Delta K}{\Delta x} = \frac{K(x + \Delta x) - K(x)}{\Delta x}$$

$$K(x) = \frac{1}{4}x^2 + 1\,000$$

$$K(x + \Delta x) = \frac{1}{4}(x + \Delta x)^2 + 1\,000$$

$$\frac{\Delta K}{\Delta x} = \frac{\frac{1}{4}(x + \Delta x)^2 + 1\,000 - (\frac{1}{4}x^2 + 1\,000)}{\Delta x}$$

$$\frac{\Delta K}{\Delta x} = \frac{\frac{1}{4}x^2 + \frac{1}{2}x\Delta x + \frac{1}{4}\Delta x^2 + 1\,000 - \frac{1}{4}x^2 - 1\,000}{\Delta x}$$

$$\frac{\Delta K}{\Delta x} = \frac{\frac{1}{2}\Delta x x + \frac{1}{4}\Delta x^2}{\Delta x}$$

$$\underline{\underline{\frac{\Delta K}{\Delta x} = \frac{1}{2}x + \frac{1}{4}\Delta x}}$$

Wenn x im Bereich von x bis x + Δx um eine Einheit variiert wird, dann ändern sich die Gesamtkosten im Durchschnitt um $\frac{1}{2}x + \frac{1}{4}\Delta x$.

Im Bereich von $x_1 = 50$ bis $x_2 = 100$ gilt:

$$\frac{\Delta K}{\Delta x} = \frac{1}{2} \cdot 50 + \frac{1}{4} \cdot 50 = 37{,}5$$

Im Bereich von $x_2 = 100$ bis $x_3 = 150$ gilt:

$$\frac{\Delta K}{\Delta x} = \frac{1}{2} \cdot 100 + \frac{1}{4} \cdot 50 = 62{,}5$$

Mit Hilfe des Differenzenquotienten kann man für beliebige Kurvenabschnitte die durchschnittliche Steigung berechnen.

7.2.3 DIFFERENTIALQUOTIENT

Die Steigung einer Kurve in einem Punkt ist gleich der Steigung der Tangente, die die Kurve im betrachteten Punkt berührt. Mit Hilfe des Differenzenquotienten haben wir die durchschnittliche Steigung zwischen zwei Punkten P und Q bestimmt. Strebt der Punkt Q auf den Punkt P zu, so nähert sich die durchschnittliche Steigung zwischen P und Q immer mehr der Steigung der Kurve im Punkt P.

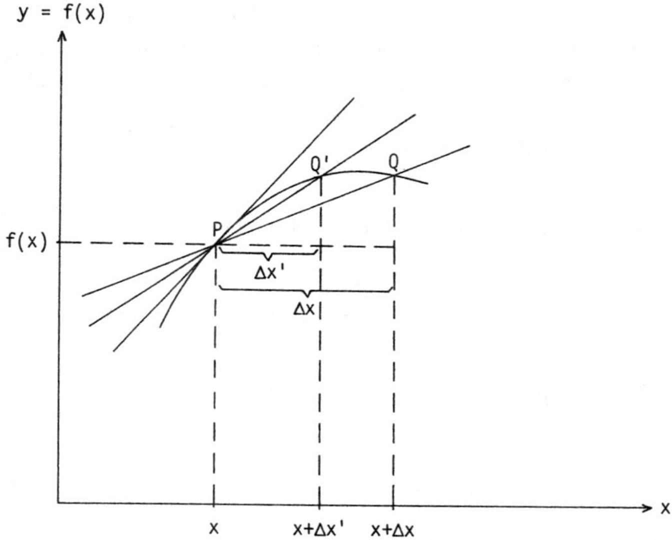

Um die Tangentensteigung zu bestimmen, hat man den Differenzenquotienten für den Fall zu untersuchen, daß der Punkt Q schließlich mit dem Punkt P zusammenfällt, genauer: man muß den Grenzwert des Differenzenquotienten für Δx gegen Null bestimmen.

Für die Steigung einer Kurve in einem Punkt ergibt sich:

R 2

$$\lim_{\Delta x \to 0} \frac{\Delta y}{\Delta x} = \frac{dy}{dx} = f'(x) = y' = \lim_{\Delta x \to 0} \frac{f(x + \Delta x) - f(x)}{\Delta x}$$

DIFFERENTIAL-QUOTIENT

Man bezeichnet diesen Grenzwert als Differentialquotient oder erste Ableitung der Funktion $y = f(x)$. Die mathematische Kurzbezeichnung des Differentialquotienten ist $\frac{dy}{dx}$ (sprich "dy nach dx"), $f'(x)$ oder y'. Mit Hilfe des Differentialquotienten kann man die Steigung in jedem beliebigen Punkt der Kurve bestimmen. Der Differentialquotient ist wiederum eine Funktion von x.

B 2 Bestimme die erste Ableitung der Funktion $y = f(x) = x^2$. Zeichne Funktion und erste Ableitung in zwei genau untereinanderliegende Koordinatenkreuze (gleiche x-Achsen-Einteilung) und lies die Steigung der Funktion in den Punkten $P_1(-2/4)$, $P_2(-1/1)$, $P_3(0/0)$, $P_4(1/1)$ und $P_5(2/4)$ ab.

1. Schritt: Bilden des Differenzenquotienten

$$\frac{\Delta y}{\Delta x} = \frac{(x + \Delta x)^2 - x^2}{\Delta x}$$

$$\frac{\Delta y}{\Delta x} = \frac{x^2 + 2\Delta x \cdot x + \Delta x^2 - x^2}{\Delta x}$$

$$\frac{\Delta y}{\Delta x} = 2x + \Delta x$$

2. Schritt: Grenzwertbetrachtung des Differenzenquotienten für $\Delta x \to 0$

$$y' = \lim_{\Delta x \to 0} (2x + \Delta x)$$

$$\underline{\underline{\frac{dy}{dx} = 2x}}$$ DIFFERENTIALQUOTIENT

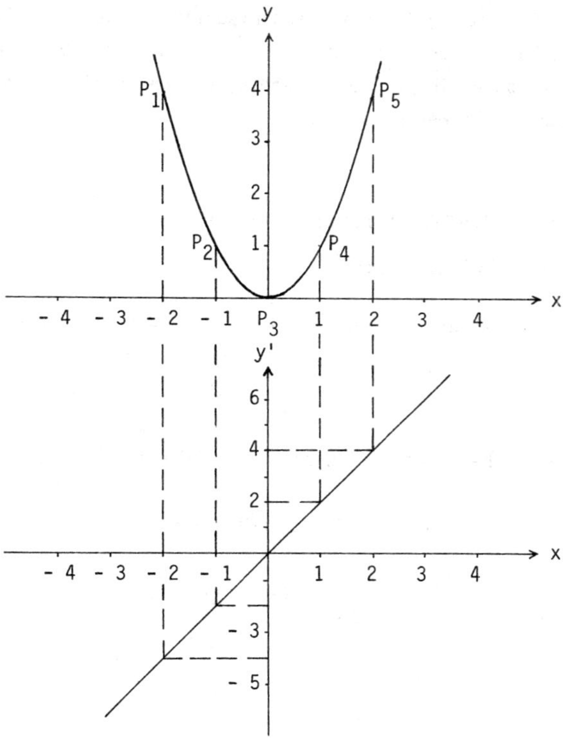

Bei der gegebenen Funktion handelt es sich um die Normalparabel. Als erste Ableitung der Funktion erhält man eine Ursprungsgerade mit der Steigung 2. Die Steigungswerte m der Funktion $y = x^2$ für die Punkte P_1 bis P_5 lassen sich am Bild der ersten Ableitung ablesen:

		Steigung
$P_1(-2/4)$	→	$m_1 = -4$
$P_2(-1/1)$	→	$m_2 = -2$
$P_3(0/0)$	→	$m_3 = 0$
$P_4(1/1)$	→	$m_4 = 2$
$P_5(2/4)$	→	$m_5 = 4$

Die Bestimmung des Differentialquotienten aus dem Differenzenquotienten ist häufig sehr aufwendig. Zur Bestimmung der Differentialquotienten von Funktionen gibt es Rechenregeln, von denen die wichtigsten im folgenden dargestellt werden sollen.

7.3 DIFFERENZIERUNGSREGELN

7.3.1 POTENZREGEL

Die Ableitung der Funktion $y = x^2$ wurde bereits bestimmt.

$$y = f(x) = x^2 \quad \rightarrow \quad y' = 2x$$

B 3 Bestimme die Ableitung der Funktion $y = f(x) = x^3$.

1. Schritt: Bildung des Differenzenquotienten

$$\frac{\Delta y}{\Delta x} = \frac{f(x + \Delta x) - f(x)}{\Delta x}$$

$$= \frac{(x + \Delta x)^3 - x^3}{\Delta x}$$

$$= \frac{x^3 + 3x^2\Delta x + 3x\Delta x^2 + \Delta x^3 - x^3}{\Delta x}$$

$$= \frac{3x^2\Delta x + 3x\Delta x^2 + \Delta x^3}{\Delta x}$$

$$= 3x^2 + 3x\Delta x + \Delta x^2$$

2. Schritt: Grenzwertbetrachtung für Δx gegen Null.

$$y' = \lim_{\Delta x \to 0} (3x^2 + 3x\Delta x + \Delta x^2)$$

$$\underline{\underline{y' = 3x^2}}$$

B 4 Bestimme die Ableitung der Funktion $y = f(x) = x^4$.

1. Schritt: Bildung des Differenzenquotienten.

$$\frac{\Delta y}{\Delta x} = \frac{f(x + \Delta x) - f(x)}{\Delta x}$$

$$= \frac{(x + \Delta x)^4 - x^4}{\Delta x}$$

$$= \frac{x^4 + 4x^3\Delta x + 6x^2\Delta x^2 + 4x\Delta x^3 + \Delta x^4 - x^4}{\Delta x}$$

$$= 4x^3 + 6x^2\Delta x + 4x\Delta x^2 + \Delta x^3$$

2. Schritt: Grenzwertbetrachtung.

$$y' = \lim_{\Delta x \to 0} (4x^3 + 6x^2\Delta x + 4x\Delta x^2 + \Delta x^3)$$

$$\underline{\underline{y' = 4x^3}}$$

Folgende Ableitungen zu Potenzfunktionen sind nun bestimmt:

$$y = f(x) = x^2 \quad \rightarrow \quad y' = 2x$$

$$y = f(x) = x^3 \quad \rightarrow \quad y' = 3x^2$$

$$y = f(x) = x^4 \quad \rightarrow \quad y' = 4x^3$$

Allgemein lautet die Regel zur Bildung der 1. Ableitung von Potenzfunktionen:

R 3 $\boxed{y = f(x) = x^n \quad \rightarrow \quad y' = \frac{dy}{dx} = nx^{n-1}}$ POTENZREGEL[1]

Das Bilden der 1. Ableitung von f(x) wird i. a. als "Differenzieren" der Funktion f(x) bezeichnet.

1 Auf eine allgemeine Herleitung der Potenzregel über den Binomialsatz wird in diesem Zusammenhang verzichtet. Vgl. hierzu J. SCHWARZE, Mathematik für Wirtschaftswissenschaftler, Band 2, a.a.O., S. 15.

Bilde zu den in Beispiel B 5 bis B 7 aufgeführten Funktionen die erste Ableitung.

B 5
$$y = x^6$$
$$y' = 6x^{6-1}$$
$$\underline{\underline{y' = 6x^5}}$$

B 6
$$y = \frac{1}{x} = x^{-1}$$
$$y' = -\,1x^{-1-1}$$
$$y' = -\,x^{-2}$$
$$\underline{\underline{y' = -\,\frac{1}{x^2}}}$$

B 7
$$y = \sqrt{x} = x^{\frac{1}{2}}$$
$$y' = \frac{1}{2} \cdot x^{\frac{1}{2}}$$
$$y' = \frac{1}{2} \cdot \frac{1}{\sqrt{x}}$$
$$\underline{\underline{y' = \frac{1}{2\sqrt{x}}}}$$

B 8
$$y = 3 = 3x^0$$
$$\frac{dy}{dx} = 0 \cdot x^{0-1}$$
$$\frac{dy}{dx} = 0$$

MERKE: Die Ableitung eines absoluten Gliedes ist gleich Null.

7.3.2 KONSTANTENREGEL

Wird eine Potenzfunktion mit einem konstanten Faktor a multipliziert, so bleibt dieser Faktor bei der Ableitung erhalten.

R 4

$$y = f(x) = ax^n \quad \rightarrow \quad y' = \frac{dy}{dx} = anx^{n-1}$$

B 9

$$y = 5x^4$$

$$y' = 5 \cdot 4x^3$$

$$\underline{\underline{y' = 20x^3}}$$

B 10

$$y = \frac{2}{x} = 2 \cdot x^{-1}$$

$$y' = 2 \cdot \left(- \frac{1}{x^2}\right)$$

$$\underline{\underline{y' = - \frac{2}{x^2}}}$$

B 11

$$y = \frac{3}{4\sqrt[3]{x}} = \frac{3}{4} \cdot x^{-\frac{1}{3}}$$

$$y' = \frac{3}{4} \cdot \left(- \frac{1}{3}\right) \cdot x^{-\frac{1}{3} - 1}$$

$$y' = - \frac{1}{4} \cdot x^{-\frac{4}{3}}$$

$$\underline{\underline{y' = - \frac{1}{4\sqrt[3]{x^4}}}}$$

7.3.3 SUMMENREGEL

Ist die Funktionsgleichung aus einer Summe oder Differenz mehrerer Potenzfunktionen zusammengesetzt, so wird jeder Summand einzeln differenziert.

$$y = a \cdot x^n + b \cdot x^m \rightarrow y' = anx^{n-1} + bmx^{m-1}$$

Allgemein:

R 5

$$y = \sum_{i=0}^{n} a_i x^i \quad \text{(Sprich: Summe von } a_i x^i \text{ von } i = 0 \text{ bis } i = n)$$

$$= a_0 + a_1 x^1 + a_2 x^2 + a_3 x^3 + \ldots + a_n x^n$$

$$y' = \sum_{i=1}^{n} a_i i x^{i-1}$$

$$= a_1 + a_2 \cdot 2x + a_3 \cdot 3x^2 + a_4 \cdot 4x^3 + \ldots + a_n \cdot nx^{n-1}$$

B 12 $y = 5x^5 - 7x^3 + 2x + 1$

$\underline{\underline{y' = 25x^4 - 21x^2 + 2}}$

B 13 $y = x^4 + x^3 + x^2 + x + 1$

$\underline{\underline{y' = 4x^3 + 3x^2 + 2x + 1}}$

B 14 $y = 112x^2 + 20x - \frac{100}{x}$

$\underline{\underline{y' = 224x + 20 + \frac{100}{x^2}}}$

B 15 $y = \frac{3x^4 + 5x^2 + 6}{x^2} = 3x^2 + 5 + \frac{6}{x^2}$

$$\underline{\underline{y' = 6x - \frac{12}{x^3}}}$$

7.3.4 ABLEITUNGEN HÖHERER ORDNUNG

Gegeben sei eine Funktion y = f(x). Die erste Ableitung der Funktion lautet y' = f'(x). Bildet man nun die Ableitung von f'(x), so erhält man die zweite Ableitung y" = f"(x). Leitet man weiter ab, so erhält man die dritte, vierte, ... Ableitung.

B 16 $y = 6x^5 + 3x^2 + 2x$

$y' = 30x^4 + 6x + 2$

$y'' = 120x^3 + 6$

$y''' = 360x^2$

$y'''' = 720x$

$y''''' = 720$

$y'''''' = 0$

7.4 EXTREMWERTBESTIMMUNG

Ein besonders wichtiges Gebiet der Differentialrechnung ist die Extremwertbestimmung. Gegeben sei eine Funktion $y = f(x)$ mit folgendem Verlauf:

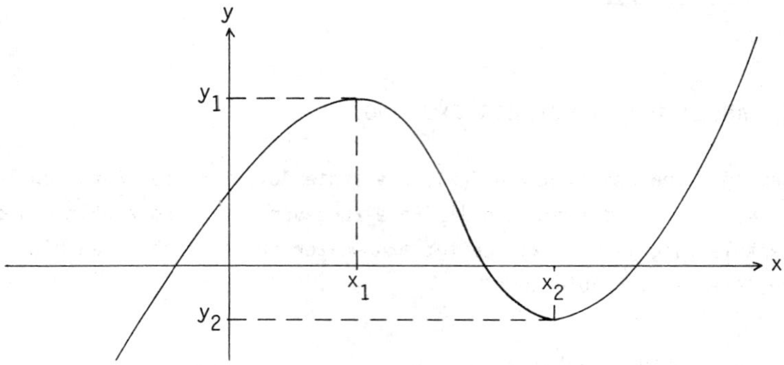

An der Stelle x_1 besitzt die Funktion ein lokales oder relatives Maximum (Hochpunkt). Alle Funktionswerte in der Umgebung von y_1 sind kleiner als y_1.

An der Stelle x_2 hat die Funktion ein lokales oder relatives Minimum (Tiefpunkt). Alle Funktionswerte in der Umgebung von y_2 sind größer als y_2.

Eine Funktion hat in dem Punkt $P_E(x_E/y_E)$ ein absolutes Maximum (Minimum), wenn es im gesamten Definitionsbereich keinen Funktionswert gibt, der größer (kleiner) als y_E ist. Wird im folgenden von einem Maximum oder Minimum gesprochen, so ist stets ein lokales Maximum oder Minimum gemeint.

B 17 Gegeben sei die Funktion $y = - x^2 + 4x - 1$.
Bilde die erste und zweite Ableitung und zeichne die Funktion sowie erste und zweite Ableitung untereinander. Welche Werte nehmen die erste und zweite Ableitung im lokalen Maximum und im lokalen Minimum an?

$$y = - x^2 + 4x - 1$$

$$y' = - 2x + 4$$

$$y'' = - 2$$

WERTETAFEL

x	- 1	0	1	2	3	4	5
$y = -x^2 + 4x - 1$	- 6	- 1	2	3	2	- 1	- 6

ZEICHNUNG

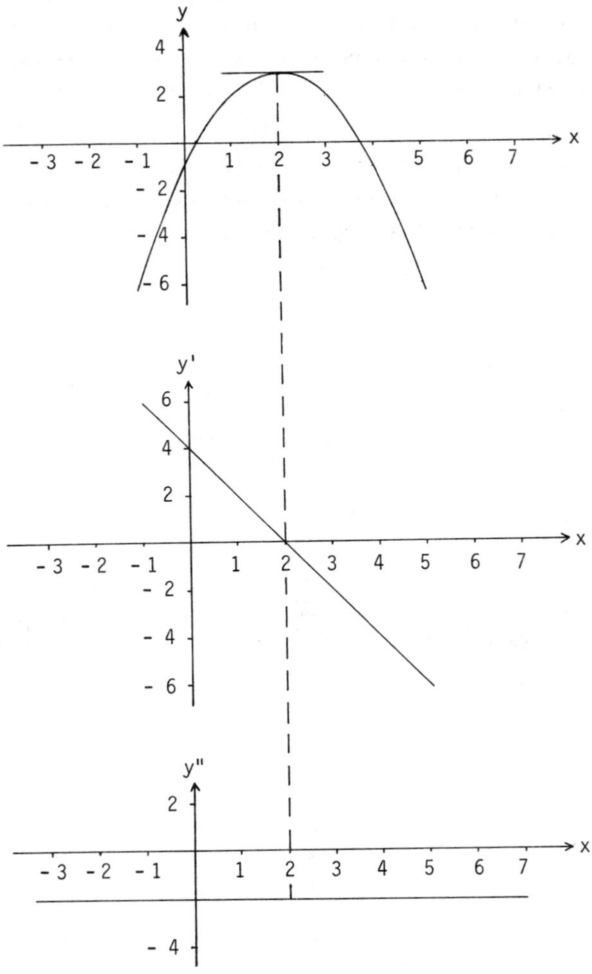

An der Stelle $x = 2$ hat die Funktion ein Maximum. Die Tangente, die die Kurve im Maximum berührt, verläuft waagerecht, d. h. ihre Steigung ist an dieser Stelle gleich Null. Verfolgt man den Verlauf der Parabel im Bereich des Maximums, so stellt man fest, daß für $x < 2$ die Steigung der Funktion positiv ist. Je näher man sich der Stelle $x = 2$ nähert, desto kleiner wird die Steigung. Bei $x = 2$ erreicht die Steigung den Wert Null, um dann für $x > 2$ negative Werte anzunehmen. Die Werte der ersten Ableitung fallen also vom positiven in den negativen Bereich, d. h. die Steigung der ersten Ableitung im Bereich des Maximums ist negativ. In unserem Beispiel ist die erste Ableitung linear, die zweite Ableitung ist konstant gleich - 2.

B 18 Gegeben ist die Funktion $y = x^2 - 6x + 12$.
Bilde die erste und zweite Ableitung und zeichne die Funktion, erste und zweite Ableitung untereinander.

$$y = x^2 - 6x + 12$$

$$y' = + 2x - 6$$

$$y'' = 2$$

WERTETAFEL

x	0	1	2	3	4	5	6
$y = x^2 - 6x + 12$	12	7	4	3	4	7	12

ZEICHNUNG

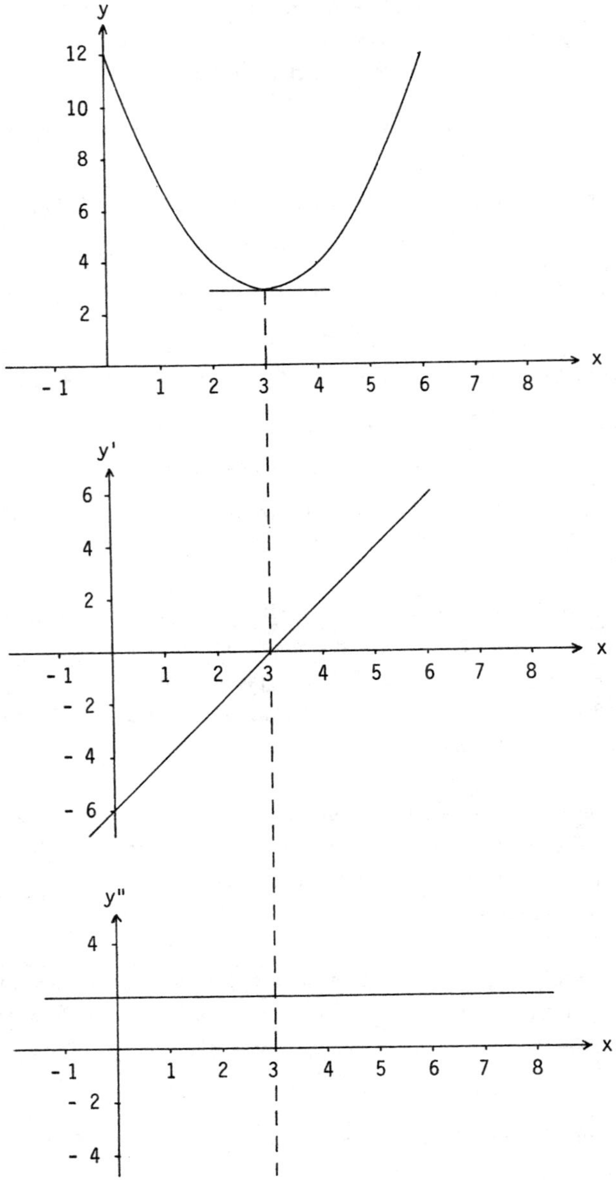
y
12
10
8
6
4
2
x
- 1
1
2
3
4
5
6
7
8
y'
6
4
2
x
- 1
1
2
3
4
5
6
7
8
- 2
- 4
- 6
y"
4
x
- 1
1
2
3
4
5
6
7
8
- 2
- 4

An der Stelle $x = 3$ hat die Funktion ein Minimum. Die Steigung im Minimum ist gleich Null. Für $x < 3$ ist die Steigung negativ, für $x > 3$ positiv. Die erste Ableitung steigt also vom negativen in den positiven Bereich und hat eine Nullstelle bei $x = 3$. Die zweite Ableitung ist im Bereich des Minimums positiv.

Allgemein gilt für die Bestimmung eines Extremums (Hoch- oder Tiefpunkt):

R 6

Hat eine Funktion $y = f(x)$ an der Stelle x_E ein Extremum, so gilt:

$$f'(x_E) = 0 \quad \text{(notwendige Bedingung)}$$

Gilt für die Funktion $y = f(x)$ an der Stelle x_E

$$f'(x_E) = 0 \quad \text{und} \quad f''(x_E) < 0,$$

so hat die Funktion an dieser Stelle ein lokales Maximum.

Gilt für die Funktion $y = f(x)$ an der Stelle x_E

$$f'(x_E) = 0 \quad \text{und} \quad f''(x_E) > 0,$$

so hat die Funktion an dieser Stelle ein lokales Minimum.

Als Sonderfall ist zu beachten $f'(x_E) = 0$ und $f''(x_E) = 0$. In diesem Fall kann an der Stelle x_E sowohl ein Extremum, als auch ein Wendepunkt mit waagerechter Tangente (Sattelpunkt) vorliegen[1]. In diesem Falle läßt sich durch die Betrachtung unmittelbarer Nachbarpunkte klären, ob ein Extremum oder ein Sattelpunkt vorliegt.

Unter dem Wendepunkt einer Kurve versteht man einen Punkt in dem die Kurve ihre Krümmung ändert. Über die Krümmungseigenschaften einer Funktion $y = f(x)$ an einer Stelle x_1 gibt das Vorzeichen der zweiten Ableitung an der Stelle x_1 Auskunft.

Gilt an der Stelle x_1 $f''(x_1) > 0$, dann ist die Funktion an der Stelle x_1 konvex oder linksgekrümmt. Gilt an der Stelle x_1 $f''(x_1) < 0$, dann ist die Funktion an der Stelle x_1 konkav oder rechtsgekrümmt.

1 Vgl. hierzu: J. SCHWARZE, Mathematik für Wirtschaftswissenschaftler, Band 2, a.a.O., S. 40.

Ist $f''(x_1) = 0$ und $f'''(x_1) \neq 0$, dann liegt an der Stelle x_1 ein Wendepunkt vor.

Eine zusammenfassende Darstellung der möglichen Verläufe des Bildes von $y = f(x)$ an der Stelle x_1 gibt folgende Graphik:

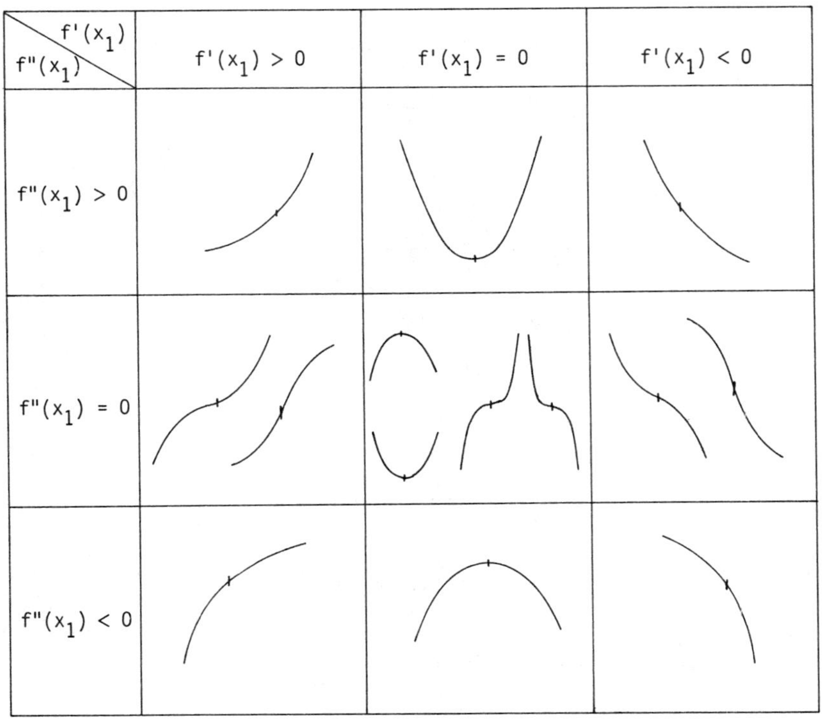

B 19 Gegeben ist eine Funktion $y = x^5 - 5x^3 + 4x$.

a) Bestimme die Extremstellen der Funktion und prüfe, ob es sich um Minima oder Maxima handelt.

b) Bestimme die Nullstellen.

c) Stelle die Funktion graphisch dar.

LÖSUNG

a) 1. Schritt: Bilden der 1. Ableitung:

$$y' = 5x^4 - 15x^2 + 4$$

2. Schritt: Nullsetzen der 1. Ableitung:

$$0 = 5x^4 - 15x^2 + 4 \qquad | : 5$$

$$0 = x_E^4 - 3x_E^2 + \frac{4}{5} \qquad | \; x_E^2 = z$$

$$0 = z^2 - 3z + \frac{4}{5}$$

$$z_{1,2} = \frac{3}{2} \pm \sqrt{\frac{9}{4} - \frac{4}{5}}$$

$$z_{1,2} = 1{,}5 \pm 1{,}2$$

$$z_1 = 2{,}7$$

$$z_2 = 0{,}3$$

$$x_{E1,2} = \pm \sqrt{2{,}7} = \pm 1{,}64$$

$$x_{E3,4} = \pm \sqrt{0{,}3} = \pm 0{,}55$$

3. Schritt: Bilden der 2. Ableitung:

$$y'' = 20x^3 - 30x$$

4. Schritt: Berechnete x-Werte einsetzen:

$$y''(1{,}64) = 39{,}02 > 0 \quad \rightarrow \text{Minimum}$$

$$y''(-1{,}64) = -39{,}02 < 0 \quad \rightarrow \text{Maximum}$$

$$y''(0{,}55) = -13{,}17 < 0 \quad \rightarrow \text{Maximum}$$

$$y''(-0{,}55) = 13{,}17 > 0 \quad \rightarrow \text{Minimum}$$

b) Nullstellen

$$y = x^5 - 5x^3 + 4x$$

$$0 = x_0^5 - 5x_0^3 + 4x_0$$

$$0 = x_0(x_0^4 - 5x_0^3 + 4)$$

$$x_{01} = 0$$

$$0 = x_0^4 - 5x_0^2 + 4 \qquad | \; x^2 = z$$

$$0 = z^2 - 5z + 4$$

$$z_{1,2} = \frac{5}{2} \pm \sqrt{\frac{25}{4} - \frac{16}{4}}$$

$$z_{1,2} = \frac{5}{2} \pm \frac{3}{2}$$

$$z_1 = 4$$

$$z_2 = 1$$

$$x_{02,3} = \pm \sqrt{4} = \pm 2$$

$$x_{04,5} = \pm \sqrt{1} = \pm 1$$

c) Wertetafel und Zeichnung

Bei den Nullstellen und den Extremstellen handelt es sich um markante Stellen der Kurve, die in die Wertetafel aufgenommen werden.

x	- 3	- 2	- 1,64	- 1	- 0,55	0	0,55	1	1,64	2	3
y	- 120	0	3,63	0	- 1,42	0	1,42	0	- 3,63	0	120

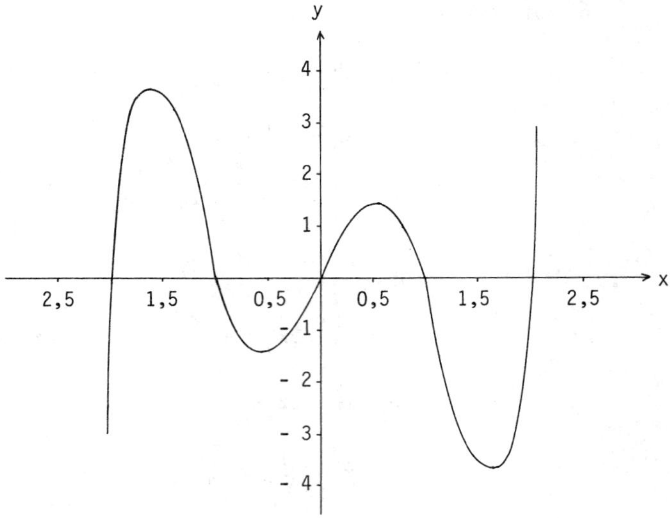

7.5 Ökonomische Anwendung

7.5.1 Grenzkosten

Ein wichtiger Begriff der Betriebswirtschaftslehre ist der Begriff der Grenzkosten. Unter den Grenzkosten versteht man den Betrag, um den die Gesamtkosten steigen (oder fallen), wenn die Produktionsmenge um eine Einheit erhöht (oder verringert) wird. Die Grenzkosten sind häufig abhängig von der Produktionsmenge.

Es gilt: Grenzkosten = $\frac{\Delta K}{\Delta x}$ für $\Delta x = 1$. Da für $\Delta x = 1$ der Differenzenquotient $\frac{\Delta K}{\Delta x}$ ungefähr gleich dem Differentialquotienten $\frac{dK}{dx}$ ist, ermittelt man die Grenzkosten näherungsweise, indem man die Kostenfunktion nach x ableitet. Die 1. Ableitung der Gesamtkostenfunktion ergibt die Grenzkostenfunktion.

$$\text{Grenzkosten} = GK = K'(x) = \frac{dK}{dx}$$

B 20 Ein Produktionsverfahren ist durch die lineare Kostenfunktion gekennzeichnet:

$$K(x) = 1\,000 + 2x$$

a) Ermittle die Grenzkostenfunktion.

b) Zeichne Kostenfunktion und Grenzkostenfunktion.

LÖSUNG

a)
$$K(x) = 1\,000 + 2x$$

$$GK = \frac{dK}{dx} = 2$$

Es ergeben sich konstante Grenzkosten von 2 DM, d. h. wird die Produktionsmenge um eine Einheit ausgedehnt (eingeschränkt), dann steigen (fallen) die Gesamtkosten um 2 DM. Bei linearen Kostenfunktionen sind die Grenzkosten gleich den variablen Stückkosten k_v.

b)

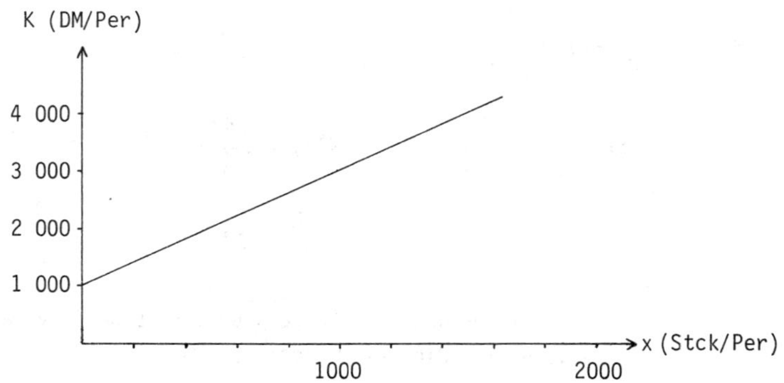

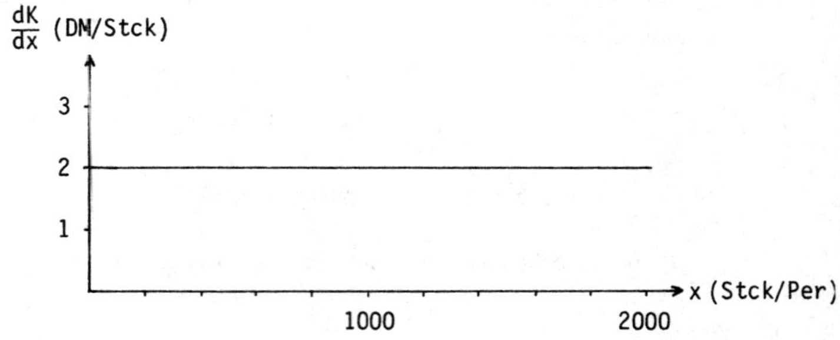

B 21 Ein Produktionsverfahren ist durch die Kostenfunktion gekennzeichnet:

$$K(x) = \frac{x^2}{100} + 50$$

a) Bestimme die Grenzkostenfunktion.

b) Zeichne Kosten- und Grenzkostenfunktion.

c) Wie hoch sind die Grenzkosten bei einer Produktionsmenge von 50, 100, 150, 200 Stück?

LÖSUNG

a) $$K(x) = \frac{x^2}{100} + 50$$

$$GK = \frac{dK}{dx} = \frac{1}{50}x$$

Wenn die produzierte Menge x um eine Einheit verändert wird, ändern sich die Gesamtkosten um $\frac{1}{50}x$.

b) Wertetafel

x	50	100	150	200	250
K	75	150	275	450	675

Zeichnung

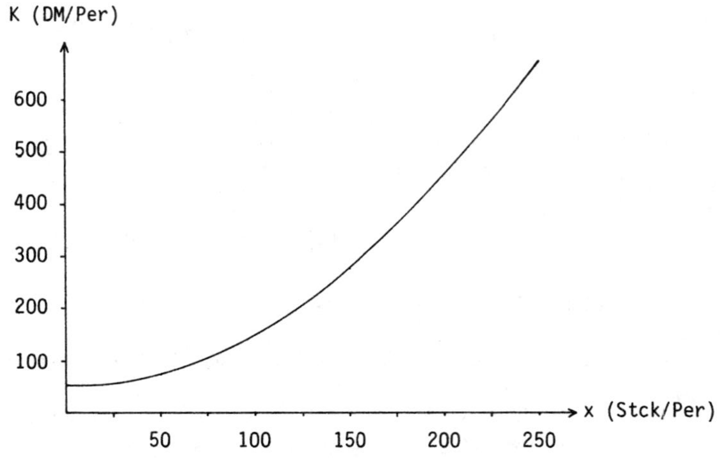

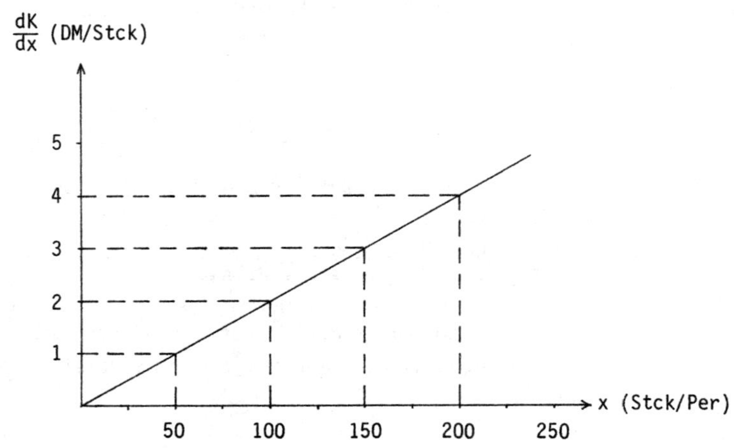

c) Die Grenzkosten betragen bei

$$x = 50 : \quad \frac{dK}{dx} = \frac{1}{50} \cdot 50 = \underline{\underline{1}}$$

$$x = 100 : \quad \frac{dK}{dx} = \frac{1}{50} \cdot 100 = \underline{\underline{2}}$$

$$x = 150 : \quad \frac{dK}{dx} = \frac{1}{50} \cdot 150 = \underline{\underline{3}}$$

$$x = 200 : \quad \frac{dK}{dx} = \frac{1}{50} \cdot 200 = \underline{\underline{4}}$$

B 22 Ein Produktionsverfahren ist durch folgende S-förmige Kostenfunktion gekennzeichnet:

$$K(x) = 0{,}001x^3 - 0{,}6x^2 + 130x + 2\,000$$

a) Bestimme die Grenzkostenfunktion.

b) Bei welcher Produktionsmenge sind die Grenzkosten minimal?

c) Wie hoch sind die Grenzkosten bei einer Produktionsmenge von 0, 100, 200, 300, 400 Stück pro Periode?

d) Zeichne Kosten- und Grenzkostenfunktion.

LÖSUNG

a)
$$K(x) = 0{,}001x^3 - 0{,}6x^2 + 130x + 2\,000$$

$$\underline{\underline{GK = \frac{dK}{dx} = 0{,}003x^2 - 1{,}2x + 130}}$$

b) Um das Minimum der Grenzkostenfunktion zu bestimmen, muß man diese ableiten und anschließend die erste Ableitung Null setzen.

$$GK' = 0{,}006x - 1{,}2$$

$$0 = 0{,}006x_E - 1{,}2$$

$$\underline{\underline{x_E = 200}}$$

Die Grenzkostenfunktion hat an der Stelle x = 200 ein Extremum. Um zu prüfen, ob es sich um ein Minimum handelt, hat man das Ergebnis in die zweite Ableitung der Grenzkostenfunktion einzusetzen.

$$GK'' = 0{,}006$$

Die zweite Ableitung ist konstant und größer gleich Null. An der Stelle x = 200 hat die Grenzkostenfunktion ein Minimum.

c)

x	0	100	200	300	400
GK	130	40	10	40	130

d) Wertetafel

x	0	100	200	300	400
K	2 000	10 000	12 000	14 000	22 000

Zeichnung

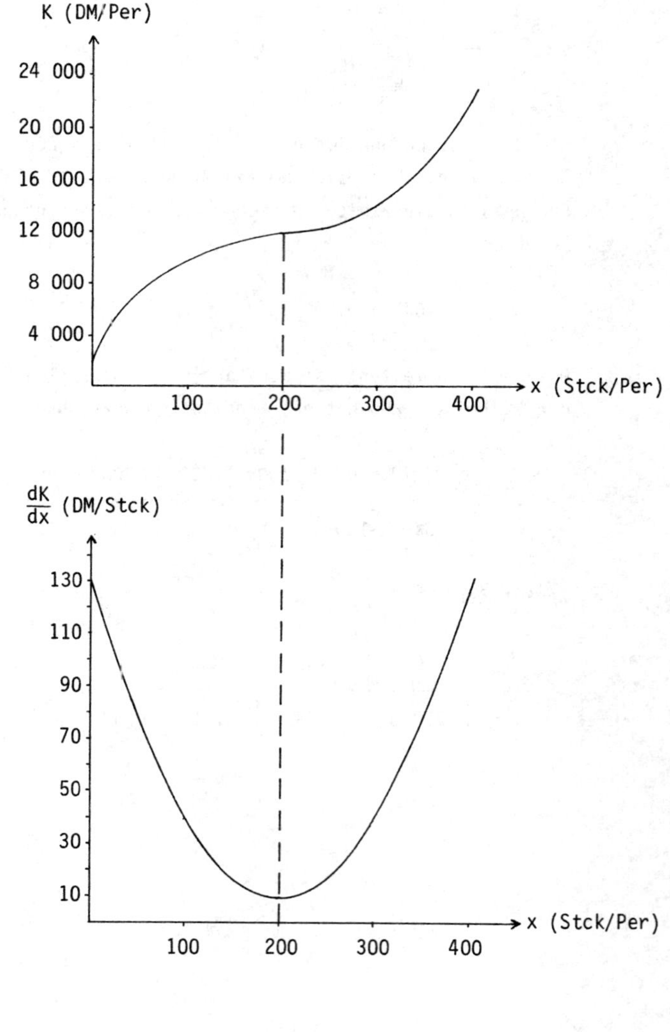
K (DM/Per)
24 000
20 000
16 000
12 000
8 000
4 000
100
200
300
400
x (Stck/Per)
dK/dx (DM/Stck)
130
110
90
70
50
30
10
100
200
300
400
x (Stck/Per)

7.5.2 GRENZUMSATZ

Unter Grenzumsatz versteht man den Betrag, um den sich der Umsatz verändert, wenn die abgesetzte Menge sich um eine Einheit ändert. Wie die Grenzkosten bestimmt man auch den Grenzumsatz näherungsweise durch ableiten der Umsatzfunktion nach x.

$$\text{Grenzumsatz} = GU = U'(x) = \frac{dU}{dx}$$

B 23 Ein Mengenanpasser verkauft sein Produkt zum Marktpreis von $p = 100$ DM pro Stück.

a) Wie lauten Umsatz- und Grenzumsatzfunktion?

b) Zeichne Umsatz- und Grenzumsatzfunktion.

LÖSUNG

a)

$$U(x) = px$$

$$\underline{\underline{U(x) = 100x}}$$

$$GU = \frac{dU}{dx} = p$$

$$\underline{\underline{GU = \frac{dU}{dx} = 100}}$$

b) Die Umsatzfunktion ist eine Ursprungsgerade mit der Steigung 100. Der Grenzumsatz beträgt konstant 100 DM pro Stück, d. h. wenn die abgesetzte Menge um eine Einheit steigt, dann steigt der Umsatz um 100 DM.

Zeichnung

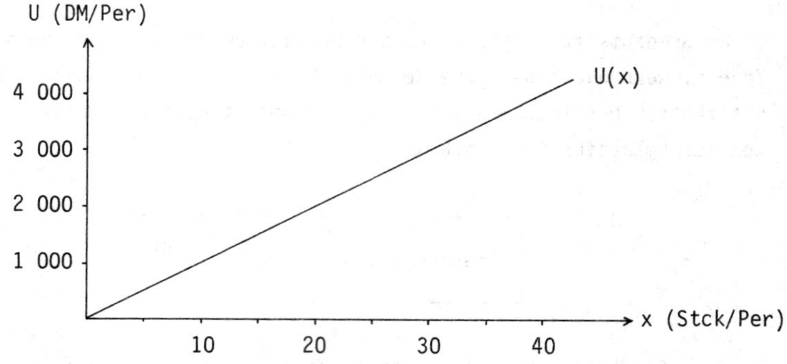

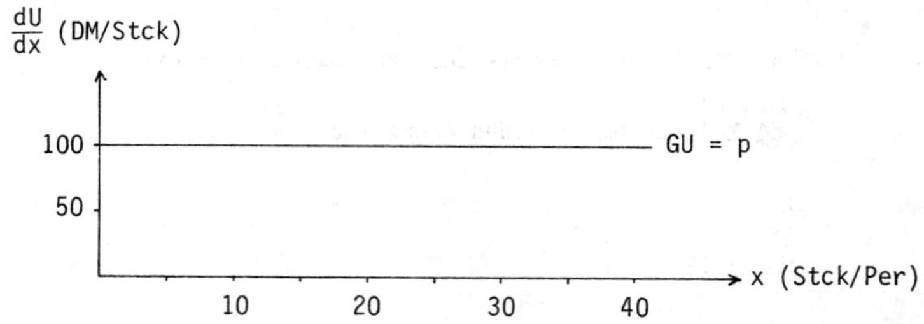

B 24 Ein Betrieb stellt ein Produkt her, für das am Markt folgende Preisabsatzfunktion ermittelt wurde:

$$p(x) = 400 - 0{,}1x$$

a) Wie lauten Umsatz- und Grenzumsatzfunktion?

b) Wie groß ist die umsatzmaximale Absatzmenge?

c) Zeichne Umsatz-, Preisabsatz- und Grenzumsatzfunktion.

LÖSUNG

a)

$$U(x) = px$$

$$U(x) = (400 - 0{,}1x)x$$

$$\underline{\underline{U(x) = 400x - 0{,}1x^2}}$$

$$\underline{\underline{GU = \frac{dU}{dx} = 400 - 0{,}2x}}$$

b) Im Umsatzmaximum gilt:

$$GU = 0$$

$$400 - 0{,}2x_E = 0$$

$$x_E = 2\ 000$$

Überprüfung des Maximums:

$$GU' = -\ 0{,}2$$

Die zweite Ableitung der Umsatzfunktion ist konstant und kleiner als Null. Bei einer Absatzmenge von x = 2 000 Stück pro Periode wird der maximale Umsatz erzielt.

c) Wertetafel

x	0	1 000	1 500	2 000	2 500	3 000	4 000
U	0	300 000	375 000	400 000	375 000	300 000	

Zeichnung

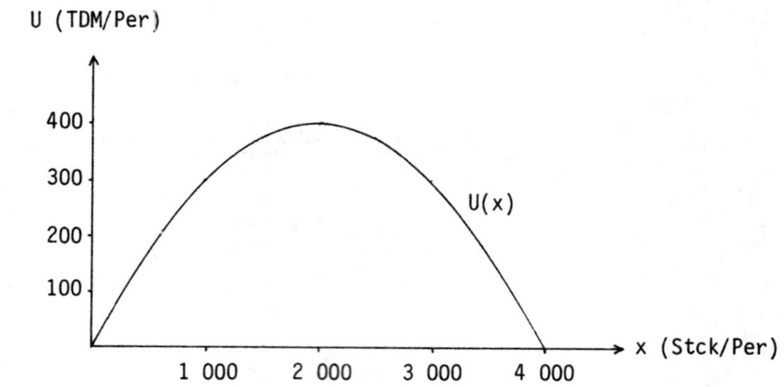

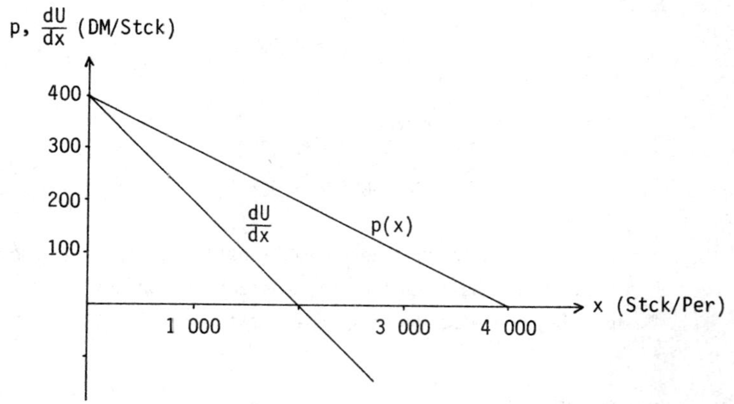

Bis zu einer Absatzmenge von 2 000 Stück pro Periode steigt der Umsatz. Der Grenzumsatz ist in diesem Bereich positiv.

Bei einer Absatzmenge von 2 000 Stück ist der maximale Umsatz erreicht, der Grenzumsatz ist hier Null.

Steigt die Absatzmenge von 2 000 auf 4 000 Stück, so fällt der Umsatz und wird schließlich Null. Der Grenzumsatz ist negativ.

Vergleicht man Grenzumsatzfunktion und Preisabsatzfunktion, so erkennt man:

- Beide Funktionen sind linear und haben den gleichen Ordinatenabschnitt.
- Die Steigung der Grenzumsatzfunktion ist dem Betrage nach doppelt so groß, wie die Steigung der Preisabsatzfunktion.

Diese am Beispiel gewonnene Erkenntnis läßt sich allgemein für den Fall linearer Absatzfunktionen nachweisen. Für ein Produkt gelte eine lineare Preisabsatzfunktion:

$$p(x) = \underbrace{p_{max}}_{\text{Ordinaten-abschnitt}} \underbrace{- mx}_{\text{Steigung}}$$

Die Umsatzfunktion lautet dann:

$$U(x) = p_{max}x - mx^2$$

Die Grenzumsatzfunktion lautet:

$$GU = \frac{dU}{dx} = \underbrace{p_{max}}_{\text{Ordinaten-abschnitt}} \underbrace{- 2mx}_{\text{Steigung}}$$

7.5.3 GEWINNMAXIMIERUNG

Das Hauptziel eines am wirtschaftlichen Erfolg orientierten Unternehmens ist das Ziel der Gewinnmaximierung, d. h. der Unternehmer ist bestrebt, mit der gegebenen Ausstattung größtmöglichen Gewinn zu erzielen. Mathematisch läßt sich das Gewinnmaximum dadurch ermitteln, daß man die erste Ableitung der Gewinnfunktion Null setzt.

$$\boxed{G'(x) = 0}$$

Die Gewinnfunktion ergibt sich als Differenz von Umsatz- und Kostenfunktion:

$$G(x) = U(x) - K(x)$$

Nach der Summenregel folgt daraus:

$$G'(x) = U'(x) - K'(x)$$

Die notwendige Bedingung für das Vorliegen eines Gewinnmaximums lautet dann:

$$U'(x_G) - K'(x_G) = 0$$

$$U'(x_G) = K'(x_G)$$

Grenzumsatz = Grenzkosten

An der Stelle des Gewinnmaximums haben Umsatz- und Kostenfunktion gleiche Steigung. Eine Produktionsausdehnung führt immer dann zu einer Gewinnsteigerung, so lange die letzte produzierte Einheit gerade noch mehr bringt als ihre Herstellung kostet. Hat man die Produktionsmenge ermittelt, bei der die erste Ableitung der Gewinnfunktion Null wird, so ist das Vorliegen des Maximums anhand der zweiten Ableitung zu überprüfen. Es muß gelten:

$$G''(x_G) < 0$$

Außerdem ist es bei einer rein rechnerischen Betrachtung sinnvoll, zu überprüfen, ob an der Stelle x_G tatsächlich ein positiver Gewinn erzielt wird.

Für den Mengenanpasser läßt sich die Bedingung - Grenzumsatz gleich Grenzkosten - noch weiter präzisieren. Für den Mengenanpasser gilt:

$$U'(x_G) = p$$

Die Bedingung für das Vorliegen eines Gewinnmaximums lautet dann:

$$K'(x_G) = p$$

Grenzkosten = Preis

B 25 Für die Produktion eines bestimmten Gutes gelte folgende Kostenfunktion:

$$K(x) = 0{,}01x^3 - 1{,}2x^2 + 50x + 600$$

Wie wird sich ein gewinnmaximierender Unternehmer verhalten, wenn für das Produkt ein Preis von 5, 18 oder 29 DM gilt?

a) Zeichne die Kostenfunktion und die alternativen Umsatzfunktionen in ein Koordinatensystem und zeichne Grenzkosten-, Grenzumsatz- (Preisgeraden), Stückkosten- und variable Stückkostenkurve in ein zweites Koordinatensystem.

b) Berechne zu jedem Preis die gewinnmaximale Absatzmenge und den sich ergebenden Gewinn. Vergleiche das Ergebnis mit der Zeichnung. Wie wird sich der Unternehmer verhalten?

LÖSUNG

a) Die Gleichungen der zu zeichnenden Funktionen lauten:

$$K(x) = 0{,}01x^3 - 1{,}2x^2 + 50x + 600$$

$$U_1(x) = 5x \qquad GU_1 = p_1 = 5$$

$$U_2(x) = 18x \qquad GU_2 = p_2 = 18$$

$$U_3(x) = 29x \qquad GU_3 = p_3 = 29$$

$$GK(x) = 0{,}03x^2 - 2{,}4x + 50$$

$$k(x) = 0{,}01x^2 - 1{,}2x + 50 + \frac{600}{x}$$

$$k_v(x) = 0{,}01x^2 - 1{,}2x + 50$$

Wertetafel und Zeichnungen

x	0	10	20	30	40	50	60	70	80	90
K(x)	600	990	1200	1290	1320	1350	1440	1650	2040	2670
GK	50	29	14	5	2	5	14	29	50	77
k	-	99	60	43	33	27	24	23,6	25,5	29,7
k_v	-	39	30	23	18	15	14	15	18	23

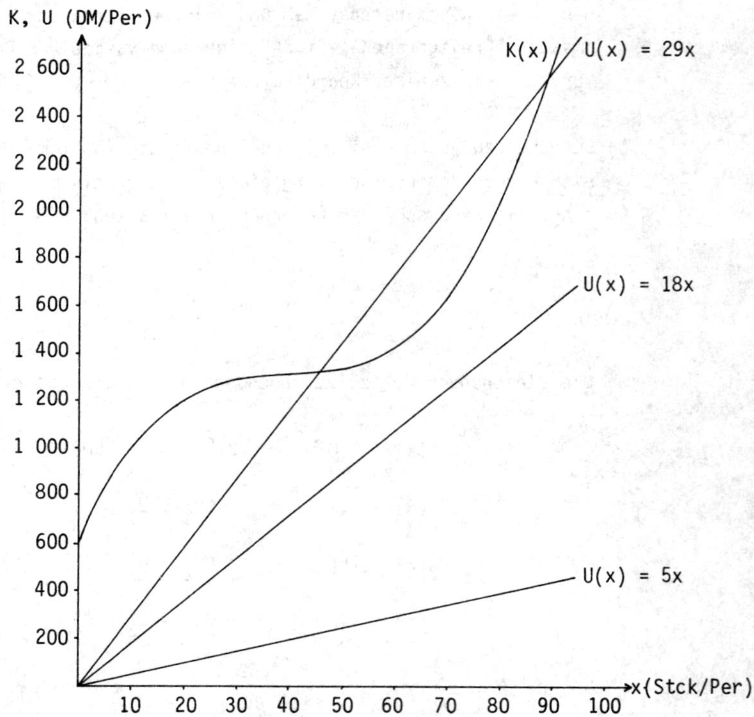

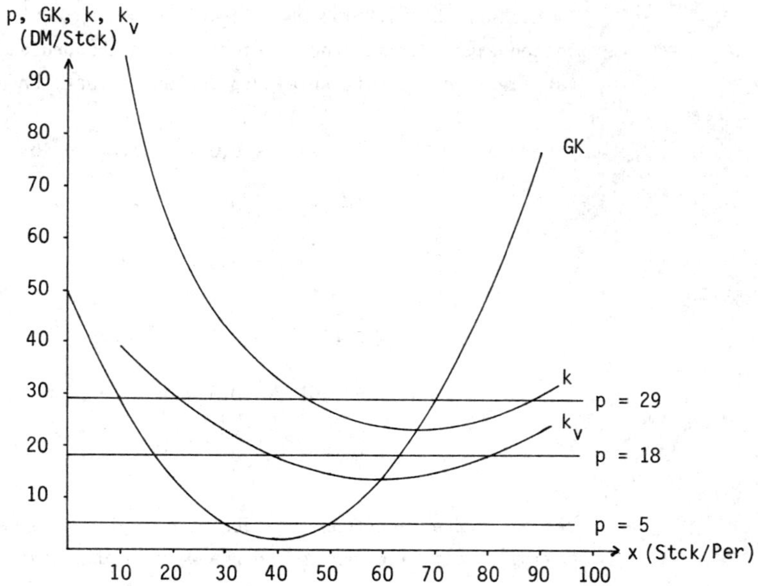

b) Bedingung für das Vorliegen eines Gewinnmaximums ist:

$$GK = p$$

Für p = 5 ergibt sich:

$$0{,}03x_G^2 - 2{,}4x_G + 50 = 5$$

$$x_G^2 - 80x_G + 1\,500 = 0$$

$$x_{G1,2} = 40 \pm 10$$

$$x_{G1} = 30$$

$$x_{G2} = 50$$

Im nächsten Schritt muß man die gefundenen x_G-Werte auf das Vorliegen eines Maximums der Gewinnfunktion überprüfen. Dazu setzt man sie in die zweite Ableitung der Gewinnfunktion ein.

$$G(x) = -\ 0{,}01x^3 + 1{,}2x^2 - 45x - 600$$

$$G'(x) = -\ 0{,}03x^2 + 2{,}4x - 45$$

$$G''(x) = -\ 0{,}06x + 2{,}4$$

$$G''(30) = -\ 0{,}06 \cdot 30 + 2{,}4$$

$$G''(30) = 0{,}6 > 0 \quad \rightarrow \quad \text{Minimum}$$

$$G''(50) = -\ 0{,}6 < 0 \quad \rightarrow \quad \text{Maximum}$$

Bei einer produzierten Menge von 50 Einheiten ist der Gewinn maximal. Setzt man den gefundenen Wert in die Gewinnfunktion ein, so erhält man:

$$G(50) = -\ 0{,}01 \cdot 50^3 + 1{,}2 \cdot 50^2 - 45 \cdot 50 - 600$$

$$\underline{\underline{G(50) = -\ 1\,100}}$$

Bei einer produzierten Menge von 50 Einheiten ist der Gewinn zwar maximal, jedoch negativ. Es entsteht ein Verlust von 1 100 DM. Der Verlust ist größer als die fixen Kosten, d. h. bei einem Preis von 5 DM pro Einheit ist eine Produktion nicht sinnvoll.

Für p = 18 ergibt sich aus der Bedingung GK = p:

$$0{,}03x_G^2 - 2{,}4x_G + 50 = 18$$

$$x_G^2 - 80x_G + \frac{3\,200}{3} = 0$$

$$x_{G1,2} = 40 \pm \sqrt{1\,600 - \frac{3\,200}{3}}$$

$$x_{G1,2} = 40 \pm 23{,}09$$

$$x_{G1} = 16{,}91$$

$$x_{G2} = 63{,}09$$

Überprüfen der Werte auf Vorliegen eines Maximums durch Einsetzen in die zweite Ableitung der Gewinnfunktion:

$$G(x) = -\ 0{,}01x^3 + 1{,}2x^2 - 32x - 600$$

$$G'(x) = -\ 0{,}03x^2 + 2{,}4x - 32$$

$$G''(x) = -\ 0{,}06 + 2{,}4$$

$$G''(16{,}91) = 1{,}39 > 0 \quad \rightarrow \quad \text{Minimum}$$

$$G''(63{,}09) = -\ 1{,}39 < 0 \quad \rightarrow \quad \text{Maximum}$$

Bei einer Produktionsmenge von 63 (gerundet) Einheiten erzielt man den größten Gewinn, wenn ein Preis von 18 DM für das Produkt gilt. Der Gewinn ergibt sich aus:

$$G(63) = -\ 353{,}67$$

Auch bei einem Preis von 18 DM wird kein positiver Gewinn erzielt. Im Gewinnmaximum bei $x = 63$ ergibt sich ein Verlust in Höhe von 353,67 DM. Der Verlust ist geringer als die fixen Kosten, also lohnt es sich für einen Unternehmer kurzfristig (solange die Fixkosten nicht abbaufähig sind) bei einem Preis von 18 DM zu produzieren.

Für einen Preis von 29 DM pro Einheit ergibt sich aus der Bedingung $GK = p$:

$$0{,}03x_G^2 - 2{,}4x_G + 50 = 29$$

$$x_G^2 - 80x_G + 700 = 0$$

$$x_{G1,2} = 40 \pm \sqrt{1\,600 - 700}$$

$$x_{G1} = 10$$

$$x_{G2} = 70$$

Überprüfen der Werte auf Vorliegen eines Maximums durch Einsetzen in die zweite Ableitung der Gewinnfunktion:

$$G(x) = -\,0{,}01x^3 + 1{,}2x^2 - 21x - 600$$

$$G'(x) = -\,0{,}03x^2 + 2{,}4x - 21$$

$$G''(x) = -\,0{,}06x + 2{,}4$$

$$G''(10) = 1{,}8 > 0 \quad \rightarrow \quad \text{Minimum}$$

$$G''(70) = -\,1{,}8 < 0 \quad \rightarrow \quad \text{Maximum}$$

Bei einem Preis von 29 DM pro Einheit liegt das Gewinnmaximum bei einer produzierten Menge von 70 Einheiten. Der Gewinn beträgt:

$$G(70) = 380$$

Bei einem Preis von 29 DM erzielt der Unternehmer mit einer produzierten Menge von 70 Einheiten den maximalen Gewinn in Höhe von 380 DM pro Periode.

Im Gegensatz zum Mengenanpasser ist für den Monopolisten der Preis kein Datum. Er fragt sich, welchen Preis er zweckmäßigerweise verlangen soll, damit sein Gewinn maximal ist. Für die Produktionsplanung ist es erforderlich, die Menge des Produktes zu ermitteln, die bei diesem Preis abgesetzt werden kann.

B 26 Ein Unternehmen der Fahrzeugbranche hat sich auf den Bau von PKW-Anhängern für den Transport von Schlittenhunden spezialisiert und hat sich bereits bei den europäischen Schlittenhundzüchtern einen Namen gemacht mit seinem 5-Boxen-Anhänger "Eskimoglück". In der Vergangenheit betrug der Absatz 20 Hänger pro Monat bei einem Preis von 3 200 DM. Bei einer Preiserhöhung um 100 DM erwartet man einen Rückgang des Absatzes auf 18 Hänger. Die Gesamtkosten der Hängerproduktion hängen wie folgt ab von der hergestellten Stückzahl:

$$K(x) = \frac{2}{3}x^3 - 30x^2 + 1\,950x + 25\,000$$

Welchen Preis muß der Unternehmer für seinen Hänger verlangen, um maximalen Gewinn zu erzielen und wieviele Hänger wird er bei diesem Preis absetzen, wenn eine lineare Preisabsatzfunktion angenommen wird?

a) Ermittle rechnerisch die gewinnmaximale Preismengenkombination.

b) Überprüfe das Ergebnis zeichnerisch durch Darstellung von Umsatz- und Kostenfunktion sowie Preisabsatz-, Grenzumsatz- und Grenzkostenfunktion.

LÖSUNG

a) Zuerst hat man die Preisabsatzfunktion zu ermitteln. Nach der Punktsteigungsform der Geradengleichung gilt:

$$m = \frac{p - p_1}{x - x_1}$$

$$-\frac{100}{2} = \frac{p - 3\,200}{x - 20}$$

$$\underline{\underline{p = 4\,200 - 50x}}$$

Die Umsatzfunktion lautet:

$$U(x) = 4\,200x - 50x^2$$

Es ergibt sich die Gewinnfunktion:

$$G(x) = U(x) - K(x)$$

$$G(x) = -\frac{2}{3}x^3 - 20x^2 + 2\,250x - 25\,000$$

Die erste Ableitung der Gewinnfunktion lautet:

$$G'(x) = -2x^2 - 40x + 2\,250$$

Zur Ermittlung des Maximums wird die erste Ableitung Null gesetzt:

$$-2x_G^2 - 40x_G + 2\,250 = 0$$

$$x_G^2 + 20x_G - 1\,125 = 0$$

$$x_{G1,2} = -10 \pm \sqrt{100 + 1\,125}$$

$$x_{G1} = -45$$

$$x_{G2} = 25$$

x_{G1} ist negativ und damit ökonomisch nicht relevant. Durch Einsetzen von $x_{G2} = 25$ in die zweite Ableitung wird überprüft, ob an dieser Stelle ein Maximum vorliegt.

$$G''(x) = -4x - 40$$

$$G''(25) = -140 < 0 \quad \rightarrow \quad \text{Maximum}$$

Bei einer abgesetzten Menge von 25 Hängern erzielt der Unternehmer maximalen Gewinn. Der Preis, den er verlangen muß, ergibt sich aus der Preisabsatzfunktion:

$$p(x) = 4\,200 - 50x$$

$$p(25) = 2\,950$$

Der Unternehmer muß einen Preis von 2 950 DM verlangen. Den maximalen Gewinn erhält man durch Einsetzen der ermittelten Absatzmenge in die Gewinnfunktion:

$$G(25) = 8\ 333{,}33$$

Wenn der Unternehmer einen Preis von 2 950 DM verlangt, wird er 25 Hänger pro Monat absetzen und den maximalen Gewinn von 8 333,33 DM erzielen.

b) Graphisch ermittelt man die gewinnmaximale Preismengenkombination, indem man in ein Koordinatenkreuz Preisabsatz-, Grenzumsatz- und Grenzkostenfunktion einzeichnet. Am Schnittpunkt von Grenzumsatz- und Grenzkostenfunktion kann man die gewinnmaximale Absatzmenge ablesen, denn für diese Menge gilt Grenzumsatz = Grenzkosten. Zu dieser Absatzmenge ermittelt man den zugehörigen Punkt auf der Preisabsatzfunktion und kann nun den gewinnmaximalen Preis ablesen. Der Punkt auf der Preisabsatzfunktion, der die gewinnmaximale Preismengenkombination angibt, heißt Cournot-Punkt[1].

Zur besseren Anschaulichkeit sollen auch Umsatz- und Kostenfunktion gezeichnet werden. Die Gleichungen der zu zeichnenden Funktionen lauten:

$$U(x) = 4\ 200x - 50x^2$$

$$K(x) = \frac{2}{3}x^3 - 30x^2 + 1\ 950x + 25\ 000$$

$$p(x) = 4\ 200 - 50x$$

$$GU(x) = 4\ 200 - 100x$$

$$GK(x) = 2x^2 - 60x + 1\ 950$$

1 Der französische Mathematiker und Nationalökonom Antoine Augustin Cournot (1801 - 1877) hat als erster eine exakte Darstellung der Preisbildung im Monopol geliefert. Hauptwerk: Recherches sur les Principes Mathématiques de la Théorie des Richesses, Paris 1838.

WERTETABELLE

x	0	5	15	25	35	42	55
U	0	19 750	51 750	73 750	85 750	88 200	79 750
K	25 000	34 083	49 750	65 417	85 083	103 372	152 417
G	- 25 000	- 14 333	2 000	8 333	667	- 15 172	- 72 667
GK	1 950	1 700	1 500	1 700	2 300	2 958	4 700

Preisabsatz- und Grenzumsatzfunktion verlaufen linear, daher ist eine ausführliche Wertetabelle nicht erforderlich.

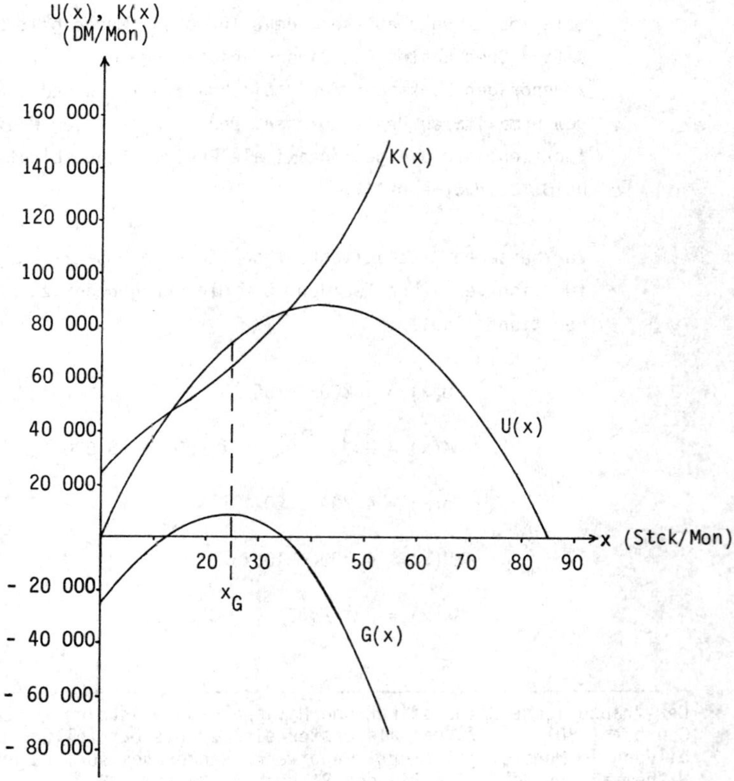

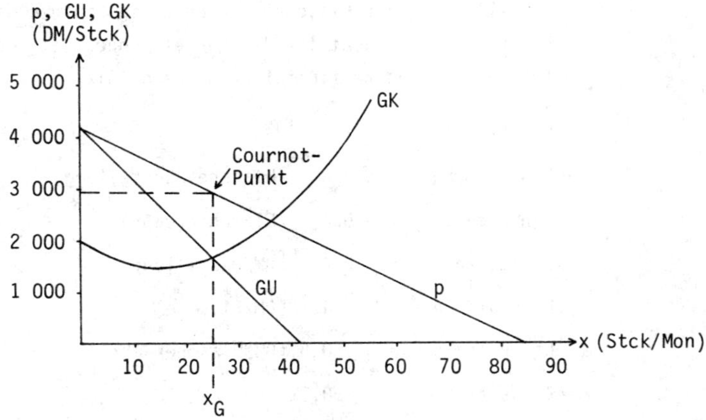

Die Zeichnung bestätigt die vorangegangene Rechnung. Als gewinnmaximale Absatzmenge ergibt sich x_G = 25 Stück pro Monat. Der gewinnmaximale Preis beträgt ca. 2 900 DM pro Stück.

7.5.4 DIE OPTIMALE BESTELLMENGE

B 27 Eine Weinhandlung verkauft pro Jahr 5 000 Flaschen Rhabarberwein der Marke "Hasseler Krötendach". Der Einkaufspreis beträgt 4 DM pro Flasche. Die Lagerkosten betragen 0,5 DM pro Flasche und Jahr. Für das im Lager gebundene Kapital wird ein kalkulatorischer Zinssatz von 12 % angesetzt. Pro Bestellung fallen Kosten an in Höhe von 200 DM.

a) Wieviele Flaschen soll der Weinhändler pro Bestellung ordern?

b) Wie oft pro Jahr soll er bestellen?

LÖSUNG

a) Die Kosten für eine Flasche Rhabarberwein setzen sich zusammen aus dem Einkaufspreis, den Bestellkosten und den Lager- und Zinskosten. Mit steigender Bestellmenge sinken die anteiligen

Bestellkosten pro Flasche, gleichzeitig steigen die Zins- und Lagerkosten. Gesucht ist die Bestellmenge, bei der die Stückkosten pro Flasche minimal sind. Es gilt:

Stückkosten	=	$k \rightarrow$ min!	
Bestellmenge	=	x	(Flaschen/Bestellung)
Jahresbedarf	=	5 000	(Flaschen/Jahr)
Bestellkosten	=	200	(DM/Bestellung)
Einkaufspreis	=	4	(DM/Flasche)
Lagerkosten	=	0,5	(DM/Flasche/Jahr)
Zinssatz	=	0,12	

Die Bestellkosten pro Flasche betragen dann:

$$\text{Bestellkosten/Flasche} = \frac{\text{Bestellkosten}}{\text{Bestellmenge}} = \frac{200}{x}$$

Um die Lager- und Zinskosten pro Flasche zu ermitteln, ist die Lagerdauer t zu bestimmen. Bestellt der Weinhändler nur einmal pro Jahr, so beträgt die durchschnittliche Lagerdauer pro Flasche ein halbes Jahr. Bestellt er jeweils nur eine Flasche, so beträgt die Lagerdauer den 5 000. Teil eines halben Jahres. Werden x Einheiten bestellt, so ergibt sich eine Lagerdauer pro Flasche von:

$$\text{Lagerdauer} = \frac{\frac{1}{2}}{\text{Jahresbedarf}}$$

$$= \frac{\text{Bestellmenge}}{2 \cdot \text{Jahresbedarf}}$$

$$= \frac{x}{2 \cdot 5\,000}$$

Für die Lagerkosten pro Flasche gilt:

$$\text{Lagerkosten/Flasche} = \text{Lagerkosten} \cdot \text{Lagerdauer}$$

$$= 0{,}5 \cdot \frac{x}{2 \cdot 5\,000}$$

Die Zinskosten/Flasche für das im Lager gebundene Kapital ergeben sich aus dem Zinssatz, der Lagerdauer und den Anschaffungskosten (Einkaufspreis + anteilige Bestellkosten).

Zinskosten/Flasche = Zinssatz · Lagerdauer · Anschaffungskosten

$$= 0{,}12 \cdot \frac{x}{2 \cdot 5\,000} \cdot \left(4 + \frac{200}{x}\right)$$

Die Stückkosten k einer Flasche setzen sich wie folgt zusammen:

k = Einstandspreis + Bestellkosten + Lagerkosten + Zinskosten

$$k = 4 + \frac{200}{x} + 0{,}5 \cdot \frac{x}{2 \cdot 5\,000} + 0{,}12 \cdot \frac{x}{2 \cdot 5\,000} \cdot \left(4 + \frac{200}{x}\right)$$

$$k = 4 + \frac{200}{x} + \frac{0{,}5x}{10\,000} + \frac{0{,}48x}{10\,000} + 0{,}0024$$

$$k = 4{,}0024 + \frac{0{,}98x}{10\,000} + \frac{200}{x}$$

Die Bestellmenge, bei der die Stückkosten einer Flasche Rhabarberwein minimal sind, erhält man, indem man die erste Ableitung der ermittelten Stückkostenfunktion Null setzt und nach x auflöst.

$$k' = \frac{0{,}98x}{10\,000} - \frac{200}{x^2}$$

$$0 = 0{,}000098 - \frac{200}{x_k^2}$$

$$x_{k1,2} = \pm\sqrt{\frac{200}{0{,}000098}}$$

$$x_{k1,2} = \pm\ 1\,428{,}57$$

Der negative Wert liegt außerhalb des ökonomisch relevanten Bereichs. Wie überprüfen das Vorliegen eines Minimums, indem wir x_k = 1 428,57 in die zweite Ableitung der Stückkostenfunktion einsetzen.

$$k'' = \frac{400}{x^3}$$

$$k''(1\,428{,}57) = 0{,}00000014 > 0 \quad \rightarrow \quad \text{Minimum}$$

Die optimale Bestellmenge beträgt 1 429 Flaschen. Bei dieser Menge sind die Kosten pro Flasche minimal. Sie betragen

$$k(1\,429) = 4{,}28 \text{ (DM/Flasche).}$$

b) Die optimale Bestellhäufigkeit pro Jahr ergibt sich wie folgt:

$$\text{optimale Bestellhäufigkeit} = \frac{\text{Jahresbedarf}}{\text{optimale Bestellmenge}}$$

$$= \frac{5\,000}{1\,429}$$

$$\underline{\underline{= 3{,}5}}$$

Der Weinhändler sollte 3,5 Bestellungen pro Jahr aufgeben, d. h. der Abstand zwischen zwei Bestellungen beträgt 104 Tage.

7.5.5 OPTIMALE LAGERAUFFÜLLUNG VOR PREISERHÖHUNGEN

B 28 Wir bleiben bei dem Weinhändler aus dem Beispiel 27 unter 7.5.4, der pro Jahr 5 000 Flaschen des Rhabarberweins "Hasseler Krötendach" zu einem Preis von 4 DM pro Flasche bezieht. Die Lagerkosten werden mit 0,5 DM pro Flasche und Jahr veranschlagt. Für das im Lager gebundene Kapital wird ein Zinssatz von 12 % angesetzt. Pro Bestellung fallen bestellfixe Kosten in Höhe von 200 DM an.

Der Lieferant kündigt für die nächste Zeit eine Preiserhöhung um 0,5 DM pro Flasche an, der Händler könne aber jetzt noch zum alten Preis beziehen.

Welche Menge soll der Weinhändler vor der Preiserhöhung bestellen?

LÖSUNG

Was liegt für den Weinhändler näher, als vor der Preiserhöhung sein Lager aufzufüllen? Dabei hat er jedoch zu beachten, daß den Minderauszahlungen auch Kosten gegenüberstehen. Die Minderauszahlungen ergeben sich aus der Preisdifferenz zwischen dem alten und dem neuen Preis und der eingekauften Menge. Die Kosten setzen sich zusammen aus Zins- und Lagerkosten. Für den Händler ist die Bestellmenge optimal, bei der er den höchsten Gewinn erzielt.

$$\text{Gewinn} = G = \text{Minderauszahlungen} - \text{Kosten}$$

Für die Minderauszahlungen gilt:

$$\text{Minderauszahlungen} = \text{Preisdifferenz} \cdot \text{Bestellmenge}$$

$$= 0{,}5 \cdot x$$

Für die Kosten gilt:

$$\text{Kosten} = \text{zusätzliche Zinsen} + \text{zusätzliche Lagerkosten}$$

Die Lagerkosten pro Flasche haben wir in B 27 ermittelt:

$$\text{Lagerkosten/Flasche} = 0{,}5 \cdot \frac{x}{2 \cdot 5\,000}$$

Die gesamten Lagerkosten betragen dann:

$$\text{gesamte Lagerkosten} = 0{,}5 \cdot \frac{x}{2 \cdot 5\,000} \cdot x$$

$$= 0{,}00005x^2$$

Die Zinsen pro Flasche betragen nach B 27:

$$\text{Zinskosten/Flasche} = 0{,}12 \cdot \frac{x}{2 \cdot 5\,000} \cdot (4 + \frac{200}{x})$$

Die gesamten Zinsen betragen dann:

$$\text{gesamte Zinsen} = 0{,}12 \cdot \frac{x}{2 \cdot 5\,000} \cdot (4 + \frac{200}{x}) \cdot x$$

$$= 0{,}000048x^2 + 0{,}0024x$$

Als Gewinnfunktion erhält man:

$$G = 0{,}5x - (0{,}00005x^2 + 0{,}000048x^2 + 0{,}0024x)$$

$$G = -\,0{,}000098x^2 + 0{,}4976x$$

Zur Ermittlung der gewinnmaximalen Bestellmenge wird die erste Ableitung der Gewinnfunktion Null gesetzt.

$$G' = -\,0{,}000196x + 0{,}4976$$

$$0 = -\,0{,}000196x_G + 0{,}4976$$

$$x_G = 2\,538{,}78$$

Zur Überprüfung auf Vorliegen eines Maximums wird die zweite Ableitung gebildet.

$$G'' = -\,0{,}000196 < 0 \quad \rightarrow \quad \text{Maximum}$$

Der Weinhändler maximiert seinen Gewinn, wenn er vor der Preiserhöhung noch 2 539 Flaschen bestellt.

7.6 FRAGEN UND AUFGABEN

7.1 Bilde den Differenzenquotienten zu folgenden Funktionen:

a) $y = 3x^2 + 2x + 5$

b) $y = 4x^3 + 6$

c) $y = -2x^2 + 15x$

7.2 Bilde die erste Ableitung zu folgenden Funktionen:

a) $y = 5x^3$

b) $y = 4x^5 + 2x^3 - 10$

c) $y = \frac{1}{5x^2}$

d) $y = -\frac{4}{3x}$

e) $y = 6\sqrt[4]{x^3}$

f) $y = 100x^2 - 20x + 3 + \frac{1\,000}{x}$

7.3 Berechne zu folgenden Funktionen (soweit möglich) Nullstellen und Extremstellen und zeichne anschließend das Bild der Funktion:

a) $y = \frac{x^3}{4} - x$

b) $y = x^4 - 5x^2 + 4$

7.4 Für ein Produktionsverfahren gilt folgende Kostenfunktion:

$$K(x) = 0{,}02x^3 - 1{,}5x^2 + 90x + 1\,000 \quad \text{(DM/Per)}$$

Für das erstellte Produkt wird ein Preis von 126 DM erzielt. Wie groß ist die gewinnmaximale Produktionsmenge und wie hoch ist der maximale Gewinn?

7.5 Für ein Produkt gilt die Preis-Absatz-Funktion $p = 24 - 2x$. Die Produktionskosten sind wie folgt von der produzierten Menge abhängig:

$$K(x) = 0{,}2x^2 + 2x + 11 \qquad (DM/Per)$$

a) Ermittle rechnerisch und zeichnerisch die gewinnmaximale Preismengenkombination.

b) Wie hoch ist der maximale Gewinn?

7.6 Ein Produzent bezog und verbrauchte bislang pro Monat 10 000 kg eines Rohstoffes zum Preise von 2 DM pro kg. Sein Jahresbedarf an diesem Rohstoff beträgt somit 120 000 kg. Die Lagerkosten betragen pro Jahr und kg 0,05 DM. Für das im Lager gebundene Kapital wird ein Zinssatz von 10 % veranschlagt. Pro Bestellung fallen, unabhängig von der Bestellmenge, bestellfixe Kosten in Höhe von 600 DM an.

a) Wie groß ist die optimale Bestellmenge?

b) In welchen Zeitabständen soll bestellt werden?

c) Der Lieferant kündigt eine Preiserhöhung von 0,1 DM pro kg an. Welche Menge soll der Produzent vor der Preiserhöhung bestellen?

TESTKLAUSUR I

Die Klausuraufgaben beziehen sich auf die Kapitel 1 bis 5.2.

Aufgabe 1

Löse folgende Gleichungen

a) $\frac{2a}{x + 1} + b = \frac{2b}{x + 1} + a$

b) $\frac{mn}{x - c} + \frac{cn}{x - m} = 2n$

c) $81^x = 9^{4x - 4}$

Aufgabe 2

Nach wieviel Jahren hat sich ein Kapital K_0 verfünffacht, wenn es zu einem Zinssatz von 10 % pro Jahr angelegt wird?

Aufgabe 3

Eine Brauerei hat bei einem Bierausstoß von 300 000 hl jährliche einen regionalen Marktanteil von 20 %. Für die nächsten 5 Jahre wird eine jährliche Schrumpfung des eigenen Absatzes von 1,5 % erwartet. Wieviel Prozent Marktanteil bleibt der Brauerei, wenn

a) der Gesamtabsatz über alle 5 Jahre konstant bleibt?

b) der Gesamtabsatz jährlich um 5 % schrumpft?

Aufgabe 4

In einem Betrieb stehen zwei Kostenstellen A und B in gegenseitigem Leistungsaustausch. Für die letzte Abrechnungsperiode wurde folgendes ermittelt:

	Leistungsabgabe in ME/Per an A	Leistungsabgabe in ME/Per an B	Gesamtleistung in ME/Per	primäre Kosten DM/Per
A	-	2 500	20 000	150 000
B	1 000	-	8 500	400 000

a) Stelle die innerbetriebliche Leistungsverflechtung graphisch dar.

b) Berechne die innerbetrieblichen Verrechnungspreise für je eine Einheit der Leistungsabgabe von A und B.

Aufgabe 5

Für ein landwirtschaftliches Produkt gelte ein Höchstpreis von 100 DM/Einheit. Die Sättigungsmenge betrage 100 000 Einheiten pro Jahr.

Bei einem Preis von 50 DM/Einheit werden 20 000 Einheiten pro Jahr angeboten. Bei einem Preis von 55 DM/Einheit beträgt die angebotene Menge 30 000 Einheiten pro Jahr.

a) Stelle Nachfrage- und Angebotsfunktion graphisch dar.

b) Wie lauten Nachfrage- und Angebotsfunktion, wenn man linearen Verlauf unterstellt?

c) Wie groß sind Gleichgewichtspreis und -menge?

d) Zur Verbesserung der Einkommenssituation der Landwirte soll ein staatlicher Mindestpreis festgelegt werden. Ein auftretender Angebotsüberhang soll vom Staat aufgekauft und eingelagert werden. Welcher Mindestpreis darf maximal festgelegt werden, wenn die vorhandene Lagerkapazität von 30 000 Einheiten für das nächste Jahr ausreichen soll?

TESTKLAUSUR II

Die Klausuraufgaben beziehen sich auf die Kapitel 5.3 bis 7.

Aufgabe 1

Ein junges Ehepaar macht sich Gedanken über die Ausbildungskosten seines neugeborenen Sohnes. Welchen Betrag müßten die Eltern jährlich nachschüssig bis zum 20. Geburtstag anlegen, wenn der Sohn ab seinem 21. Geburtstag über 5 Jahre jeweils 12 000 DM jährlich erhalten soll? Die angelegten Beträge werden mit 7 % pro Jahr verzinst.

a) Stelle das Problem am Zeitstrahl dar.

b) Berechne die jährliche Sparleistung der Eltern.

Aufgabe 2

Bilde die 1. Ableitungen zu folgenden Funktionen:

a) $y = 8x^3 + \frac{4}{3}x^2 + 5x + 2$

b) $y = \frac{3}{x^4}$

c) $y = 8\sqrt[6]{x^5}$

Aufgabe 3

Gegeben ist folgende Funktion: $y = \frac{1}{2}x^3 - 4x^2 + 8x$

a) Bestimme die Nullstellen der Funktion.

b) Bestimme die Extremstellen der Funktion und überprüfe die gefundenen x-Werte auf das Vorliegen von Maxima oder Minima.

c) Stelle eine sinnvolle Wertetafel auf.

d) Zeichne das Bild der Funktion.

Aufgabe 4

Ein Produktionsverfahren ist durch folgende Kostenfunktion gekennzeichnet:

$$K = \frac{1}{10}x^2 + 100$$

Das erzeugte Produkt kann am Markt für 7 DM/Stück verkauft werden.

a) Wie lauten Umsatz-, Grenzumsatz- und Grenzkostenfunktion?

b) Berechne Nutzengrenze und Nutzenschwelle.

c) Zeichne Umsatz- und Kostenfunktion in ein Koordinatensystem.

d) Zeichne darunter Grenzumsatz- und Grenzkostenfunktion.

e) Lies aus der Zeichnung die gewinnmaximale Absatzmenge ab.

f) Überprüfe das Ergebnis rechnerisch und berechne die Höhe des maximalen Gewinns.

Aufgabe 5

In einem Fertigungsbetrieb werden jährlich 1 200 000 kg eines Rohstoffs verbraucht. Der Rohstoffpreis beträgt zur Zeit 1,50 DM/kg. Pro Bestellung fallen unabhängig von der Menge Bestellkosten in Höhe von 50 000 DM an. Die Lagerkosten betragen 0,075 DM pro kg und Jahr. Für das im Lager gebundene Kapital werden 12 % des Einstandswertes an kalkulatorischen Zinsen verrechnet.

Ermittle die optimale Bestellmenge.

KURZANTWORTEN UND KURZLÖSUNGEN

(Die linke Ziffer gibt jeweils die Kapitelnummer wieder.)

1.1 $6a^2 + 15b^2$

1.2 $57ac^3 + 10ab^2$

1.3 $70a^3n^6$

1.4 a^{2b}

1.5 18

1.6 c^3

1.7 $a^{-1} \cdot x^{-1} = \frac{1}{ax}$

1.8 $(bx)^5$

1.9 $\frac{1}{3^5} = \frac{1}{243}$

1.10 $\left(-\frac{5}{2}\right)^9 = -\frac{5^9}{2^9}$

1.11 0

1.12 $\frac{3 \cdot 5^3a^3}{x^3}$

1.13 $-\frac{1}{30}a^{5x-4}$

1.14 $\frac{a^5}{b^8}$

1.15 $\frac{5}{a^6}$

1.16 $a^5 + 5a^4b + 10a^3b^2 + 10a^2b^3 + 5ab^4 + b^5$

1.17 $4x^2 + 12a^2x + 9a^4$

1.18 $x^2 + y^2 + z^2 + 2xy - 2yz - 2xz$

1.19 $x^4 - 4x^3y + 6x^2y^2 - 4xy^3 + y^4$

1.20 $(a + 4)(a - 4)$

1.21 läßt sich nicht faktorisieren

1.22 $3xb(x - 4b)$

1.23 $\frac{9m}{1 - x}$

1.24 $\frac{x + y}{x - y}$

1.25

K_0 = Geldbetrag zum Zeitpunkt 0

K_n = Geldbetrag zum Zeitpunkt n

n = Laufzeit in Jahren

i = Zinssatz in Dezimalschreibweise ($i = \frac{p}{100}$)

Für die Entwicklung des Geldbetrages K_0 gilt:

$$K_1 = K_0 + K_0 \cdot i \qquad = K_0(1 + i)$$

$$K_2 = K_1 + K_1 \cdot i$$
$$= K_1(1 + i)$$
$$= K_0(1 + i)(1 + i) = K_0(1 + i)^2$$

$$K_3 = K_2 + K_2 \cdot i$$
$$= K_2(1 + i)$$
$$= K_0(1 + i)^2(1 + i) = K_0(1 + i)^3$$

$$\boxed{K_n = K_0(1 + i)^n}$$

$(1 + i)^n$ = Aufzinsungsfaktor

1.26 $K_n = 0{,}01 \cdot 1{,}03^{1984}$

$K_n = 2{,}94478 \cdot 10^{23}$ (DM)

1.27 $K_n = 1 \cdot 1{,}02^{20}$

$K_n = 1{,}4859474$ (Bio DM)

1.28 a) Der Marktanteil beträgt 27,6 %.

b) Der Marktanteil beträgt 29 %.

1.29 a) Die Weltbevölkerung beträgt nach 20 Jahren 6,24 Mrd.

b) Die Weltgetreideproduktion beträgt nach 20 Jahren 1,46 Mrd. t.

c) Der Pro-Kopf-Verbrauch ist um 18 % gesunken.

1.30 Der Umsatz ist nach 5 Jahren um 41 % angestiegen.

1.31 a) Prozentuale Steigerung bei Produkt A = 10,25 %
Prozentuale Steigerung bei Produkt B = 13,30 %
Prozentuale Steigerung bei Produkt C = 1,57 %

b) $U_0 ges = 1\,072\,000$ DM

$U_6 ges = 200\,000 \cdot 1{,}1025^6 + 200\,000 \cdot 1{,}133^6 + 672\,000 \cdot 1{,}0157^6$

$U_6 ges = 1\,520\,078{,}20$ DM

Prozentuale Steigerung des Gesamtumsatzes = 41,8 %.

2.1 $7\sqrt[3]{2} + 8\sqrt[5]{2}$

2.2 $28\sqrt{2}$

2.3 $2\sqrt{6x}$

2.4 $29ab\sqrt{2}$

2.5 6

2.6 1

2.7 2

2.8 $\frac{3}{2}$

2.9 $\frac{3}{2}$

2.10 $2a^3 + \frac{1}{\sqrt[3]{a}}$

2.11 $\sqrt[9]{a^8}$

2.12 b

2.13 $\sqrt{a}$

2.14 1

2.15 $\frac{x}{y}\left(\sqrt[a]{\frac{x^4}{y^3}} + \sqrt[b]{\frac{x^5}{y^6}} + \sqrt[a]{\frac{x^7}{y^8}}\right)$

2.16 $i = 0{,}03$

2.17 U = 500 000 → kalkulatorischer Unternehmerlohn = 12 728
U = 5 000 000 → kalkulatorischer Unternehmerlohn = 40 249
U = 50 000 000 → kalkulatorischer Unternehmerlohn = 127 279

Die Festlegung des kalkulatorischen Unternehmerlohns nach der Seifenformel ist unsinnig, da es keinen kausalen Zusammenhang zwischen der zu entlohnenden Leistung des Unternehmers und dem Umsatz gibt.

2.18 a) Wachstumsrate = i = 0,0226 = 2,26 %

b) Einwohnerzahl in zehn Jahren = 81 250

2.19 a) Alternative 1: Jährliche Zahlung

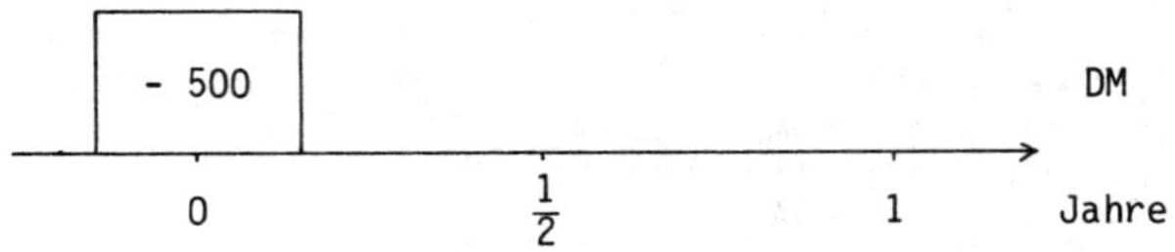

Alternative 2: Halbjährliche Zahlung

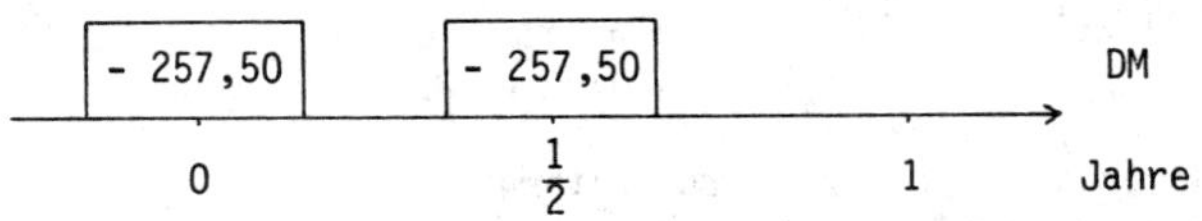

Kreditverhältnis: Bei halbjährlicher Zahlung kann der Versicherungsnehmer ein halbes Jahr über den Betrag von 500 - 257,50 = 242,50 DM verfügen und hat dann die 2. Rate in Höhe von 257,50 DM zu zahlen.

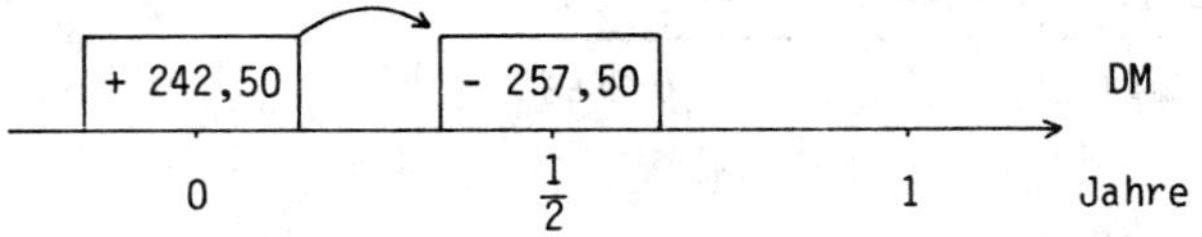

b) Frage: Bei welchem Zinssatz wachsen 242,50 DM in einem halben Jahr auf 257,50 DM an?

$$i = \left(\frac{257,5}{242,5}\right)^2 - 1 = 0,1275$$

Der effektive Kreditzins beträgt 12,75 % p. a..

3.1

Numerus	Logarithmus
110 000	5,0414
321	+ 2,5065
11 200	- 4,0492
≈ 3 150	3,4987

$$\frac{110\,000 \cdot 321}{11\,200} \approx 3\,150$$

3.2

Numerus	Logarithmus
14	(1,1461 · 28 = 32,0908)
136	- (2,1335 · 6 = 12,8010)
$\approx 1,95 \cdot 10^{19}$	19,2898

$$14^{28} : 136^6 \approx 1,95 \cdot 10^{19}$$

3.3

Numerus	Logarithmus
300 000	5,4771 : 19 = 0,2883
1,94	0,2883

3.4

Numerus	Logarithmus
38	1,5798 : 3 = 0,5266
3,36 + 127,00	0,5266
130,36	2,1151 : 4 = 0,5288
3,38	0,5288

$$\sqrt[4]{127 + \sqrt[3]{38}} \approx 3{,}38$$

3.5

Numerus	Logarithmus
120	2,0792
5,94	+ 0,7738
21,6	- 1,3345
	1,5185 : 3 = 0,5062
3,21	0,5062

$$\sqrt[3]{\frac{120 \cdot 5{,}94}{21{,}6}} \approx 3{,}21$$

3.6 $n = \frac{\lg 100\,000 - \lg 100}{\lg 1{,}1} = 72{,}48$

In 72,48 Jahren sind 100 DM bei 10 % Zinsen auf 100 000 DM angewachsen.

3.7 $n = \frac{\lg 210\,000\,000 - \lg 200\,000}{\lg 1{,}1} = 73$

In 73 Jahren wären alle Einwohner inhaftiert.

4.1 Allgemeingültig, d. h. für x können beliebige Zahlen eingesetzt werden.

4.2 $x = -\frac{16}{21}$

4.3 $x = 5$

4.4 $x = \frac{2c}{d}$

4.5 $x = \frac{7}{2}b$

4.6 Durch Auflösen der Gleichung erhält man $x = -1$. Dieses ist keine Lösung der Ausgangsgleichung, da diese für $x = -1$ nicht definiert ist. Die Nenner $3x + 3$ und $x + 1$ werden für $x = -1$ Null.

4.7 $x = 2$

4.8 $x = 13$, $y = 3$

4.9 $x = -12{,}5$, $y = -4{,}5$

4.10 $x = -4$, $y = -2$

4.11 $x = 4$, $y = 3$

4.12 $x = 12$, $y = 8$, $z = 2$

4.13 $x = 600$, $y = 300$, $z = 100$

4.14 $x = 8$, $y = 7$, $z = 5$

4.15 $x = 5$, $y = 4$, $z = 1$

4.16 $x_1 = 0$, $x_2 = 3$

4.17 $x = 7$

4.18 $x_1 = 6$, $x_2 = -\frac{1}{2}$

4.19 $x_1 = 3$, $x_2 = -3$

4.20 $x_1 = 1$, $x_2 = -\frac{7}{2}$

4.21 $x_1 = 1$, $x_2 = -1$

4.22 $x_1 = \frac{7}{2}$, $x_2 = -\frac{1}{2}$

4.23 $x_1 = \frac{b}{2a}$, $x_2 = -\frac{b}{a}$

4.24 $x_1 = a - b$, $x_2 = -2b$

4.25 $x_1 = a + b$, $x_2 = \frac{a + b}{2}$

4.26 $x = \frac{a^2}{b^2} - a$

4.27 $x = 121$

4.28 $x = 9$

4.29 $x = 64$

4.30 $x_1 = a + b$ ($x_2 = \frac{a + b}{4}$ ist keine Lösung der Wurzelgleichung)

4.31 $x = 3$

4.32 $x = 2$

4.33 $x = \frac{2}{3}$

4.34 $x = -4$

4.35 $x = 13$

4.36 a)

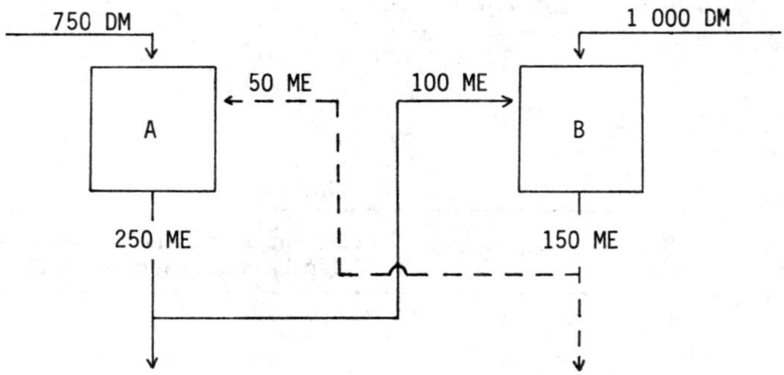

b)
$$750 + 50b = 250a$$
$$1\,000 + 100a = 150b$$
$$b = 10$$
$$a = 5$$

Die Verrechnungspreise betragen für eine ME der Leistungsabgabe von A 5 DM und für eine ME der Leistungsabgabe von B 10 DM.

4.37 a)

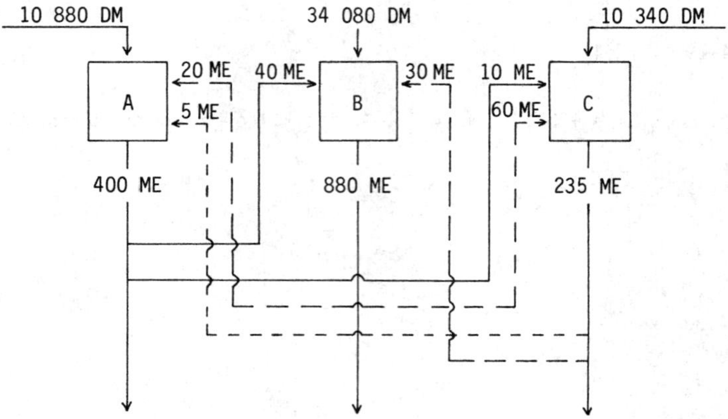

b)
$$10\,880 + 20b + 5c = 400a$$
$$34\,080 + 40a + 30c = 880b$$
$$10\,340 + 10a + 60b = 235c$$
$$a = 30$$
$$b = 42$$
$$c = 56$$

Kostenstelle	Verrechnungspreis für eine ME der Leistungsabgabe in DM
A	30
B	42
C	56

c)

Kostenstelle	Gesamtkosten in DM/Periode
A	12 000
B	36 960
C	13 160

4.38 a) $K_0 = K_n \cdot \frac{1}{(1 + i)^n}$

Abzinsungsgleichung

Mit welchem Betrag K_0 kann ich heute eine in n Jahren fällige Zahlung K_n ablösen, wenn ein Zinssatz von i unterstellt wird?

b) $i = \sqrt[n]{\frac{K_n}{K_0}} - 1$

Renditebestimmung im Zweizahlungsfall

Welchen Zinssatz muß man verlangen, damit der Betrag K_0 in n Jahren auf den Betrag K_n anwächst?

c) $n = \frac{\lg K_n - \lg K_0}{\lg (1 + i)}$

Laufzeitbestimmung

In wieviel Jahren ist der Betrag K_0 beim Zinssatz i auf den Betrag K_n angewachsen?

5.1 a)

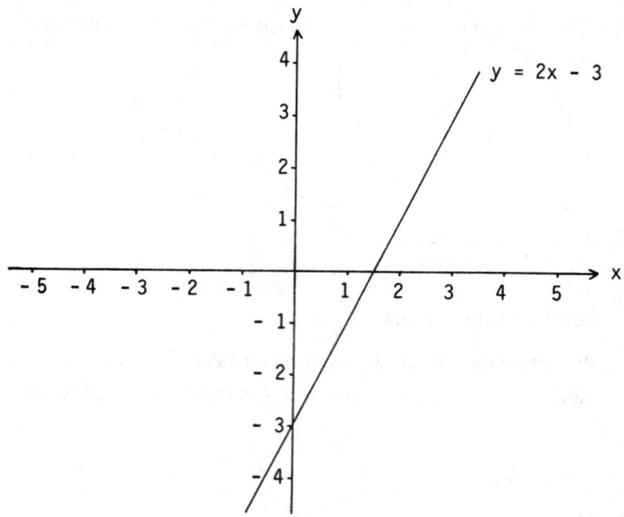

b)

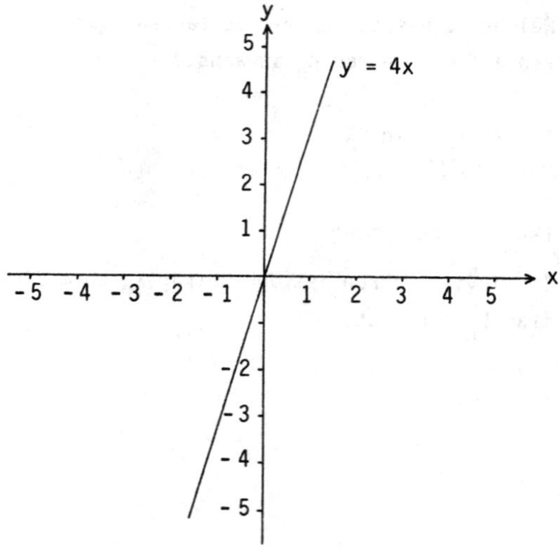

c)

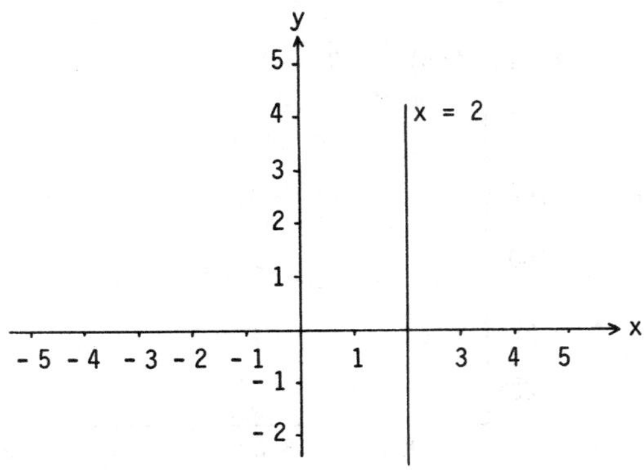

d)

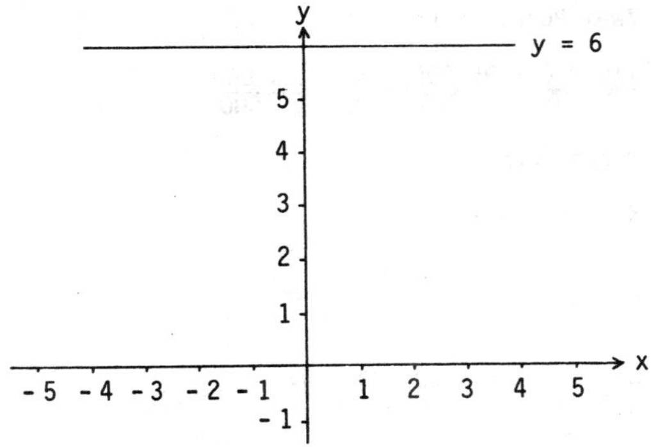

e)

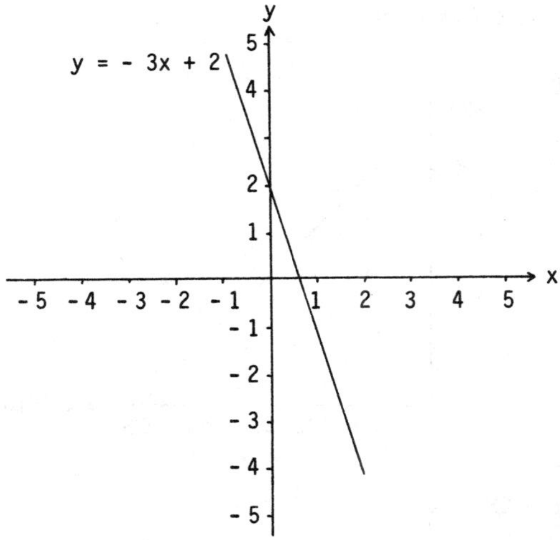

5.2 a)

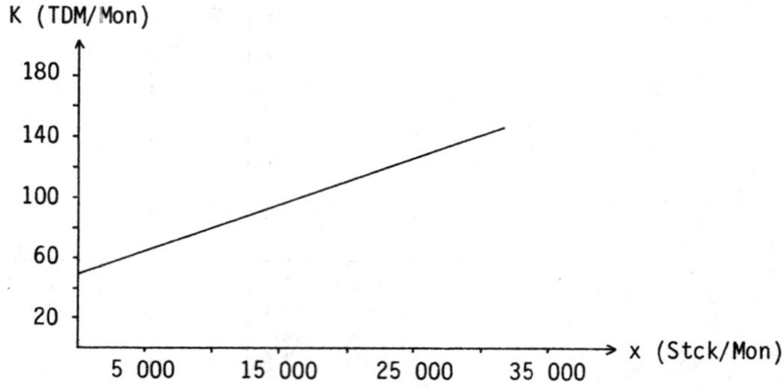

Zwei-Punkte-Form

$$\frac{110\ 000 - 95\ 000}{20\ 000 - 15\ 000} = \frac{K - 110\ 000}{x - 20\ 000}$$

Normalform

$K = 50\ 000 + 3x$

b) $U = 8x$

c) $G = -\ 50\ 000 + 5x$
$G(25\ 000) = 75\ 000$

5.3 a)

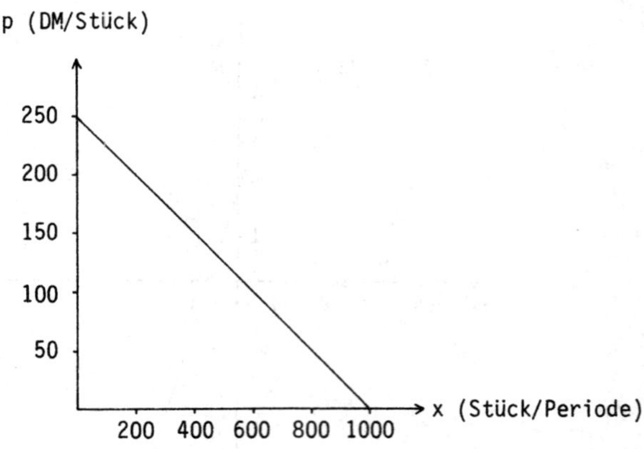

$p = 250 - \frac{1}{4}x$

b) Gleichgewichtspreis: $p_G = 180$

Gleichgewichtsmenge: $x_G = 280$

c) Angebotsüberhang = $x_a - x_n = 180$

$$x_n = 1\,000 - 4p$$

$$x_a = -80 + 2p$$

Nach dem Einsetzungsverfahren ergibt sich für p:

$$-80 + 2p - 1\,000 + 4p = 180$$

$$p = 210$$

Der Höchstpreis, der maximal festgelegt werden darf, beträgt 210 DM/Stück.

5.4 a)

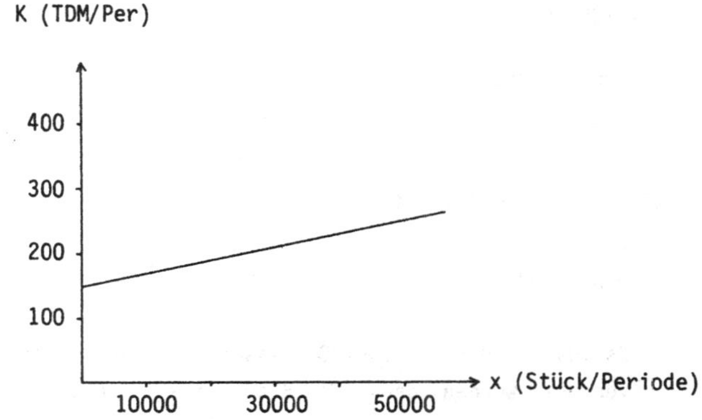

$K = 150\,000 + 2x$

b) $G(70\,000) = 60\,000$

c) Bei einem Verkaufspreis unter 2 DM/Stück sind die variablen Kosten nicht gedeckt, d. h. mit jeder produzierten Einheit würde der Verlust der Unternehmung ansteigen. Unter diesen Umständen sollte die Produktion eingestellt werden.

5.5

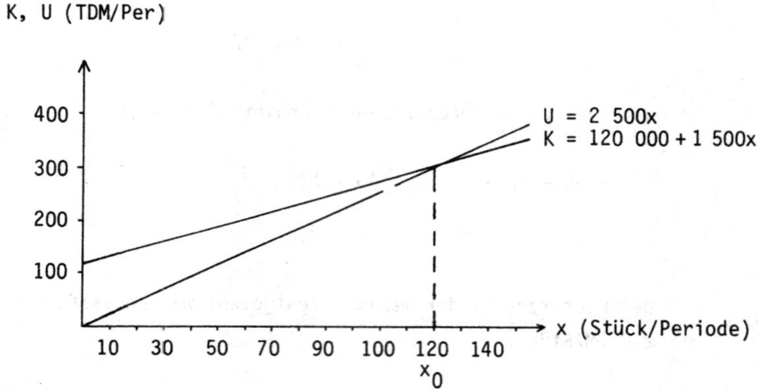

$K = 120\,000 + 1\,500x$

An der Gewinnschwelle gilt: $U = K$

$x_0 = 120$

5.6 a) $K = 300\,000 + 0{,}4x$

$U = 0{,}9x$

$x_0 = 600\,000$

Es müssen mehr als 600 000 Flaschen pro Monat hergestellt und verkauft werden, damit die Brauerei einen positiven Gewinn erzielt.

b) $G(2\,000\,000) = 700\,000$

5.7 a)

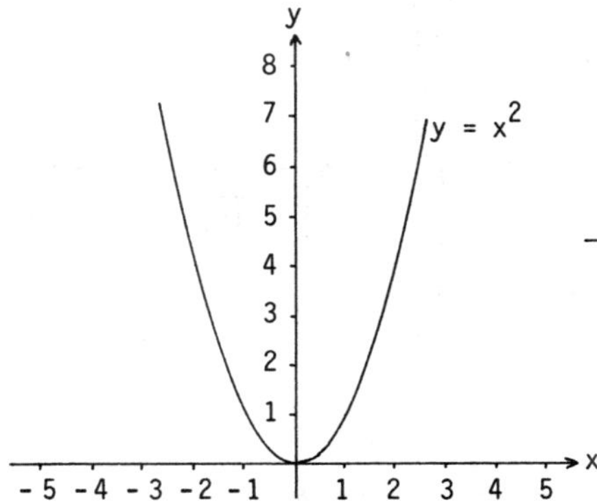

x	± 3	± 2	± 1	$\pm\frac{1}{2}$	0
y	9	4	1	$\frac{1}{4}$	0

b)

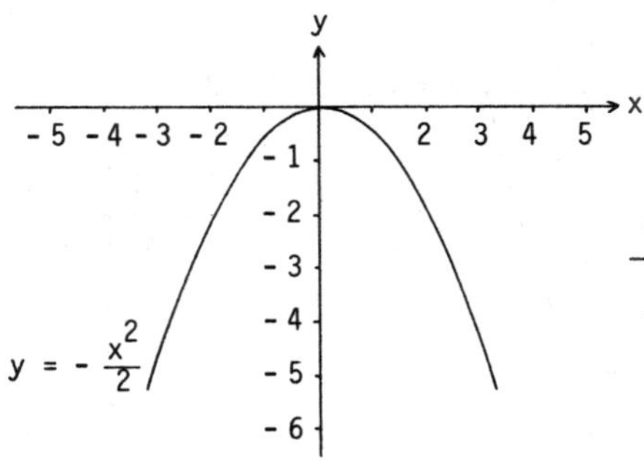

x	± 3	± 2	± 1	$\pm\frac{1}{2}$	0
y	- 4,5	- 2	$-\frac{1}{2}$	$-\frac{1}{8}$	0

c)

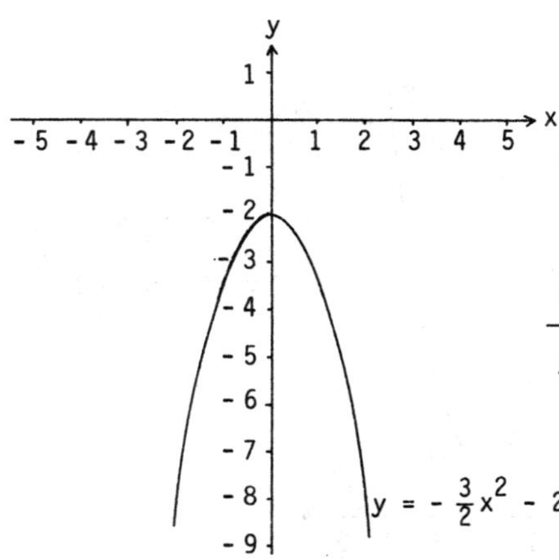

x	± 3	± 2	± 1	$\pm\frac{1}{2}$	0
y	$-15\frac{1}{2}$	- 8	$-3\frac{1}{2}$	$-2\frac{3}{8}$	- 2

d)

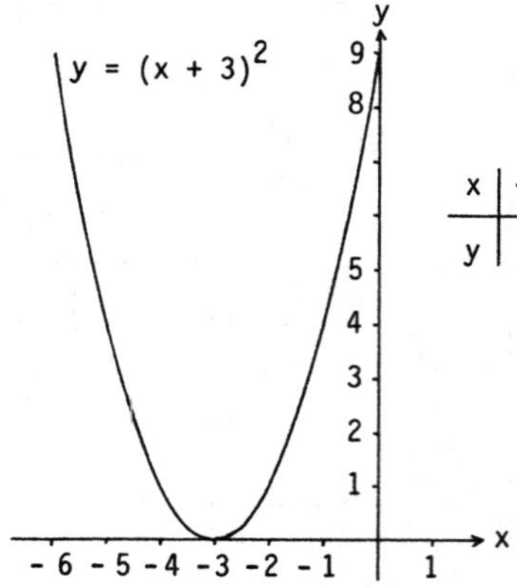

x	- 6	- 5	- 4	- 3	- 2	- 1	0
y	9	4	1	0	1	4	9

5.8 a)

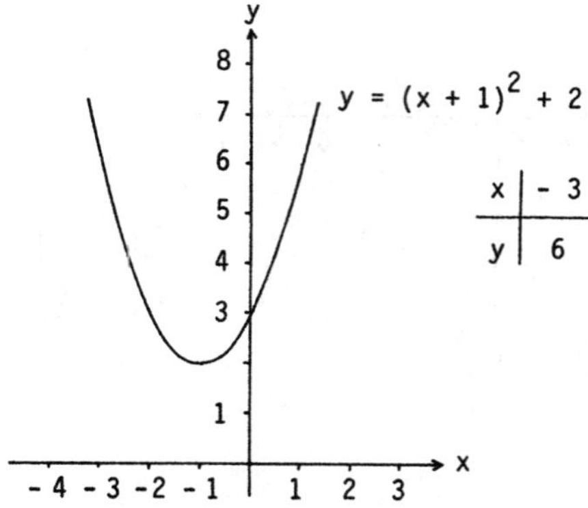

x	- 3	- 2	- 1	0	1
y	6	3	2	3	6

b)

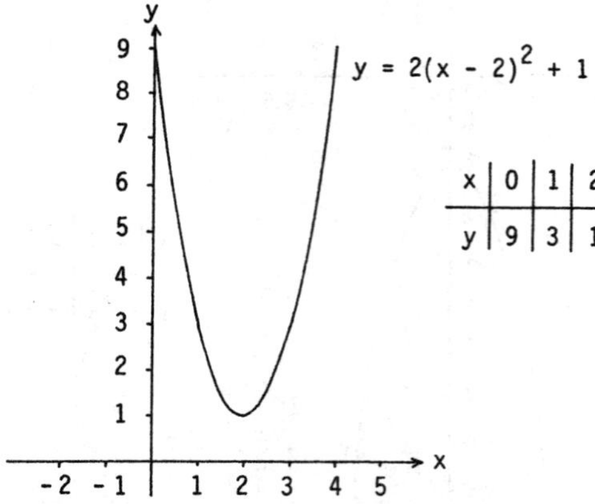

x	0	1	2	3	4
y	9	3	1	3	9

c)

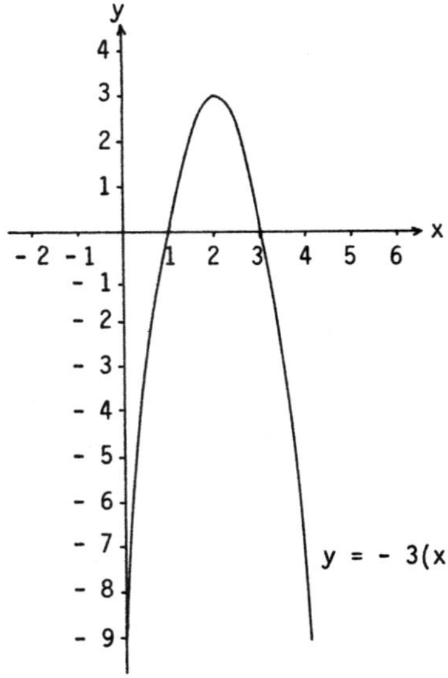

x	0	1	2	3	4
y	- 9	0	3	0	- 9

5.9 a) $y = x^2$

$x_0 = 0$

b) $y = -\frac{x^2}{2}$

$x_0 = 0$

c) $y = -\frac{3}{2}x^2 - 2$

keine Nullstellen

d) $y = (x + 3)^2$

$x_0 = -3$

e) $y = x^2 + 2x + 3$

keine Nullstellen

f) $y = 2x^2 - 8x + 9$

keine Nullstellen

g) $y = - 3x^2 + 12x - 9$

$x_{01} = 1$

$x_{02} = 3$

5.10 a)

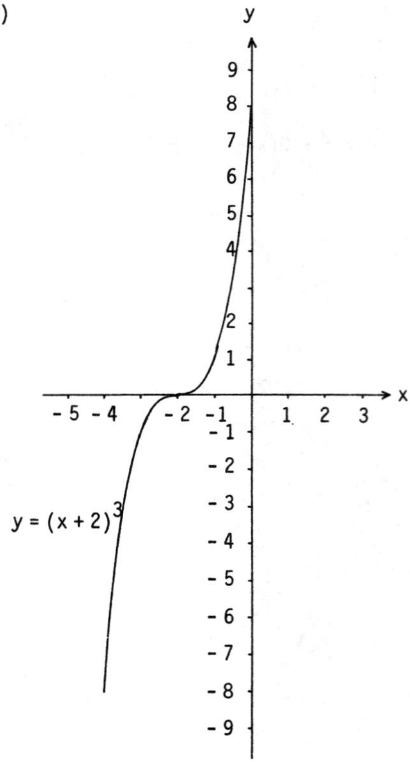

x	- 4	- 3	- 2	- 1	0
y	- 8	- 1	0	1	8

b)

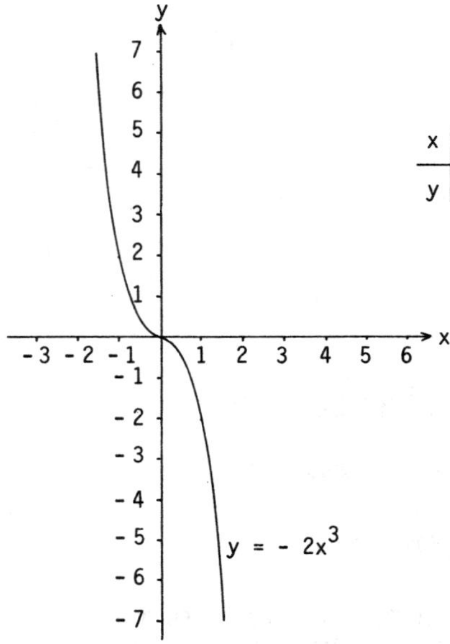

x	- 1,5	- 1	0	1	1,5
y	6,75	2	0	- 2	- 6,75

c)

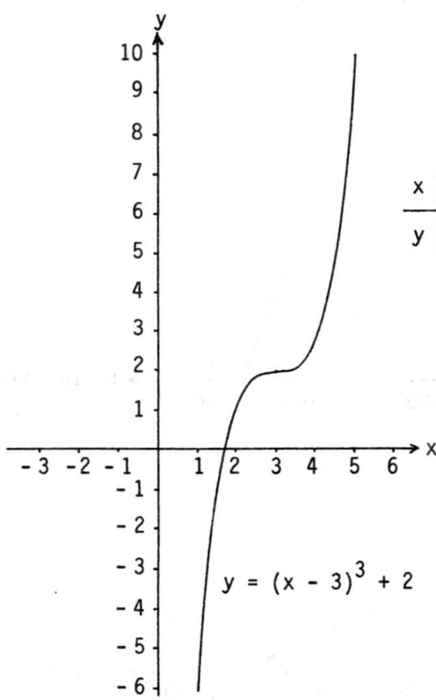

x	1	2	3	4	5
y	- 6	1	2	3	10

5.11 a) $p = 100 - 2x$

$U = 100x - 2x^2$

b) $p = 50$

$U = 50x$

c) $p = 750 - 10x$

$U = 750x - 10x^2$

5.12 a) $\frac{20 - 15}{40\,000 - 45\,000} = \frac{p - 20}{x - 40\,000}$

$p = 60 - 0{,}001x$

b) $U = 60x - 0{,}001x^2$

x	0	20 000	30 000	40 000	60 000
U	0	800 000	900 000	800 000	0

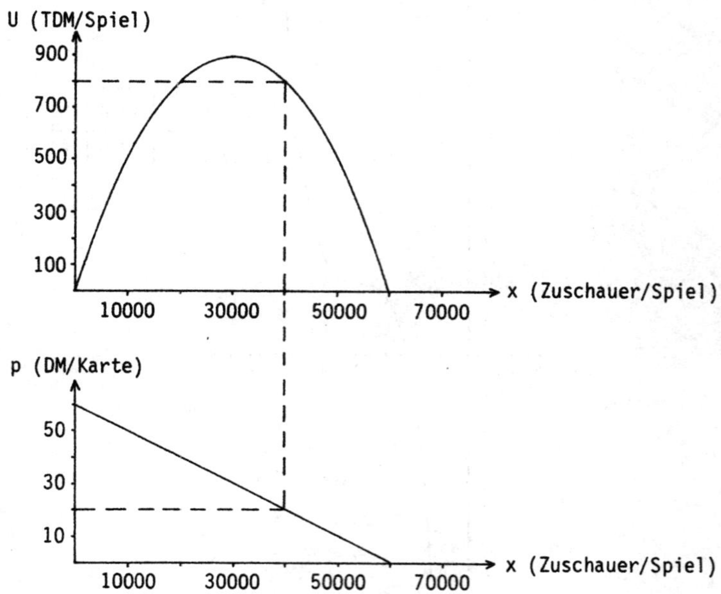

Zur Erzielung einer Umsatzsteigerung muß der Preis erhöht werden.

c) Bei einem Preis von 30 DM ist der maximale Umsatz erreicht.

5.13 a)

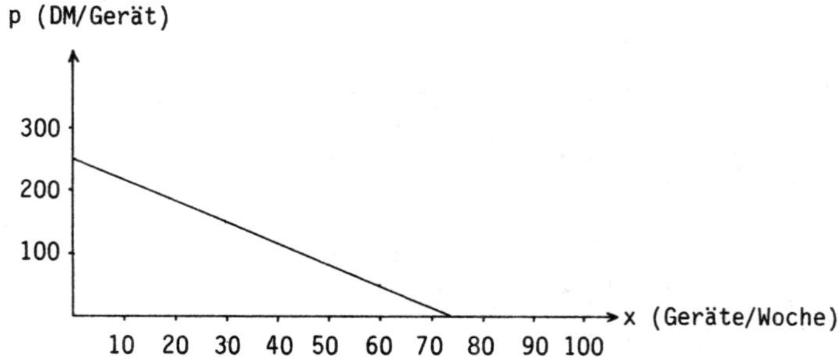

$p = 250 - \frac{10}{3}x$

b) $U = 250x - \frac{10}{3}x^2$

$G = -\frac{11}{3}x^2 + 220x - 1\,000$

c)

x	0	5	30	37,5	55	75
U	0	1 167	4 500	4 688	3 667	0
K	1 000	1 158	2 200	2 594	3 658	5 125
G	- 1 000	9	2 300	2 094	9	- 5 125

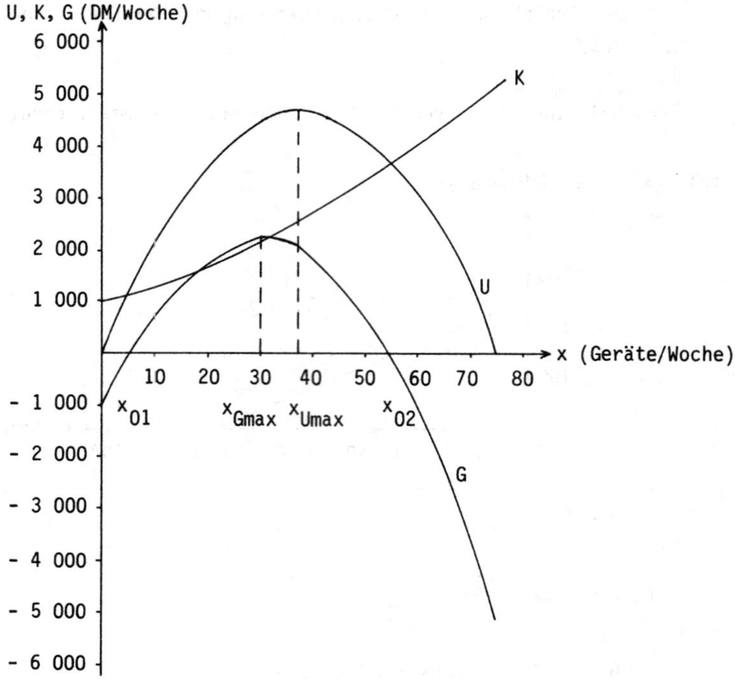

d) Maximaler Umsatz wird erzielt bei x = 37,5.
Maximaler Gewinn wird erzielt bei x = 30.

e) Im Bereich von x = 5 bis x = 55 werden positive Gewinne erzielt.

5.14 a) $G = -2x^2 + 24x - 40$

$x_{01} = 2$

$x_{02} = 10$

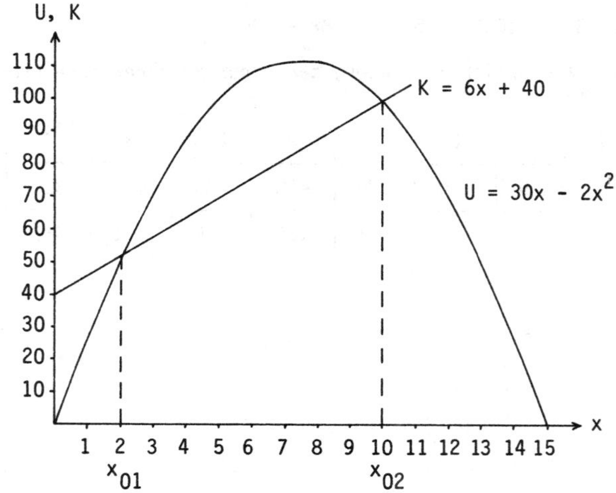

b) $G = -2x^2 + 48x - 238$

$x_{01} = 7$

$x_{02} = 17$

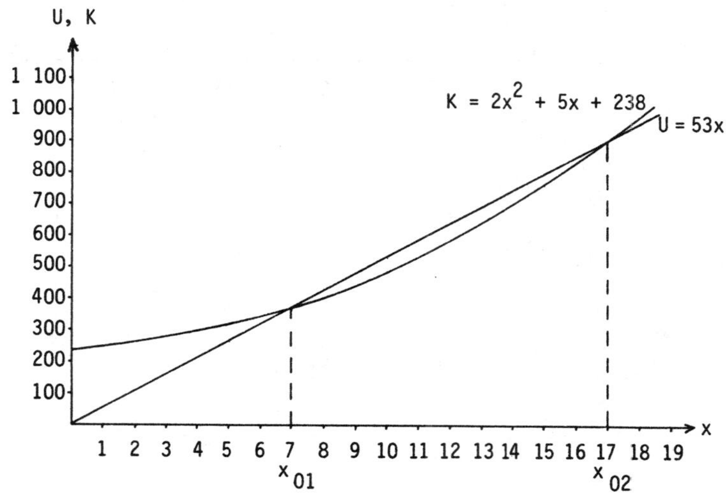

c) $G = -10x^3 - 75x^2 + 398x - 100$

→ Funktion 3. Grades, daher nur zeichnerische Ermittlung

x	0	1	2	2,5	3	4	5
U	0	320	480	500	480	320	0
K	100	107	164	230	331	668	1 235

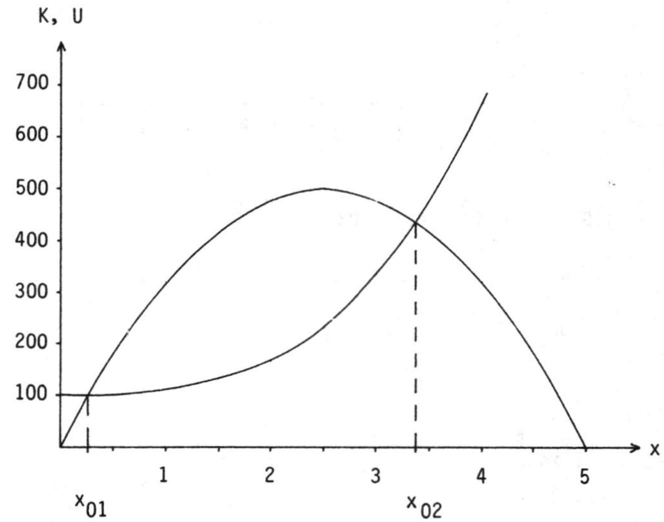

$x_{01} \approx 0{,}25$

$x_{02} \approx 3{,}4$

5.15 a)

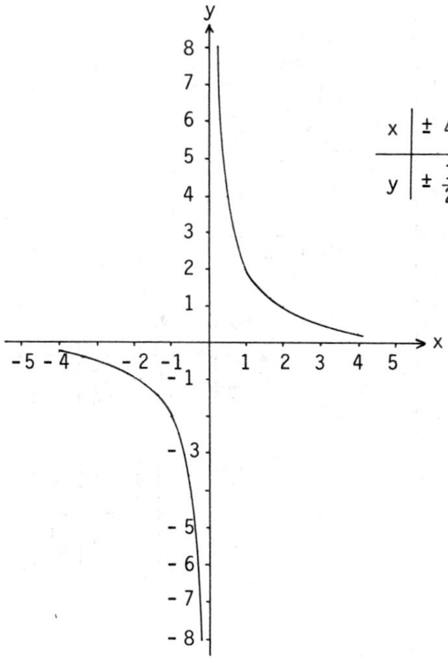

x	± 4	± 2	± 1	$\pm\frac{1}{2}$	$\pm\frac{1}{4}$
y	$\pm\frac{1}{2}$	± 1	± 2	± 4	± 8

b)

x	- 4	- 2	- 1	$-\frac{1}{2}$	$-\frac{1}{3}$	$-\frac{1}{4}$
y	$2\frac{3}{4}$	$2\frac{1}{2}$	2	1	0	- 1

x	$\frac{1}{4}$	$\frac{1}{3}$	$\frac{1}{2}$	1	2	3	4
y	7	6	5	4	$3\frac{1}{2}$	$3\frac{1}{3}$	$3\frac{1}{4}$

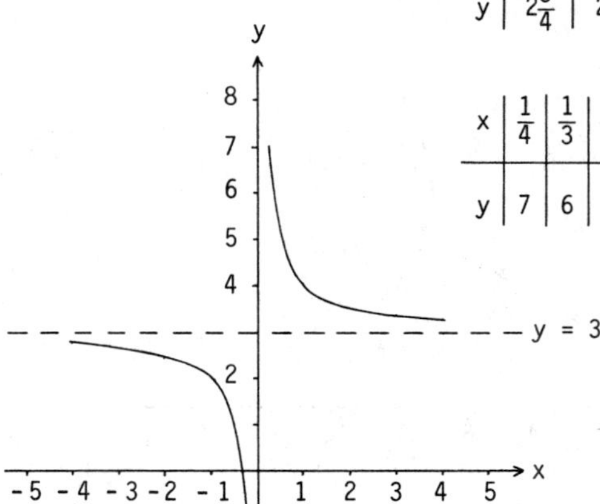

c)

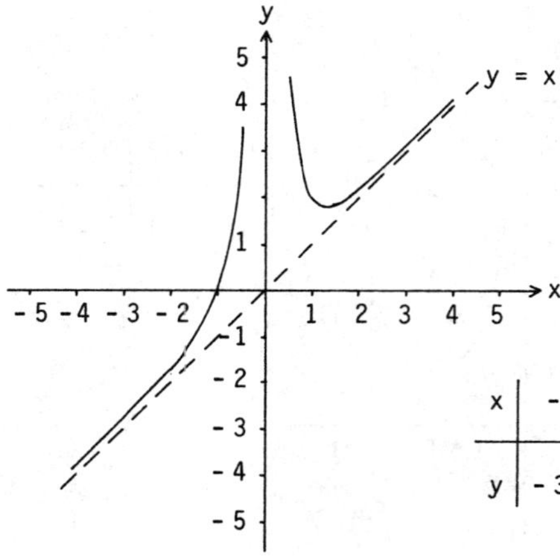

x	- 4	- 3	- 2	-1	$-\frac{1}{2}$	$-\frac{1}{4}$
y	$-3\frac{15}{16}$	$-2\frac{8}{9}$	$-1\frac{3}{4}$	0	$3\frac{1}{2}$	$15\frac{3}{4}$

x	$\frac{1}{4}$	$\frac{1}{2}$	1	2	3	4
y	$16\frac{1}{4}$	$4\frac{1}{2}$	2	$2\frac{1}{4}$	$3\frac{1}{9}$	$4\frac{1}{16}$

5.16 a) $K = 5 + 3x$

$k = \frac{5}{x} + 3$

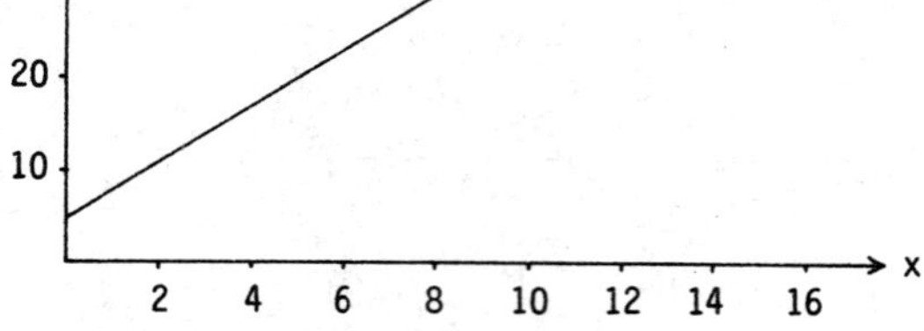

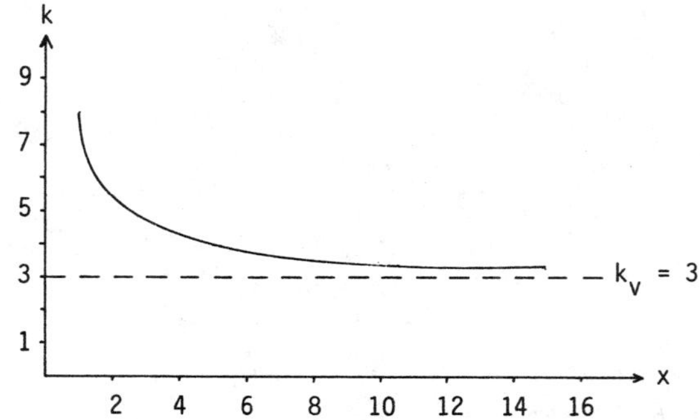

b) $K = 10 + 0{,}5x$

$$k = \frac{10}{x} + 0{,}5$$

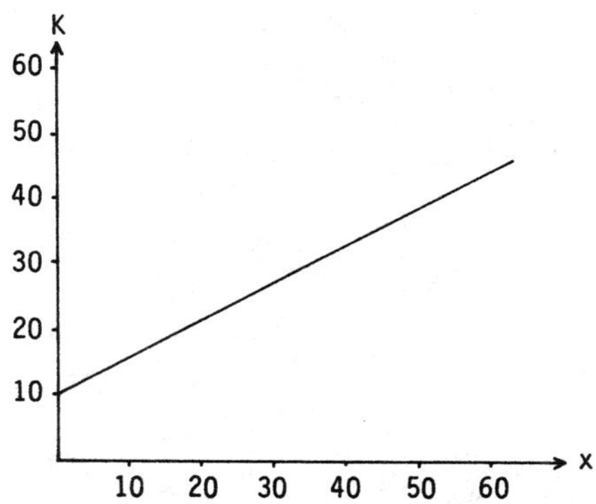

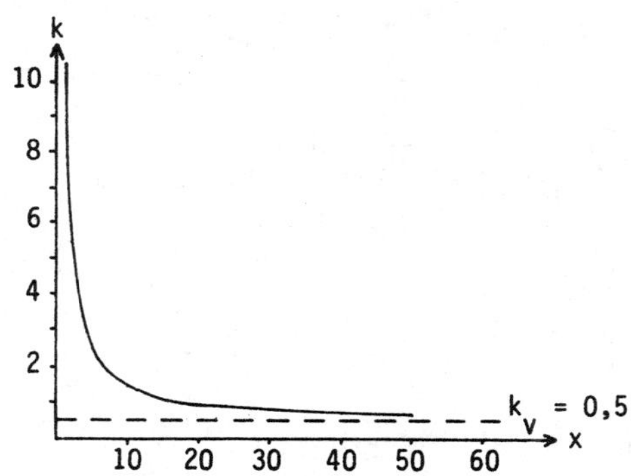

c) $K = \frac{1}{4}x^2 + 20$

$k = \frac{1}{4}x + \frac{20}{x}$

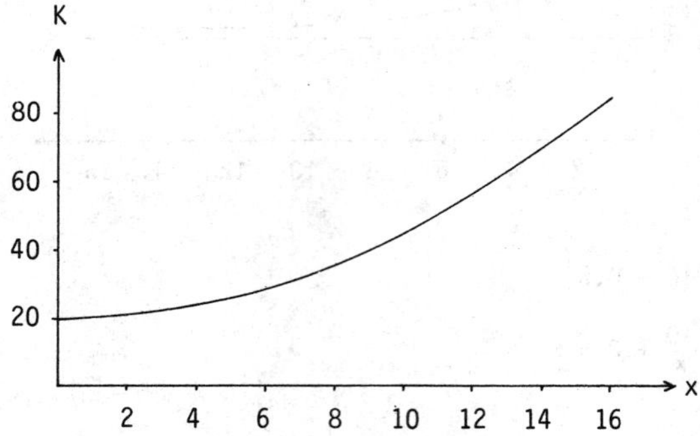

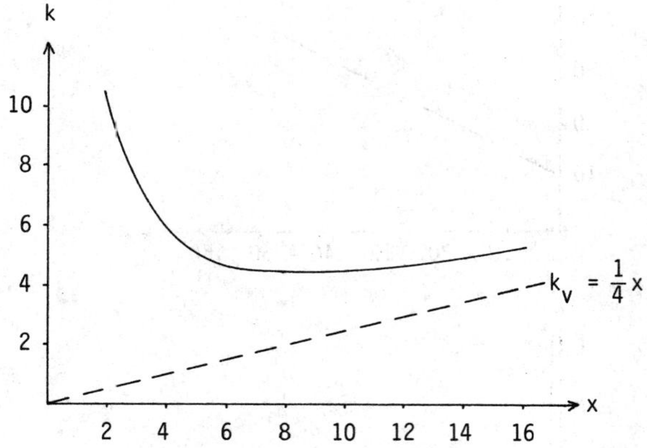

5.17 a) $y = 2x^2$

Umkehrfunktion: $y = \sqrt{\frac{x}{2}}$

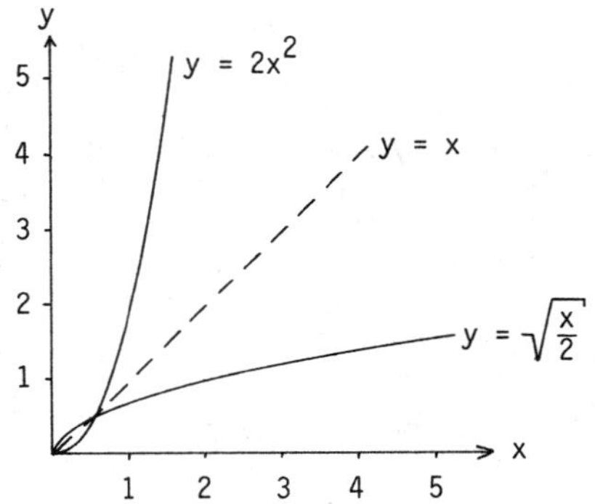

x	0	$\frac{1}{2}$	1	1,5
$y = 2x^2$	0	$\frac{1}{2}$	2	4,5

x	0	$\frac{1}{2}$	2	4,5
$y = \sqrt{\frac{x}{2}}$	0	$\frac{1}{2}$	1	1,5

b) $y = \frac{1}{2}x^3$

Umkehrfunktion: $y = \sqrt[3]{2x}$

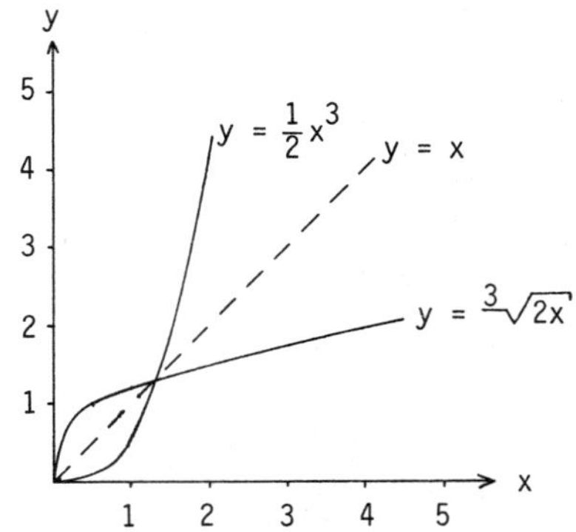

x	0	$\frac{1}{2}$	1	2
$y = \frac{1}{2}x^3$	0	$\frac{1}{16}$	$\frac{1}{2}$	4

x	0	$\frac{1}{16}$	$\frac{1}{2}$	4
$y = \sqrt[3]{2x}$	0	$\frac{1}{2}$	1	2

c) $y = \frac{1}{4}x^2$

Umkehrfunktion: $y = \sqrt{4x}$

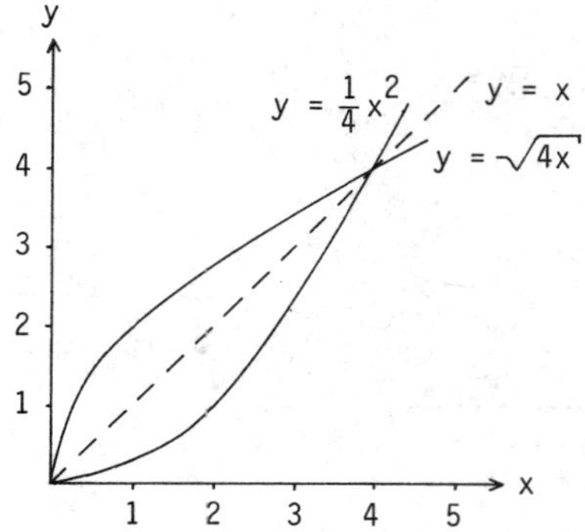

x	0	$\frac{1}{2}$	1	2	3	4
$y = \frac{1}{4}x^2$	0	$\frac{1}{16}$	$\frac{1}{4}$	1	$2\frac{1}{4}$	4

x	0	$\frac{1}{16}$	$\frac{1}{4}$	1	$2\frac{1}{4}$	4
$y = \sqrt{4x}$	0	$\frac{1}{2}$	1	2	3	4

5.18

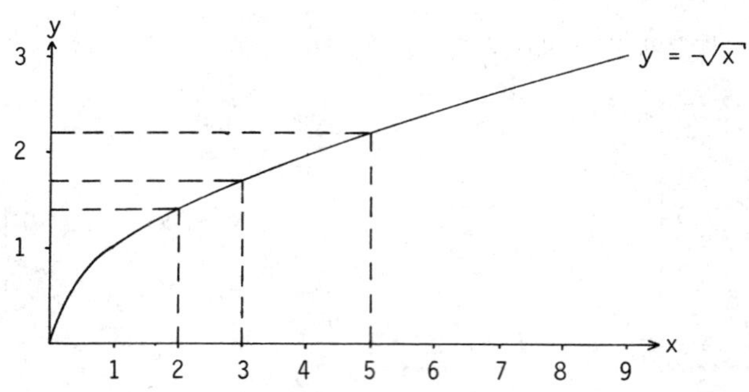

$\sqrt{2} \approx 1{,}4$

$\sqrt{3} \approx 1{,}7$

$\sqrt{5} \approx 2{,}2$

5.19 a)

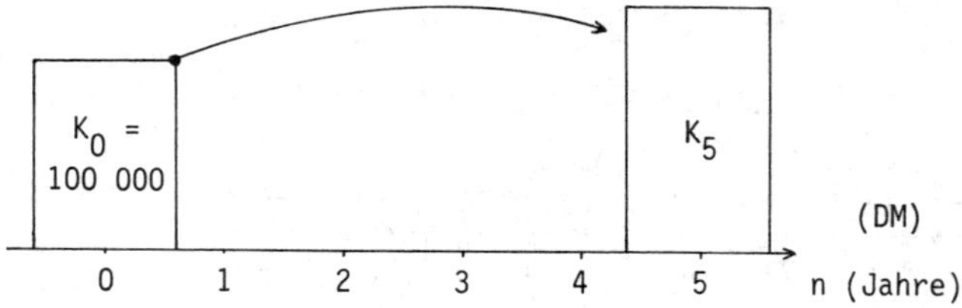

b) $r(K_5) = \sqrt[5]{\frac{K_5}{100\,000}} - 1$

K_5	0	50 000	100 000	200 000	400 000	600 000
r	- 1	- 0,13	0	0,15	0,32	0,43

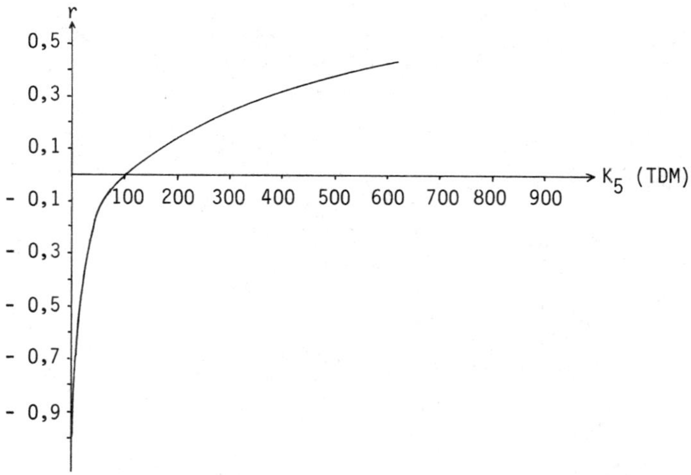

5.20 Holzbestand: $H_0 = 75 \quad (m^3/ha)$

Zuwachs: $i = 0{,}025$

Wachstumsfunktion: $H(n) = 75 \cdot e^{\ln 1{,}025 \cdot n}$

n	0	10	20	30	40	50	60
H	75	96	123	157	201	258	330

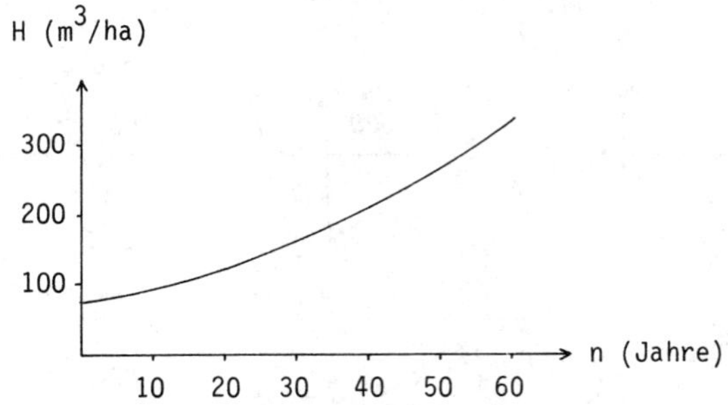

6.1 $a = 10$

$d = 5$

a) $s = \frac{n}{2}(2a + (n - 1)d)$

$s = 325$

b) n-tes Glied $= a + (n - 1)d$

20. Glied $= 105$

6.2 $a = 10$

$q = \frac{3}{2}$

a) $s = a\frac{q^n - 1}{q - 1}$

$s = 1\,133{,}3$

b) n-tes Glied = aq^{n-1}

10. Glied = 384,4

6.3 a = 100

$q = \frac{1}{2}$

a) n-tes Glied = aq^{n-1}

15. Glied = 0,0061

b) $s = \frac{a}{1 - q}$

s = 200

6.4 a)

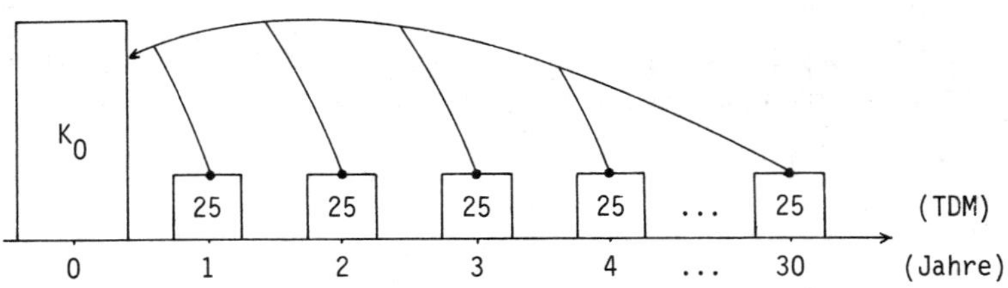

$$K_0 = g \cdot \frac{(1 + i)^n - 1}{i(1 + i)^n}$$

$$K_0 = 25\,000 \cdot \frac{1{,}08^{30} - 1}{0{,}08 \cdot 1{,}08^{30}}$$

$$K_0 = 281\,445$$

Die Familie könnte einen Betrag von 281 445 DM finanzieren.

b) $\text{Annuität} = 281\,445 \cdot \frac{0{,}08 \cdot 1{,}08^{30}}{1{,}08^{30} - 1}$

Annuität = 25 000 (DM)

6.5

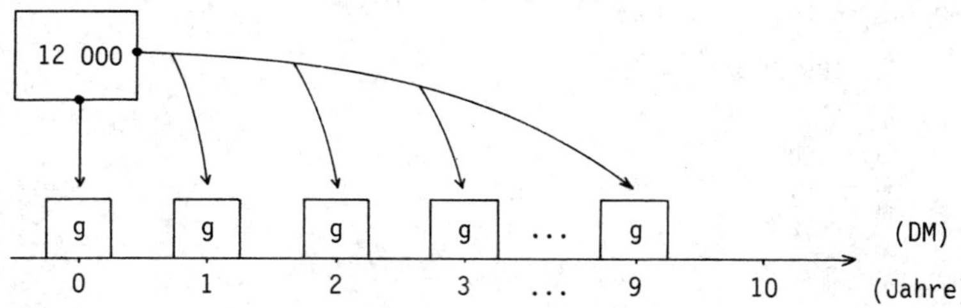

$$g = K_0 \cdot \frac{i(1+i)^n}{(1+i)^n - 1} \cdot \frac{1}{1+i}$$

$$g = 12\,000 \cdot \frac{0{,}1 \cdot 1{,}1^{10}}{1{,}1^{10} - 1} \cdot \frac{1}{1{,}1}$$

$$g = 1\,775$$

Jährliche Mindestöleinsparung (in DM) = 1 775 + 500 = 2 275

Die Investition lohnt sich nur, wenn die jährlichen Minderauszahlungen für Öl mindestens 2 275 DM betragen.

6.6

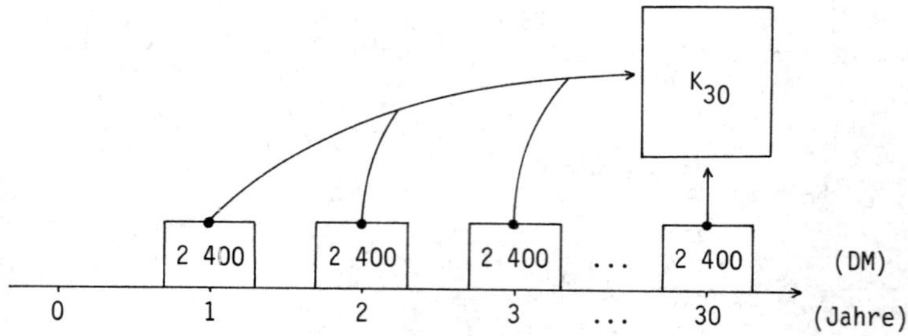

$$K_0 = g \cdot \frac{(1+i)^n - 1}{i}$$

$$K_0 = 2\,400 \cdot \frac{1{,}05^{30} - 1}{0{,}05}$$

$$K_0 = 159\,453$$

Der Mann könnte über den Betrag von 159 453 DM verfügen.

6.7 a)

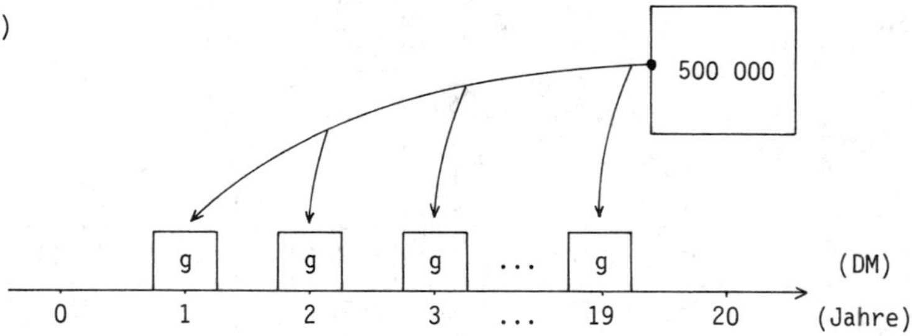

$$g = K_n \cdot \frac{1}{(1 + i)^n - 1} \cdot \frac{1}{1 + i}$$

$$g = 500\,000 \cdot \frac{0,04}{1,04^{20} - 1} \cdot \frac{1}{1,04}$$

$$g = 16\,145$$

Um auf eine Lebensversicherungssumme von 500 000 DM zu kommen, müßte man jährlich vorschüssig 16 145 DM einzahlen.

b)

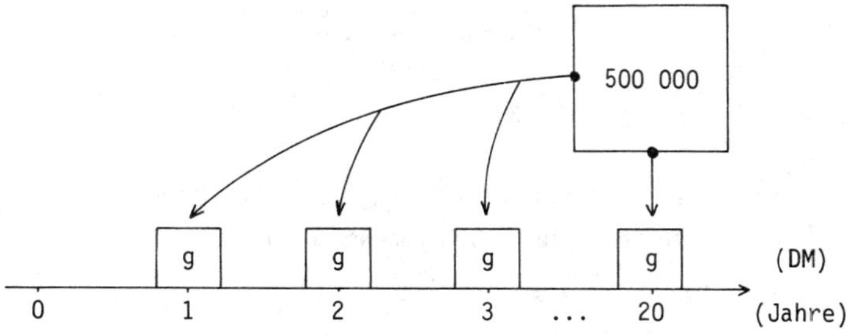

$$g = K_n \cdot \frac{i}{(1 + i)^n - 1}$$

$$g = 500\,000 \cdot \frac{0,04}{1,04^{20} - 1}$$

$$g = 16\,791$$

Wird nachschüssig in die Versicherung eingezahlt, so sind 16 791 DM aufzubringen.

6.8

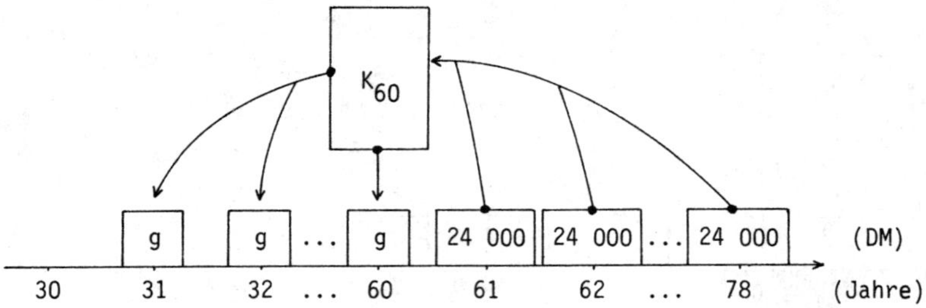

1. Schritt: $K_{60} = 24\,000 \cdot \frac{(1+i)^n - 1}{i(1+i)^n}$

$$K_{60} = 24\,000 \cdot \frac{1{,}05^{18} - 1}{0{,}05 \cdot 1{,}05^{18}}$$

$$K_{60} = 280\,550$$

2. Schritt: $g = K_{60} \cdot \frac{i}{(1+i)^n - 1}$

$$g = 280\,550 \cdot \frac{0{,}05}{1{,}05^{30} - 1}$$

$$g = 4\,223$$

Sie müßten jährlich einen Betrag von 4 223 DM einzahlen, um auf die gewünschte Rente zu kommen (nachschüssig).

6.9

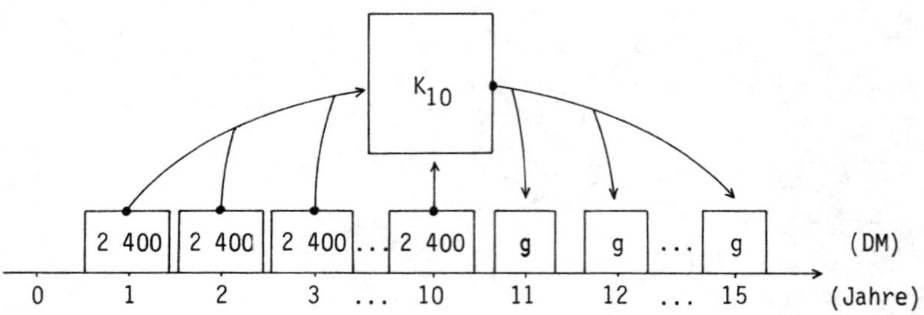

1\. Schritt: $K_{10} = 2\,400 \cdot \frac{(1 + i)^n - 1}{i}$

$K_{10} = 2\,400 \cdot \frac{1{,}05^{10} - 1}{0{,}05}$

$K_{10} = 30\,187$

2\. Schritt: $g = K_{10} \cdot \frac{i(1 + i)^5}{(1 + i)^5 - 1}$

$g = 30\,187 \cdot \frac{0{,}05 \cdot 1{,}05^5}{1{,}05^5 - 1}$

$g = 6\,972$

Der Student kann jährlich über einen Betrag von 6 972 DM verfügen.

7.1 a) $\frac{\Delta y}{\Delta x} = 6x + 3\Delta x + 2$

b) $\frac{\Delta y}{\Delta x} = 12x^2 + 12\Delta x \cdot x + 4\Delta x^2$

c) $\frac{\Delta y}{\Delta x} = -4x - 2\Delta x + 15$

7.2 a) $y' = 15x^2$

b) $y' = 20x^4 + 6x^2$

c) $y' = -\frac{2}{5x^3}$

d) $y' = \frac{4}{3x^2}$

e) $y' = \frac{9}{2\sqrt[4]{x}}$

f) $y' = 200x - 20 - \frac{1\,000}{x^2}$

7.3 a) Nullstellen

$x_{N1} = 0$; $x_{N2} = -2$; $x_{N3} = 2$

Extremstellen

1. Maximum bei $x_{E1} = -1{,}155$

2. Minimum bei $x_{E2} = +1{,}155$

Wertetafel

x	- 3	- 2	- 1,155	0	1,155	2	3
y	- 3,75	0	+ 0,77	0	- 0,77	0	3,75

Zeichnung

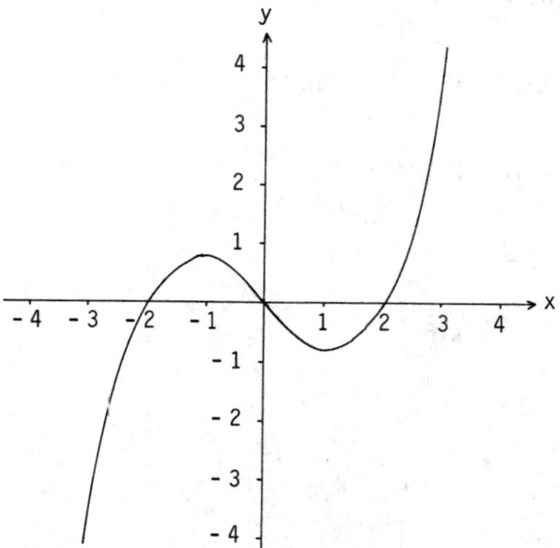

b) Nullstellen

$x_{N1} = -2 \quad ; \quad x_{N2} = 2 \quad ; \quad x_{N3} = -1 \quad ; \quad x_{N4} = 1$

Extremstellen

Maximum bei $x_{E1} = 0$

Minima bei $x_{E2} = \sqrt{\frac{5}{2}} = 1{,}58$ und $x_{E3} = -\sqrt{\frac{5}{2}} = -1{,}58$

Wertetafel

x	-3	-2	$-\sqrt{\frac{5}{2}}$	-1	0	1	$\sqrt{\frac{5}{2}}$	2	3
y	40	0	$-2{,}25$	0	4	0	$-2{,}25$	0	40

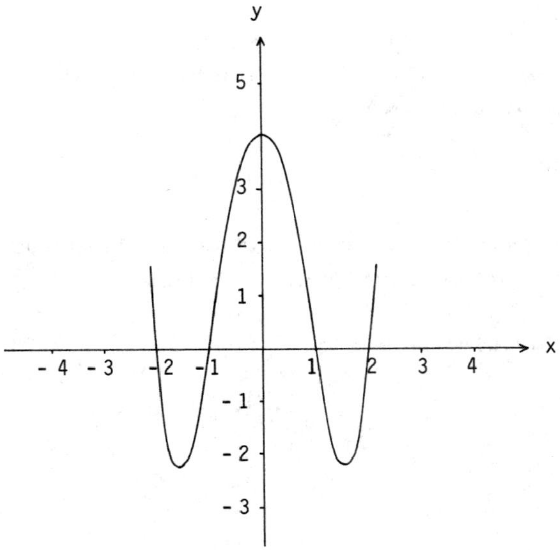

7.4 Im Gewinnmaximum gilt:

$$GK = p$$

$GK = 0{,}06x^2 - 3x + 90$

$p = 126$

$x_{G1} = -10$ entfällt, da $x < 0$ nicht ökonomisch relevant

$x_{G2} = 60$

Überprüfung des gefundenen x_{G2}-Wertes auf Vorliegen eines Maximums durch Einsetzen in die zweite Ableitung der Gewinnfunktion.

$G(x) = -0{,}02x^3 + 1{,}5x^2 + 36x - 1\,000$

$G''(x) = -0{,}12x + 3$

$G''(60) = -4{,}2 < 0 \quad \rightarrow \quad$ Maximum

Errechnung des Gewinnes

$G(60) = 2\,240$

Die gewinnmaximale Produktionsmenge beträgt 60 Stück pro Periode. Damit wird ein Gewinn von 2 240 DM erzielt.

7.5 a) Im Gewinnmaximum gilt:

$$GK = GU$$

$GK = 0{,}4x + 2$

$GU = 24 - 4x$

$x_G = 5$

Überprüfung des x_G-Wertes auf Vorliegen eines Maximums

$$G(x) = -2{,}2x^2 + 22x - 11$$

$$G''(x) = -4{,}4 < 0 \quad \rightarrow \quad \text{Maximum}$$

Ermittlung des gewinnmaximalen Preises

$$p_G = 14$$

Bei einem Preis von 14 DM pro Stück und einer produzierten Menge von 5 Stück pro Periode wird maximaler Gewinn erzielt.

Zeichnung

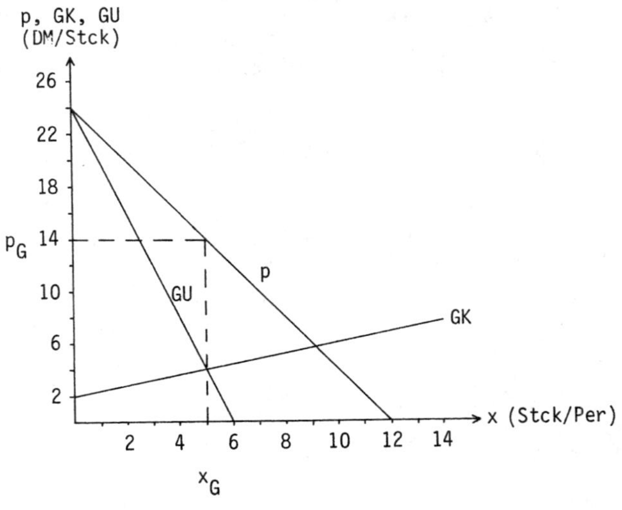

b) Der maximale Gewinn beträgt 44 DM pro Periode.

7.6 a) $k = 2 + \frac{600}{x} + 0{,}05 \cdot \frac{x}{2 \cdot 120\,000} + 0{,}1 \cdot \frac{x}{2 \cdot 120\,000} \cdot (2 + \frac{600}{x})$

$x_k = 24\,000$

Die optimale Bestellmenge beträgt 24 000 kg pro Bestellung.

b) Die Zeitabstände zwischen den Bestellungen betragen 73 Tage.

c) $G = 0{,}1x - 0{,}05 \cdot \frac{x}{2 \cdot 120\,000} \cdot x - 0{,}1 \cdot \frac{x}{2 \cdot 120\,000} \cdot (2 + \frac{600}{x}) \cdot x$

$x_G = 48\,000$

Der Produzent sollte vor der Preiserhöhung 48 000 kg des Rohstoffes bestellen.

LÖSUNGEN ZUR TESTKLAUSUR I

Aufgabe 1

a) $\frac{2a}{x+1} + b = \frac{2b}{x+1} + a \qquad | \; HN = x + 1$

$2a + b(x + 1) = 2b + a(x + 1)$

$2a + bx + b = 2b + ax + a \qquad | - ax \quad - b \quad - 2a$

$bx - ax = 2b - b - 2a + a$

$x(b - a) = b - a \qquad | : (b - a)$

$\underline{\underline{x = 1}}$

b) $\frac{mn}{x-c} + \frac{cn}{x-m} = 2n \qquad | \; HN = (x-c)(x-m)$

$mn(x - m) + cn(x - c) = 2n(x - c)(x - m)$

$mnx - m^2n + cnx - c^2n = 2nx^2 - 2cnx - 2mnx + 2cmn \qquad | - 2nx^2 \; + 2cnx \; + 2mnx \; - 2cmn$

$-2nx^2 + 3mnx + 3cnx - m^2n - 2mnc - c^2n = 0 \qquad | : - 2n$

$x^2 - \frac{3(m+c)}{2}x + \frac{m^2 + 2mc + c^2}{2} = 0$

$x^2 - \frac{3(m+c)}{2}x + \frac{(m+c)^2}{2} = 0$

$x_{1,2} = \frac{3(m+c)}{4} \pm \sqrt{\frac{9(m+c)^2}{16} - \frac{8(m+c)^2}{16}}$

$x_{1,2} = \frac{3(m+c)}{4} \pm \frac{(m+c)}{4}$

$\underline{\underline{x_1 = m + c}}$

$\underline{\underline{x_2 = \frac{m+c}{2}}}$

c) $81^x = 9^{4x - 4}$ $\quad | \; 81 = 9^2$

$9^{2x} = 9^{4x - 4}$

$2x = 4x - 4 \quad | - 4x$

$-2x = -4 \quad | : 2$

$\underline{\underline{x = 2}}$

Aufgabe 2

Es gilt: $K_n = K_0(1 + i)^n$

Gesucht: n für i = 0,1 und $K_n = 5K_0$

$5K_0 = K_0 \cdot 1{,}1^n \quad | : K_0$

$5 = 1{,}1^n \quad | \lg$

$\lg 5 = n \cdot \lg 1{,}1 \quad | : \lg 1{,}1$

$\frac{\lg 5}{\lg 1{,}1} = n$

$\underline{\underline{n \approx 16{,}9}}$

Aufgabe 3

Marktanteil = M in $\frac{\%}{100}$

eigener Absatz = x hl/Jahr

Gesamtabsatz = X hl/Jahr

a) In der Ausgangssituation gilt:

$$M_0 = \frac{x_0}{X_0} = \frac{300\ 000}{X_0} = 0{,}2$$

$$X_0 = 1\ 500\ 000$$

$$M_5 = \frac{300\ 000(1 - 0{,}015)^5}{1\ 500\ 000} = 0{,}1854$$

Bei unverändertem Gesamtabsatz beträgt der Marktanteil nach 5 Jahren noch 18,54 %.

b) $$M_5 = \frac{300\ 000(1 - 0{,}015)^5}{1\ 500\ 000(1 - 0{,}05)^5} = 0{,}2397$$

Bei schrumpfendem Gesamtabsatz wächst der Marktanteil in 5 Jahren auf 23,97 %.

Aufgabe 4

Verrechnungspreis für eine ME der Kostenstelle A = a
Verrechnungspreis für eine ME der Kostenstelle B = b

a)

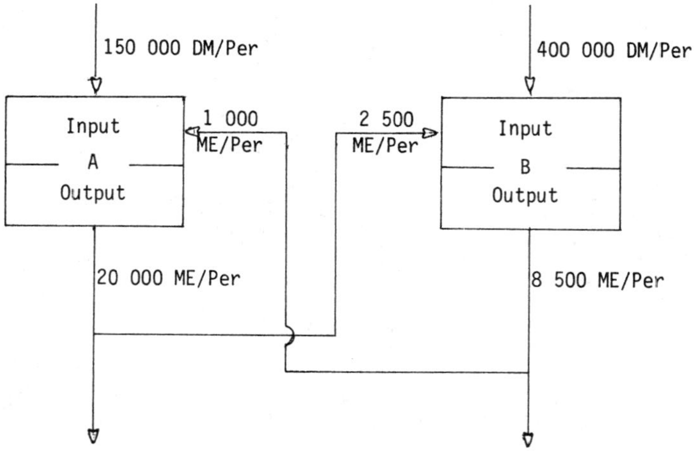

b) Nach dem Istkostenabwälzprinzip gilt:

Inputwert = Outputwert

$$\text{A:}\quad 150\,000 + 1\,000b = 20\,000a \qquad |- 20\,000a \quad |- 150\,000$$

$$\text{B:}\quad 400\,000 + 2\,500a = 8\,500b \qquad |- 8\,500b \quad |- 400\,000$$

$$-20\,000a + 1\,000b = -150\,000$$

$$2\,500a - 8\,500b = -400\,000 \qquad |\cdot 8$$

$$-20\,000a + 1\,000b = -150\,000$$

$$+20\,000a - 68\,000b = -3\,200\,000$$

$$-67\,000b = -3\,350\,000 \qquad |- 67\,000$$

$$\underline{\underline{b = 50}}$$

$$150\,000 + 1\,000 \cdot 50 = 20\,000a \qquad |: 20\,000$$

$$\underline{\underline{10 = a}}$$

Die Verrechnungspreise betragen für eine ME der Kostenstelle A 10 DM und für eine ME der Kostenstelle B 50 DM.

Aufgabe 5

a)

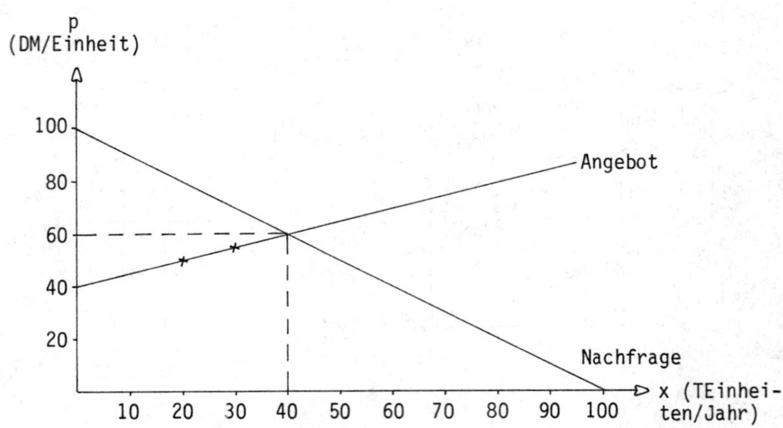

b) Nach der Achsenabschnittsform der Geradengleichung ergibt sich für die Nachfragefunktion:

$$\frac{p}{100} + \frac{x_N}{100\,000} = 1 \qquad \Big| - \frac{x_N}{100\,000}$$

$$\frac{p}{100} = 1 - \frac{1}{100\,000}x_N \qquad | \cdot 100$$

$$\underline{\underline{p = 100 - \frac{1}{1\,000}x_N}}$$

Nach der Zwei-Punkteform der Geradengleichung ergibt sich für die Angebotsfunktion:

$$\frac{55 - 50}{30\,000 - 20\,000} = \frac{p - 50}{x_A - 20\,000}$$

$$\frac{1}{2\,000} = \frac{p - 50}{x_A - 20\,000} \qquad | \cdot (x_A - 20\,000)$$

$$\frac{1}{2\,000}x_A - 10 = p - 50 \qquad | + 50$$

$$\underline{\underline{p = 40 + \frac{1}{2\,000}x_A}}$$

c)

$$x_N = x_A = x_G$$

$$100 - \frac{1}{1\,000}x_G = 40 + \frac{1}{2\,000}x_G \qquad \Big| - \frac{1}{2\,000}x_G \quad \Big| - 100$$

$$- \frac{3}{2\,000}x_G = - 60 \qquad \Big| : - \frac{3}{2\,000}$$

$$\underline{\underline{x_G = 40\,000}}$$

$$P_G = 100 - \frac{1}{1\,000} \cdot 400\,000$$

$$\underline{\underline{P_G = 60}}$$

Die Gleichgewichtsmenge beträgt 40 000 Einheiten pro Jahr, der Gleichgewichtspreis beträgt 60 DM pro Einheit.

d)

$$X_A - X_N = 30\,000$$

$$X_N = 100\,000 - 1\,000p$$

$$X_A = -\,80\,000 + 2\,000p$$

$$-\,80\,000 + 2\,000p - 100\,000 + 1\,000p = 30\,000 \qquad |+ 180\,000$$

$$3\,000p = 210\,000 \qquad |:\,3\,000$$

$$\underline{\underline{p = 70}}$$

Wenn ein Angebotsüberhang von 30 000 Einheiten nicht überschritten werden soll, darf ein Preis von maximal 70 DM/Einheit festgelegt werden.

LÖSUNGEN ZUR TESTKLAUSUR II

Aufgabe 1

a) Zeitstrahl

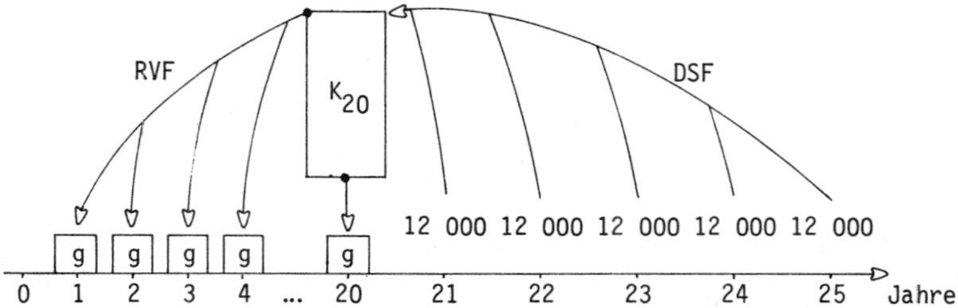

K_{20} = Wert der Sparleistung zum Zeitpunkt 20

g = Wert der jährlichen Sparleistung

b) 1. Schritt: Ermittlung von K_{20}

$$K_{20} = 12\,000 \cdot \frac{(1 + 0{,}07)^5 - 1}{0{,}07(1 + 0{,}07)^5}$$

$$K_{20} = 12\,000 \cdot 4{,}1001974$$

$$K_{20} = 49\,202{,}37$$

2. Schritt: Ermittlung von g

$$g = 49\,202{,}37 \cdot \frac{0{,}07}{(1 + 0{,}07)^{20} - 1}$$

$$g = 49\,202{,}37 \cdot 0{,}0243929$$

$$\underline{\underline{g = 1\,200{,}19}}$$

Die erforderliche Sparleistung der Eltern beträgt 1 200 DM pro Jahr.

Aufgabe 2

a) $y' = 24x^2 + \frac{8}{3}x + 5$

b) $y' = -12x^{-5} = -\frac{12}{x^5}$

c) $y' = \frac{20}{3 \cdot \sqrt[6]{x}}$

Aufgabe 3

a)

$$y = 0$$

$$\frac{1}{2}x_N^3 - 4x_N^2 + 8x = 0 \qquad | \text{ Ausklammern von x}$$

$$x_N(\frac{1}{2}x_N^2 - 4x_N + 8) = 0 \qquad | \text{ Nullsetzen der Faktoren}$$

$$\underline{\underline{x_{N1} = 0}}$$

$$\frac{1}{2}x_N^2 - 4x_N + 8 = 0$$

$$x_N^2 - 8x_N + 16 = 0$$

$$x_{N2} = 4 \pm \sqrt{16 - 16}$$

$$\underline{\underline{x_{N2} = 4}}$$

b)

$$y' = 0$$

$$\frac{3}{2}x_E^2 - 8x_E + 8 = 0 \qquad | : \frac{3}{2}$$

$$x_E^2 - \frac{16}{3}x_E + \frac{16}{3} = 0$$

$$x_{E1,2} = \frac{16}{6} \pm \sqrt{\frac{256}{36} - \frac{192}{36}}$$

$$x_{E1,2} = \frac{16}{6} \pm \frac{8}{6}$$

$$x_{E1} = 4$$

$$x_{E2} = \frac{4}{3}$$

$$y'' \gtrless 0$$

$$y'' = 3x - 8$$

$y''(4) = 4 > 0$ → Minimum

$y''(\frac{4}{3}) = -4 < 0$ → Maximum

c)

x	- 1,0	0	1	$\frac{4}{3}$	2	3	4	5
y	- 4,5	0	4,5	4,74	4	1,5	0	2,5

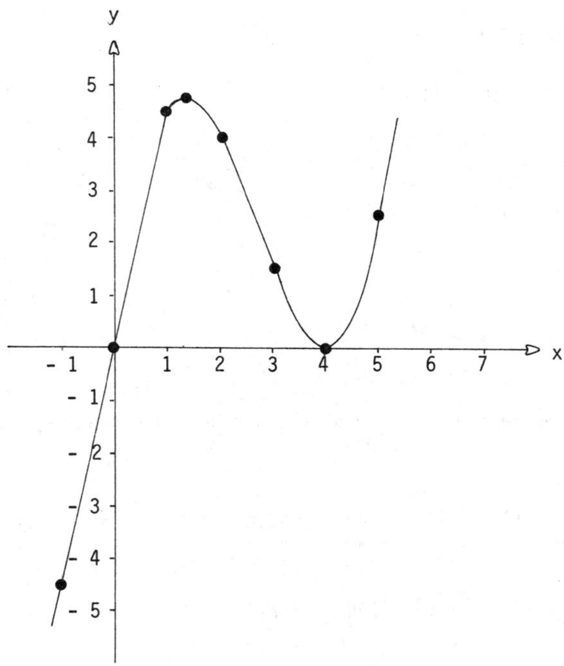

Aufgabe 4

a) Umsatzfunktion

$$U(x) = 7x$$

Grenzumsatzfunktion

$$GU = \frac{dU}{dx} = 7$$

Grenzkostenfunktion

$$GK = \frac{dK}{dx} = \frac{1}{5}x$$

b) An der Nutzenschwelle/-grenze gilt: $U = K$

$$7x_0 = \frac{1}{10}x_0^2 + 100 \qquad | - 7x_0$$

$$0 = \frac{1}{10}x_0^2 - 7x_0 + 100 \qquad | \cdot 10$$

$$0 = x_0^2 - 70x_0 + 1\,000$$

$$x_{01,2} = 35 \pm \sqrt{1\,225 - 1\,000}$$

$$x_{01,2} = 35 \pm 15$$

$$x_{01} = 20$$

$$x_{02} = 50$$

Die Nutzenschwelle liegt bei 20 Stück, die Nutzengrenze liegt bei 50 Stück.

c)

x	0	10	20	30	35,0	40	50	60
U	0	70	140	210	245,0	280	350	420
K	100	110	140	190	222,5	260	350	460

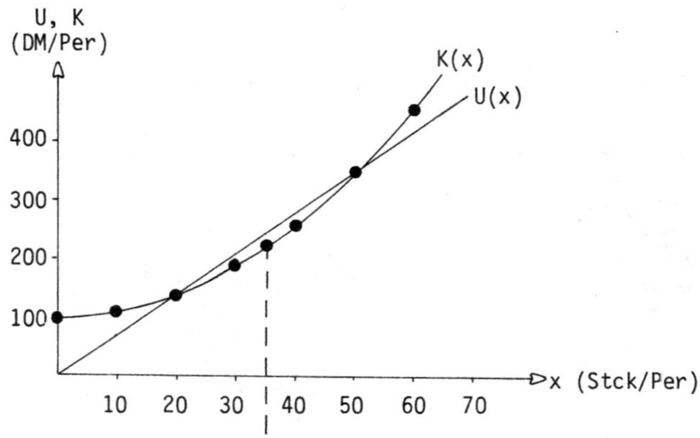

d)

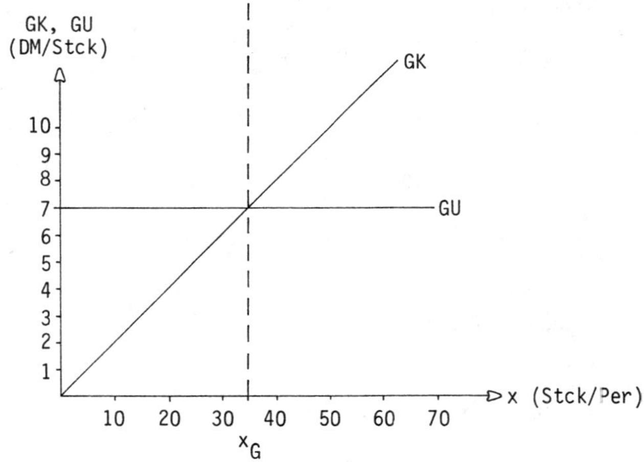

e) Für die gewinnmaximale Absatzmenge x_G gilt: GK = GU. Aus der Zeichnung ergibt sich x_G = 35 Stück.

f) GK = GU

$\frac{1}{5}x_G = 7 \qquad |\cdot 5$

$\underline{\underline{x_G = 35}}$

$$G(x) = U(x) - K(x)$$

$$G(x) = 7x - (\frac{1}{10}x^2 + 100)$$

$$G(x) = -\frac{1}{10}x^2 + 7x - 100$$

$$\underline{\underline{G(35) = 22{,}5}}$$

Der maximale Gewinn ergibt sich bei einer Absatzmenge von 35 Stück. Er beträgt 22,50 DM.

Aufgabe 5

a) 1. Ermittlung der Kosten k je kg des Rohstoffes in Abhängigkeit von der Bestellmenge x

$$k = 1{,}50 + \frac{50\,000}{x} + \frac{x}{2 \cdot 1\,200\,000} \cdot 0{,}075$$

$$+ 0{,}12 \cdot \frac{x}{2 \cdot 1\,200\,000} \cdot (1{,}50 + \frac{50\,000}{x})$$

$$k = 1{,}50 + \frac{50\,000}{x} + \frac{0{,}075x}{2\,400\,000} + \frac{0{,}18x}{2\,400\,000} + \frac{6\,000}{2\,400\,000}$$

$$k = \frac{0{,}255x}{2\,400\,000} + 1{,}5025 + \frac{50\,000}{x}$$

2. Ermittlung des Kostenminimums $k' = 0$ und $k'' > 0$.

$$k' = \frac{0{,}255}{2\,400\,000} - \frac{50\,000}{x^2}$$

$$0 = \frac{0{,}255}{2\,400\,000} - \frac{50\,000}{x_E^2} \qquad | \cdot 2\,400\,000x_E^2$$

$$0 = 0{,}255x_E^2 - 1{,}2 \cdot 10^{11} \qquad | + 1{,}2 \cdot 10^{11}$$

$$1{,}2 \cdot 10^{11} = 0{,}255x_E^2 \qquad |: 0{,}255$$

$$4{,}70588 \cdot 10^{11} = x_E^2 \qquad |\sqrt{}$$

$$\underline{\underline{x_{E1,2} = \pm\, 685\,994{,}34}}$$

$$k'' = \frac{100\,000}{x^3}$$

$$k''(685\,994{,}34) = \frac{100\,000}{685\,994{,}34^3} > 0 \rightarrow \text{Minimum}$$

Der Betrieb sollte pro Bestellung 685 994 kg ordern.

TAFEL DER VIERSTELLIGEN MANTISSEN DER BRIGGSSCHEN LOGARITHMEN

Zahl	0	1	2	3	4	5	6	7	8	9	D
10	0000	0043	0086	0128	0170	0212	0253	0294	0334	0374	40
11	0414	0453	0492	0531	0569	0607	0645	0682	0719	0755	37
12	0792	0828	0864	0899	0934	0969	1004	1038	1072	1106	33
13	1139	1173	1206	1239	1271	1303	1335	1367	1399	1430	31
14	1461	1492	1523	1553	1584	1614	1644	1673	1703	1732	29
15	1761	1790	1818	1847	1875	1903	1931	1959	1987	2014	27
16	2041	2068	2095	2122	2148	2175	2201	2227	2253	2279	25
17	2304	2330	2355	2380	2405	2430	2455	2480	2504	2529	24
18	2553	2577	2601	2625	2648	2672	2695	2718	2742	2765	23
19	2788	2810	2833	2856	2878	2900	2923	2345	2967	2989	21
20	3010	3032	3054	3075	3096	3118	3139	3160	3181	3201	21
21	3222	3243	3263	3284	3304	3324	3345	3365	3385	3404	20
22	3424	3444	3464	3483	3502	3522	3541	3560	3579	3598	19
23	3617	3636	3655	3674	3692	3711	3729	3747	3766	3784	18
24	3802	3820	3838	3856	3874	3892	3909	3927	3945	3962	17
25	3979	3997	4014	4031	4048	4065	4082	4099	4116	4133	17
26	4150	4166	4183	4200	4216	4232	4249	4265	4281	4298	16
27	4314	4330	4346	4362	4378	4393	4409	4425	4440	4456	16
28	4472	4487	4502	4518	4533	4548	4564	4579	4594	4609	15
29	4624	4639	4654	4669	4683	4698	4713	4728	4742	4757	14
30	4771	4786	4800	4814	4829	4843	4857	4871	4886	4900	14
31	4914	4928	4942	4955	4969	4983	4997	5011	5024	5038	13
32	5051	5065	5079	5092	5105	5119	5132	5145	5159	5172	13
33	5185	5198	5211	5224	5237	5250	5263	5276	5289	5302	13
34	5315	5328	5340	5353	5366	5378	5391	5403	5416	5428	13
35	5441	5453	5465	5478	5490	5502	5514	5527	5539	5551	12
36	5563	5575	5587	5599	5611	5623	5635	5647	5658	5670	12
37	5682	5694	5705	5717	5729	5740	5752	5763	5775	5786	12
38	5798	5809	5821	5832	5843	5855	5866	5877	5888	5899	12
39	5911	5922	5933	5944	5955	5966	5977	5988	5999	6010	11
40	6021	6031	6042	6053	6064	6075	6085	6096	6107	6117	11
41	6128	6138	6149	6160	6170	6180	6191	6201	6212	6222	10
42	6232	6243	6253	6263	6274	6284	6294	6304	6314	6325	10
43	6335	6345	6355	6365	6375	6385	6395	6405	6415	6425	10
44	6435	6444	6454	6464	6474	6484	6493	6503	6513	6522	10
45	6532	6542	6551	6561	6571	6580	6590	6599	6609	6618	10
46	6628	6637	6646	6656	6665	6675	6684	6693	6702	6712	9
47	6721	6730	6739	6749	5758	6767	6776	6785	6794	6803	9
48	6812	6821	6830	6839	6848	6857	6866	6875	6884	6893	9
49	6902	6911	6920	6928	6937	6946	6955	6964	6972	6981	9
50	6990	6998	7007	7016	7024	7033	7042	7050	7059	7067	9
51	7076	7084	7093	7101	7110	7118	7126	7135	7143	7152	8
52	7160	7168	7177	7185	7193	7202	7210	7218	7226	7235	8
53	7243	7251	7259	7267	7275	7284	7292	7300	7308	7316	8
54	7324	7332	7340	7348	7356	7364	7372	7380	7388	7396	8

Anmerkung: Die Spalte D gibt die Differenz zweier benachbarter Mantissen an.

TAFEL DER VIERSTELLIGEN MANTISSEN DER BRIGGSSCHEN LOGARITHMEN

Zahl	0	1	2	3	4	5	6	7	8	9	D
55	7404	7412	7419	7427	7435	7443	7451	7459	7466	7474	8
56	7482	7490	7497	7505	7513	7520	7528	7536	7543	7551	8
57	7559	7566	7574	7582	7589	7597	7604	7612	7619	7627	7
58	7634	7642	7649	7657	7664	7672	7679	7686	7694	7701	8
59	7709	7716	7723	7731	7738	7745	7752	7760	7767	7774	8
60	7782	7789	7796	7803	7810	7818	7825	7832	7839	7846	7
61	7853	7860	7868	7875	7882	7889	7896	7903	7910	7917	7
62	7924	7931	7938	7945	7952	7959	7966	7973	7980	7987	6
63	7993	8000	8007	8014	8021	8028	8035	8041	8048	8055	7
64	8062	8069	8075	8082	8089	8096	8102	8109	8116	8122	7
65	8129	8136	8142	8149	8156	8162	8169	8176	8182	8189	6
66	8195	8202	8209	8215	8222	8228	8235	8241	8248	8254	7
67	8261	8267	8274	8280	8287	8293	8299	8306	8312	8319	6
68	8325	8331	8338	8344	8351	8357	8363	8370	8376	8382	6
69	8388	8395	8401	8407	8414	8420	8426	8432	8439	8445	6
70	8451	8457	8463	8470	8476	8482	8488	8494	8500	8506	7
71	8513	8519	8525	8531	8537	8543	8549	8555	8561	8567	6
72	8573	8579	8585	8591	8597	8603	8609	8615	8621	8627	6
73	8633	8639	8645	8651	8657	8663	8669	8675	8681	8686	6
74	8692	8698	8704	8710	8716	8722	8727	8733	8739	8745	6
75	8751	8756	8762	8768	8774	8779	8785	8791	8797	8802	6
76	8808	8814	8820	8825	8831	8837	8842	8848	8854	8859	6
77	8865	8871	8876	8882	8887	8893	8899	8904	8910	8915	6
78	8921	8927	8932	8938	8943	8949	8954	8960	8965	8971	5
79	8976	8982	8987	8993	8998	9004	9009	9015	9020	9025	6
80	9031	9036	9042	9047	9053	9058	9063	9069	9074	9079	6
81	9085	9090	9096	9101	9106	9112	9117	9122	9128	9133	5
82	9138	9143	9149	9154	9159	9165	9170	9175	9180	9186	5
83	9191	9196	9201	9206	9212	9217	9222	9227	9232	9238	5
84	9243	9248	9253	9258	9263	9269	9274	9279	9284	9289	5
85	9294	9299	9304	9309	9315	9320	9325	9330	9335	9340	5
86	9345	9350	9355	9360	9365	9370	9375	9380	9385	9390	5
87	9395	9400	9405	9410	9415	9420	9425	9430	9435	9440	5
88	9445	9450	9455	9460	9465	9469	9474	9479	9484	9489	5
89	9494	9499	9504	9509	9513	9518	9523	9528	9533	9538	4
90	9542	9547	9552	9557	9562	9566	9571	9576	9581	9586	4
91	9590	9595	9600	9605	9609	9614	9619	9624	9628	9633	5
92	9638	9643	9647	9652	9657	9661	9666	9671	9675	9680	5
93	9685	9689	9694	9699	9703	9708	9713	9717	9722	9727	4
94	9731	9736	9741	9745	9750	9754	9759	9763	9768	9773	4
95	9777	9782	9786	9791	9795	9800	9805	9809	9814	9818	5
96	9823	9827	9832	9836	9841	9845	9850	9854	9859	9863	5
97	9868	9872	9877	9881	9886	9890	9894	9899	9903	9908	4
98	9912	9917	9921	9926	9930	9934	9939	9943	9948	9952	4
99	9956	9961	9965	9969	9974	9978	9983	9987	9991	9996	4

5 %						
	AuF	AbF	DSF	KWF	EWF	RVF
n	$(1+i)^n$	$(1+i)^{-n}$	$\frac{(1+i)^n - 1}{i(1+i)^n}$	$\frac{i(1+i)^n}{(1+i)^n - 1}$	$\frac{(1+i)^n - 1}{i}$	$\frac{i}{(1+i)^n - 1}$
1	1,050000	0,952381	0,952381	1,050000	1,000000	1,0000000
2	1,102500	0,907029	1,859410	0,537805	2,050000	0,4878049
3	1,157625	0,863838	2,723248	0,367209	3,152500	0,3172086
4	1,215506	0,822702	3,545951	0,282012	4,310125	0,2320118
5	1,276282	0,783526	4,329477	0,230975	5,525631	0,1809748
6	1,340096	0,746215	5,075692	0,197017	6,801913	0,1470175
7	1,407100	0,710681	5,786373	0,172820	8,142008	0,1228198
8	1,477455	0,676839	6,463213	0,154722	9,549109	0,1047218
9	1,551328	0,644609	7,107822	0,140690	11,026564	0,0906901
10	1,628895	0,613913	7,721735	0,129505	12,577893	0,0795046
11	1,710339	0,584679	8,306414	0,120389	14,206787	0,0703889
12	1,795856	0,556837	8,863252	0,112825	15,917127	0,0628254
13	1,885649	0,530321	9,393573	0,106456	17,712983	0,0564558
14	1,979932	0,505068	9,898641	0,101024	19,598632	0,0510240
15	2,078928	0,481017	10,379658	0,096342	21,578564	0,0463423
16	2,182875	0,458112	10,837770	0,092270	23,657492	0,0422699
17	2,292018	0,436297	11,274066	0,088699	25,840366	0,0386991
18	2,406619	0,415521	11,689587	0,085546	28,132385	0,0355462
19	2,526950	0,395734	12,085321	0,082745	30,539004	0,0327450
20	2,653298	0,376889	12,462210	0,080243	33,065954	0,0302426
21	2,785963	0,358942	12,821153	0,077996	35,719252	0,0279961
22	2,925261	0,341850	13,163003	0,075971	38,505214	0,0259705
23	3,071524	0,325571	13,488574	0,074137	41,430475	0,0241368
24	3,225100	0,310068	13,798642	0,072471	44,501999	0,0224709
25	3,386355	0,295303	14,093945	0,070952	47,727099	0,0209525
26	3,555673	0,281241	14,375185	0,069564	51,113454	0,0195643
27	3,733456	0,267848	14,643034	0,068292	54,669126	0,0182919
28	3,920129	0,255094	14,898127	0,067123	58,402583	0,0171225
29	4,116136	0,242946	15,141074	0,066046	62,322712	0,0160455
30	4,321942	0,231377	15,372451	0,065051	66,438848	0,0150514
35	5,516015	0,181290	16,374194	0,061072	90,320307	0,0110717
40	7,039989	0,142046	17,159086	0,058278	120,799774	0,0082782
45	8,985008	0,111297	17,774070	0,056262	159,700156	0,0062617
50	11,467400	0,087204	18,255925	0,054777	209,347996	0,0047767

10 %						
n	AuF $(1+i)^n$	AbF $(1+i)^{-n}$	DSF $\frac{(1+i)^n - 1}{i(1+i)^n}$	KWF $\frac{i(1+i)^n}{(1+i)^n - 1}$	EWF $\frac{(1+i)^n - 1}{i}$	RVF $\frac{i}{(1+i)^n - 1}$
1	1,100000	0,909091	0,909091	1,100000	1,000000	1,0000000
2	1,210000	0,826446	1,735537	0,576190	2,100000	0,4761905
3	1,331000	0,751315	2,486852	0,402115	3,310000	0,3021148
4	1,464100	0,683013	3,169865	0,315471	4,641000	0,2154708
5	1,610510	0,620921	3,790787	0,263797	6,105100	0,1637975
6	1,771561	0,564474	4,355261	0,229607	7,715610	0,1296074
7	1,948717	0,513158	4,868419	0,205405	9,487171	0,1054055
8	2,143589	0,466507	5,334926	0,187444	11,435888	0,0874440
9	2,357948	0,424098	5,759024	0,173641	13,579477	0,0736405
10	2,593742	0,385543	6,144567	0,162745	15,937425	0,0627454
11	2,853117	0,350494	6,495061	0,153963	18,531167	0,0539631
12	3,138428	0,318631	6,813692	0,146763	21,384284	0,0467633
13	3,452271	0,289664	7,103356	0,140779	24,522712	0,0407785
14	3,797498	0,263331	7,366687	0,135746	27,974983	0,0357462
15	4,177248	0,239392	7,606080	0,131474	31,772482	0,0314738
16	4,594973	0,217629	7,823709	0,127817	35,949730	0,0278166
17	5,054470	0,197845	8,021553	0,124664	40,544703	0,0246641
18	5,559917	0,179859	8,201412	0,121930	45,599173	0,0219302
19	6,115909	0,163508	8,364920	0,119547	51,159090	0,0195469
20	6,727500	0,148644	8,513564	0,117460	57,274999	0,0174596
21	7,400250	0,135131	8,648694	0,115624	64,002499	0,0156244
22	8,140275	0,122846	8,771540	0,114005	71,402749	0,0140051
23	8,954302	0,111678	8,883218	0,112572	79,543024	0,0125718
24	9,849733	0,101526	8,984744	0,111300	88,497327	0,0112998
25	10,834706	0,092296	9,077040	0,110168	98,347059	0,0101681
26	11,918177	0,083905	9,160945	0,109159	109,181765	0,0091590
27	13,109994	0,076278	9,237223	0,108258	121,099942	0,0082576
28	14,420994	0,069343	9,306567	0,107451	134,209936	0,0074510
29	15,863093	0,063039	9,369606	0,106728	148,630930	0,0067281
30	17,449402	0,057309	9,426914	0,106079	164,494023	0,0060792
35	28,102437	0,035584	9,644159	0,103690	271,024368	0,0036897
40	45,259256	0,022095	9,779051	0,102259	442,592556	0,0022594
45	72,890484	0,013719	9,862808	0,101391	718,904837	0,0013910
50	117,390853	0,008519	9,914814	0,100859	1163,908529	0,0008592

LITERATURVERZEICHNIS (Quellen und weiterführende Literatur)

K.-D. DÄUMLER, Finanzmathematisches Tabellenwerk, 4., neubearb. und erw. Aufl., Herne/Berlin 1998.

DERSELBE, Unterjährige Zinsperioden - Finanzmathematisches Tabellenwerk, Herne/Berlin 1984.

DERSELBE, Grundlagen der Investitions- und Wirtschaftlichkeitsrechnung, 9., neubearb. und erw. Aufl., Herne/Berlin 1998.

DERSELBE, Betriebliche Finanzwirtschaft, 7., neubearb. und erw. Aufl., Herne/Berlin 1997.

K.-D. DÄUMLER/J. GRABE, Kostenrechnungs- und Controllinglexikon, 2., neubearb. und wesentlich erw. Aufl., Herne/Berlin 1997.

DIESELBEN, Kostenrechnung 1, Grundlagen, 7., vollst. neubearb. Aufl., Herne/Berlin 1996.

DIESELBEN, Kostenrechnung 2, Deckungsbeitragsrechnung, 6., überarb. und erw. Aufl., Herne/Berlin 1997.

DIESELBEN, Kostenrechnung 3, Plankostenrechnung, 5., neubearb. und erw. Aufl., Herne/Berlin 1995.

F. J. FAY, Finanzmathematik, Baden-Baden und Bad Homburg vor der Höhe 1970.

H. HAHN, Rechnungswesen der Industriebetriebe, 10., überarb. und erw. Aufl., Bad Homburg 1995.

W. HOFMANN, Mathematik für Volks- und Betriebswirte, 4. Aufl., Wiesbaden 1989.

B. HUCH, Einführung in die Kostenrechnung, 8. Aufl., Heidelberg 1986.

H. MÜLLER-MERBACH, Mathematik für Wirtschaftswissenschaftler, München 1974.

E. SCHMALENBACH, Kostenrechnung und Preispolitik, 8. Aufl., Köln und Opladen 1963.

J. SCHWARZE, Mathematik für Wirtschaftswissenschaftler,
Band 0: Elementare Grundlagen für Studienanfänger, 5. Aufl., 1993,
Band 1: Grundlagen,
Band 2: Differential- und Integralrechnung,
Band 3: Lineare Algebra und Lineare Programmierung,
10. Aufl., Herne/Berlin 1996.

J. H. VON THÜNEN, Der isolierte Staat in Beziehung auf Landwirtschaft und Nationalökonomie, Neudruck nach der Ausgabe letzter Hand, 3. Aufl., Jena 1930.

E. UNSIN, Wirtschaftsmathematik, 4. Aufl., Sindelfingen 1991.

H. WIEDLING, Wirtschaftsmathematik, 2. Aufl., München 1977.

G. WÖHE, Einführung in die Allgemeine Betriebswirtschaftslehre, 19., neubearb. Aufl., München 1996.

G. WÖHE/H. KAISER/U. DÖRING, Übungsbuch zur Einführung in die allgemeine Betriebswirtschaftslehre, 8., überarb. Aufl., München 1996.